ケースでわかる
改正相続法

東京弁護士会——編

弘文堂

発刊によせて

　民法及び家事事件手続法の一部を改正する法律（平成30年法律第72号）並びに法務局における遺言書の保管等に関する法律（平成30年法律第73号）が2018年7月6日に成立し，同月13日に公布されました。民法第5編「相続」の規定は，1980年に配偶者の相続分が引き上げられ，寄与分制度が新設されて以来，ほとんど実質的な改正は行われませんでしたが，非嫡出子の法定相続分を嫡出子の法定相続分の2分の1と定める旧民法900条4号ただし書前段を違憲とした最大決平成25年9月4日民集67巻6号1320頁を契機に，高齢配偶者の保護の必要性が説かれ，今般の改正が実現しました。

　もっとも，今般の改正は，高齢配偶者保護に限られず，預貯金債権を遺産分割の対象とした最大決平成28年12月19日民集70巻8号2121頁による判例変更を受けた改正，遺言の利用を促進する方策，遺留分に関する権利の金銭債権化，遺言執行者の権限明確化等，実に多岐にわたります。高齢社会に拍車のかかった昨今，弁護士にとって避けては通れない改正といえるでしょう。

　本書は，相続法改正を議論した法制審議会における日弁連の意見をバックアップしてきた東京弁護士会法制委員会の相続法部会のメンバーが中心となって，議論に議論を重ねて完成させた改正相続法の解説書です。法制審議会民法（相続関係）部会幹事であった金澄道子会員，会報LIBRA編集長である小峯健介会員も執筆しています。具体的事例を素材に今後問題となり得る実務的論点を論じた点では類書の追随を許しません。

　本書が，より多くの相続問題に関わる弁護士をはじめとする実務家の皆様にも活用されることを願ってやみません。

　　2019（平成31）年2月

　　　　　　　　　　　　　　　　　　　東京弁護士会　会長　安井　規雄

◆contents◆

序章
- 第1節　改正相続法の概要について…………………金澄道子……1
- 第2節　改正相続法と改正債権法との関係……………高須順一……8
- 第3節　国会（衆参両院）における参考人質疑…………小峯健介……15
- 第4節　改正法の施行・適用時期について……………中込一洋……20

第1章　配偶者の居住権を短期的に保護するための方策
- 第1節　配偶者の居住権を短期的に保護するための方策
  ………………………………………………………岩田修一……29

第2章　配偶者の居住権を長期的に保護するための方策
- 第1節　配偶者居住権の内容・成立要件・効力………木村真理子……39
- 第2節　配偶者居住権の使用・収益・修繕・費用負担
  ………………………………………………………岩田真由美……64
- 第3節　配偶者居住権の消滅……………………………岩田真由美……76
- 第4節　配偶者居住権の財産評価方法…………上田翔・中込一洋……81

第3章　遺産分割
- 第1節　持戻し免除の意思表示の推定…………………前田昌代……89
- 第2節　遺産分割前における預貯金債権の行使………前田昌代……102
- 第3節　一部分割…………………………………………淺井健人……119
- 第4節　遺産分割前の遺産に属する財産の処分………稲村晃伸……128

第4章　遺言制度に関する見直し
- 第1章　自筆証書遺言の方式の緩和……………………山崎岳人……147
- 第2節　遺言書の保管制度………………………………横山宗祐……181
- 第3節　遺贈の担保責任等………………………………荒木理江……192
- 第4節　遺言執行者の権限………………………………五島丈裕……198

第5章　相続の効力等（権利および義務の承継等）に関する見直し
- 第1節　遺言執行者がある場合における相続人の行為の効果等 …………………………………………… 廣畑牧人……*213*
- 第2節　相続による権利の承継に関する規律…………… 吉直達法……*220*
- 第3節　義務の承継に関する規律……………………… 廣畑牧人……*241*

第6章　遺留分制度に関する見直し
- 第1節　遺留分侵害額請求権の効力および法的性質（金銭債権化） ………………………………………………… 神尾明彦……*249*
- 第2節　遺留分および遺留分侵害額の算定方法 ……………………………………… 棚橋桂介・櫻庭広樹……*278*
- 第3節　受遺者・受贈者の遺留分侵害額の負担の順序および額 ………………………………………………… 棚橋桂介……*296*
- 第4節　遺留分侵害額に相当する金銭債務の消滅請求…… 全未来……*306*

第7章　相続人以外の親族が特別の寄与をした場合
- 第1節　「親族」に含まれる場合 ……………………… 角田智美……*321*
- 第2節　内縁の配偶者が特別の寄与をした場合………… 中込一洋……*331*

事項索引　*347*
判例索引　*351*

文献略語一覧

【立法資料関係】

部会資料1〜	法制審議会民法（相続関係）部会資料1〜
参考資料1〜	法制審議会民法（相続関係）参考資料1〜
中間試案補足	法制審議会民法（相続関係）改正に関する中間試案の補足説明
追加試案補足	法制審議会民法（相続関係）改正に関する追加試案の補足説明
法制審議会要綱	民法（相続関係）等の改正に関する要綱
民法等改正案	民法及び家事事件手続法の一部を改正する法律案
民法等改正案要綱	民法及び家事事件手続法の一部を改正する法律案要綱
遺言保管法案	法務省における遺言書の保管等に関する法律案
遺言保管法案要綱	法務省における遺言書の保管等に関する法律案要綱

【単行本・注釈書等】

金子・租税法	金子宏著『租税法』〔第23版〕〈法律学講座双書〉〔弘文堂，2019〕
高橋・図解	高藤一夫編『図解相続税・贈与税』〔平成29年度〕〔大蔵財務協会，2017〕
新版注釈民法（15）債権（8）	窪田充見編／大村敦志・道垣内弘人・山本敬三編集代表『新版注釈民法（15）債権（8）事務管理・不当利得・不法行為1〔有斐閣，2017〕
新版注釈民法（27）	谷口友平・久貴忠彦編『新版注釈民法（27）相続（2）』相続の効果896〜959条補訂版〔有斐閣，2013〕
新版注釈民法（28）	中川善之助・加藤永一編『新版注釈民法（28）』遺言・遺留分960〜1044条補訂版【復刻版】〔有斐閣，2002〕
実務大系（3）	野田愛子=梶村太市=松原正明=右近健男 編『新家族法実務大系 第3巻 相続1 相続・遺産分割』〔新日本法規出版，2008〕
実務大系（4）	野田愛子=梶村太市=岡部喜代子=伊藤昌司編『新家族法実務大系第4巻 相続2 遺言・遺留分』〔新日本法規出版，2008〕

序章

第1節 改正相続法の概要について

1 経緯

　改正相続法は，平成26年1月に設けられた相続法制検討ワーキングチームにおいて，現在の高齢社会における遺産相続での法律婚配偶者保護を主眼に検討が始められた。きっかけは，平成25年9月の最高裁判所における婚外子の相続分差別違憲決定（最大決平成25年9月4日民集67巻6号1320頁）であり，この決定により遺産である自宅不動産に居住している法律婚の生存配偶者が自宅を売却して婚外子の分割請求に応じなければならない場面が増えるのではないか，との危惧があったといわれている。その後，ワーキングチームの報告書を受け，平成27年4月から法制審議会民法（相続関係）部会で検討を続け，平成30年2月の法制審議会総会において民法（相続関係）等の改正に関する要綱がまとめられた。そして，平成30年3月民法及び家事事件手続法の一部を改正する法律及び法務局における遺言書の保管等に関する法律（以下「遺言書保管法」という）が国会に上程され，同年7月に可決成立した。

　なお，施行は基本的に2019年7月1日からであるが，自筆証書遺言の方式緩和については2019年1月13日から，配偶者の居住の権利等については2020年4月1日から，遺言書保管法については2020年7月10日からとされている。

2 高齢社会の相続における配偶者の保護

　実際に婚外子の相続分が変更されたことによって，法律婚配偶者に危惧されたような事態が生じたとは思われないが，現在の民法の相続編の条文

の多くは，昭和22年になされた日本国憲法と抵触する家制度のもとの長子相続という基本部分の改正及びその後の昭和37年・55年の改正以降，核家族化の進展・標準家族の消滅といった社会の急激な変化と現在の高齢社会に対応できていない部分があることは否定できなかった。第1に，相続が旧法の予定する家業を維持するための家産の長子への承継から，核家族により婚姻後形成された財産〜多くの場合居住用資産〜の配偶者と平均2人以下の子への分配と変化した。第2に，高齢化により相続時に残された生存配偶者が高齢化する一方で，相続人である子は既に成人に達していることが多く，残された子の扶養よりも高齢生存配偶者の保護が求められるようになった。これらの変化を受けて新しく設けられた「第8章 配偶者の居住の権利」は，昭和55年の改正においても検討されていた課題であったが，高齢社会の一層の進展により40年弱の年月を経て法制化されることになったのである。

　しかし，現代社会に相応しい相続法の課題は，高齢配偶者保護だけではない。日本では「家族」といえば法律婚家族や夫婦と子ども二人のいわゆる標準家族モデルが念頭におかれているが，法律婚の他にも事実婚・ひとり親家庭・再婚家庭・同性婚・里親と里子など，共同体として生活を共にする「家族」には多様な形とグラデーションが生じている。同性婚の合法化を求める運動や，渋谷区・世田谷区の同性婚パートナーシップなど，日本にもその動きは広がっているが，民法や税法等の法律からは多様な家族観は排除されてきた。今回新しく設けられた配偶者居住権（第8章第1節 新1028条ないし新1036条）でも，条文上で居住権の取得が認められたのは，法律婚の配偶者についてのみ（新1028条）となっている。

　なお，配偶者は自己の相続分により配偶者居住権の価額を取得する（新1028条1項1・2号）ため，その価額の算定をする必要があるが，現実にどのような算定方法をとるのかは未だ明確にはなっていない。もちろん，遺産分割協議においては相続人間で自由に価額を設定することができるが，わかりやすいガイドラインや例示がなければ，かえって相続人の予期しない結果をもたらす可能性がある。今後の実務での運用を見守っていきたい。

　その後，法務省のホームページに，固定資産税評価額をもとにすると思

われる簡易な評価方法が掲げられた（平成30年10月29日現在）。

3　家族観が多様化する中での特別寄与

今回の改正で大きな話題になった相続人以外の者の貢献に報いるための制度である「第9章　特別寄与者」の議論でも，請求権者の範囲を巡って家族観の違いが浮き彫りになった。そもそも，相続人以外の者が被相続人の遺産の形成及び維持に貢献をしたにもかかわらず，相続人ではないという理由で遺産分割を受けられないという実質的不公平感を解消することが制度創設の趣旨であった。とすれば，請求権者の範囲を親等で限定した親族としたり，相続人である子の配偶者に限ること自体が矛盾である。また，子の配偶者に限定すると，逆に子の配偶者に対して被相続人の療養看護等に努めることを奨励することになりかねない。従来家庭内で担ってきた介護を社会全体で担っていこうという介護の社会化の流れに逆行するのではないか，という危惧である。しかし，一方で請求権者を限定しない場合における遺産分割の複雑化・長期化への懸念や，法律婚尊重を主張する意見があり，結局親等を限ることはしないものの，請求権者を親族という範囲に留めることになった（新1050条1項）。これによって，再婚配偶者の連れ子が再婚相手との間で養子縁組をしていない事実上の養子は姻族1親等として請求権者に含まれることとなったが，事実婚・内縁配偶者・同性婚のパートナーを請求者とするには至らなかった。実際に被相続人の療養看護等の労務の提供をするのは共同生活を営んでいる事実婚・内縁の配偶者や同性婚のパートナーであることが多いことからすれば，それらの者の貢献も相続人以外の者の貢献とされるべきであり，単に婚姻届を提出していないという形式的理由により排除されてしまったことには疑問が残る。

この点に関しては，衆議院・参議院を通じて「1　現代社会において家族の在り方が多様に変化していることに鑑み，多様な家族の在り方を尊重する観点から，特別の寄与の制度その他本法の施行状況を踏まえつつ，その保護の在り方について検討すること」との付帯決議がなされている。

なお，同じ視点からすれば，特別受益者の相続分において，居住用不動産の遺贈または贈与・配偶者居住権の遺贈（新1028条3項）があったとき

の持戻し免除の意思表示の推定規定（新903条4項）についても，対象が婚姻期間20年以上の法律婚夫婦に限定されており，多様な家族観とは相容れないものと思われる。

　これら，法律婚の配偶者のみを対象とする規定は，いずれ社会の流れの中で「配偶者」概念が拡大し，変容していくことになるであろう。

4　財産の処分の自由と遺言の利用促進・遺留分制度

　次に，被相続人の遺言による自己の財産についての処分の自由の拡大と，相続人の法定相続分への期待とのバランスも1つの課題であった。

　まず，被相続人が遺言による財産の処分について自由な意思を表明しやすくするための遺言制度の利用促進を図る方策として，自筆証書遺言の要件の緩和が議論された。高齢者には負担が大きいとされる相続財産目録の自書を不要とすることで，遺言者（被相続人）が財産を自由に処分しやすくする方策である。これに対して，遺言は被相続人の最終意思であるから偽造・変造等のおそれはできる限り少なくし，遺言の要件緩和は慎重にすべきであるとする意見もあった。この立場からは，仮に相続財産の目録の自筆までは要しないとしても，目録の偽造・変造を防止するために遺言本文の印鑑と目録は同じ印鑑を使うべきではないか，遺言と目録は一体として編綴すべきではないかなどの意見が出された。結局，相続財産の目録は自書を要しないものの，目録には遺言者が署名押印をすること（新968条2項）として，一定の歯止めをもうけることとなった。また，自筆証書遺言の利用促進のため，遺言者からの申請により自筆証書遺言を法務局が保管する制度を創設することを定めた，「法務局における遺言書の保管等に関する法律」が相続法改正と同時に制定された。

　上記2つの視点のバランスをとる必要があったのは，遺留分算定の基礎となる財産に含めるべき相続人に対する生前贈与の範囲について，相続開始前のどの時点まで遡って含めるのかについてである。この問題については，相続人への贈与は期間を限定しない旨の平成10年3月の最高裁判決（最判平成10年3月24日民集52巻2号433頁）があるが，被相続人の自己の財産を処分する自由を広く認める立場からは期間を数年に限るべきとの意

見が出た一方で，相続人が子どものみである場合には均等相続への強い期待感があることから，判例を変更するとしてもその範囲は限定的にすべきとの考え方もあった。中間試案に関する意見募集の結果でも意見が分かれたが，新法では最終的に10年に限る（新1044条第3項）こととした。

さらに，今回の改正では遺留分制度も大きく変わり，遺留分侵害があった場合の効果を従前の物権的な遺留分減殺請求権から，遺留分侵害額を請求するものとして金銭債権化した（新1046条）。これにより，受遺者または受贈者は遺留分侵害額に相当する金銭を支払えば，遺言者の遺言や生前の贈与等の意思に沿った遺産・資産を確保しやすくなることから，被相続人による自己の財産についての処分の自由を広げる流れの中に位置づけられよう。

5　柔軟な遺産分割と預貯金債権

実務において遺産分割に関する紛争の柔軟かつ早期解決のために，可分債権の取り扱いを明確にすることが検討され，平成28年12月の最高裁大法定決定を受けて遺産分割前の預貯金債権の行使の規定が設けられると共に，一部分割の制度が明文化された。

可分債権は，昭和29年4月の最高裁判決（最判昭和29年4月8日民集8巻4号819頁）により相続分に応じて当然相続人に分割されるとされていたため，遺産分割の調整に資する財産として有用であるにもかかわらずこれを分割の対象とできないこと，特別受益や寄与分が考慮されず相続人間の公平が図られないことの問題点があった。さらに，可分債権にもさまざまな類型があり一律に扱えないことも問題を複雑にしていた。この点に関しては上記の通り法制審議会での議論の途中である平成28年12月に可分債権のうち，預貯金債権特有の特質に注目して預貯金債権を遺産分割の対象とする最高裁大法廷決定（最大決平成28年12月19日民集70巻8号2121頁）が出されたことから，結局，本改正では可分債権について取扱いを明文化することはせず，引き続き判例および解釈に委ねることとされた。その上で，次なる問題は遺産分割未了の間の預貯金債権の取り扱いとなった。そして，最終的には預貯金債権が遺産に含まれることで柔軟な遺産分割が

可能になるとしても，相続人の資金需要にも一定程度応じるべく，預貯金債権の一部について遺産分割前における行使を認める制度の創設へとつながった（新909条の2）。さらに，一部のみの遺産分割も可能とし（新907条2項），当事者の選択に柔軟に対応する遺産分割のやり方を認めることとなった。

6 その他の改正

従前から実務において不都合が指摘されていた部分についても，改正がなされた。

まず，遺言執行者の権限について，遺言執行者の任務の開始時期（新1007条）や執行者の行為が相続人に帰属する（新1015条）などを明らかにした。また，従前明確になっていなかったいわゆる「相続させる」旨の遺言を「特定財産承継遺言」とし（新1014条2項），同遺言による遺言執行者は対抗要件を備えるための行為や預貯金の払戻の請求・解約の申し入れができることを明確にした（新1014条2項，3項）。

その他，相続の効果等の見直しとして，これまで平成5年7月・平成14年6月の最高裁判決（最判平成5年7月19日集民169号243頁，最判平成14年6月10日家月55巻1号77頁）により，相続分の指定や「相続させる」旨の遺言によって相続分を超える権利を取得した共同相続人は対抗要件がなくして第三者に対抗できるとされてきたが，取引の安全確保の見地から，遺産分割と同様，法定相続分を超える部分の取得は対抗問題として整理する（新899条の2）などの改正を行った。

7 将来の家族相続法の行方

ワーキンググループの検討を経た法制審議会の前半では，配偶者の相続分について，離婚の際の財産分与が実質的共有財産の精算として2分の1であることとの均衡から，相続においてはこれを上回るべく相続分の引き上げの検討がなされ，その関連から夫婦財産制という根本問題への言及もあった。いずれも一方配偶者が形成した財産に他方配偶者がどのように関わるのかの問題であるが，その出発点が生活共同体であるならば，「法律

婚のみ」に限定すべきとは思えない。家族も相続も1つの制度ではあるが，その制度はあるべき家族像を描いたり，1つの家族のみを優遇したりするのではなく，どのような選択をしても公平である家族法・相続法に向かってゆくべきであろう。

（金澄　道子）

第2節　改正相続法と改正債権法との関係

I　改正債権法の成立と施行

　平成29年5月26日，民法の債権関係に関する規定を約120年ぶりに抜本改正する，「民法の一部を改正する法律」（平成29年法律第44号，以下「改正債権法」という。また，改正債権法に基づく規定を引用する際にはその条項の前に「債権法改正後」を，改正前の規定を引用する際にはその条項の前に「債権法改正前」を，それぞれ付記する。）が成立した。この改正債権法の施行は2020年4月1日からと決定されている。これに遅れて平成30年7月6日，相続関係を改正する，「民法及び家事事件手続法の一部を改正する法律」（平成30年法律第72号，以下，この法律によって改正される民法及びその規定を「新法」あるいは「新〇条」と表記し，この改正法の対象に関する改正前の民法及びその規定を以下「旧法」あるいは「旧〇条」と表記する。）が成立した。この法律の施行は，原則として，2019年7月1日からとされている。

　相次いで改正された両法は基本的にはその対象領域を異にするものであるが，そうはいっても相続によって新たに形成される法律関係について債権法の適用が問題になったり，あるいは相続法上の行為について民法総則編の規定が関係する場面が生じている。さらに，施行期日が異なる関係で調整が必要となる場面も生じる。本稿ではそのような改正相続法と改正債権法の関係について検討することとする。

II　改正債権法との関係
1　遺言に関する規定に関して
（1）遺言者の担保責任の内容

　旧998条は不特定物の遺贈義務者の担保責任を定めていた。一方で，贈与契約に関しても債権法改正前551条が贈与者の担保責任を規定し，瑕疵・不存在を贈与者が知りながら受贈者に告げなかった場合を除き，原則として贈与者は担保責任を負担せず（同条1項），負担付贈与については，

その負担の限度で売主と同じ担保責任を負担すると規定していた（同条2項）。これに対し，改正債権法は贈与契約による担保責任についても，これが契約によって定められた贈与者の引渡義務の問題であること（いわゆる担保責任の性質を契約責任説により理解する立場）を前提としたうえで，贈与の無償行為性に着目して，「贈与の目的として特定した時の状態で引き渡し，又は移転することを約したものと推定する」との規定に改めている（債権法改正後551条1項）。贈与契約における担保責任がこのような贈与者の引渡義務に関する規定として改正された以上，遺贈に関しても，これと同一内容とする必要が意識され，新998条の規律となった。すなわち，同条についても，「遺贈義務者の引渡義務」との条文見出しが付けられ，遺言執行義務者は，原則として遺贈の目的である物または権利を，相続開始時の状態で引き渡し，移転する義務を負うと定められたのである。

さらに，旧1000条は，遺贈の目的である物または権利について，第三者の権利の目的となっているときは，受遺者は，遺贈義務者に対しその権利を消滅させるべきことを請求できない旨を規定していた。しかし，新法は前記998条によって，相続開始時の状態で引き渡せばよいとの規律になったのであるから，この旧1000条の規定は不要となる。そこで，新法は同条を削除している。

(2) 遺言執行者の復任権

債権法改正前104条は，任意代理一般に関し，本人の許諾を得たとき，またはやむを得ない事由があるとき以外は，復代理人を選任することができないとして，いわゆる自己執行義務を定めている。そのうえで，同法105条は，復代理人を選任した代理人の責任が原則として（選任にやむを得ない事由がなくても）選任，監督責任であると規定している。

旧1016条1項は，遺言執行者の復任権に関して，この債権法改正前104条と同様の内容を定める規定であり，やむを得ない事由がなければ，遺言執行人は第三者に任務を行わせることはできず（同項本文），ただし，やむを得ない事由がなくとも遺言者が反対の意思を表示したときには第三者への復任を可能としてきた（同項ただし書）。これを受けて旧1016条2項も，債権法改正前105条に規定する責任を負うと定めていたのである。

一方，改正債権法では様相を異にし，債権法改正後104条は改正前と同様の規定のままとし，自己執行原則を維持するものの，いかなる場合に復代理人の行為に関する責任を負担するかについては，本人と代理人との間の委任契約等の代理権授与契約の合意内容によるとの理解のもとに，債権法改正前105条の規定を削除している。そして，これに連動する形で，債権法改正後1016条は債権法改正前105条の規定の適用を認めていた債権法改正前1016条2項を削除することを，一旦は定めたのである。

　これに対し，改正相続法においては，新1016条1項は，旧1016条1項及び債権法改正後1016条の自己執行原則を改め，法定代理の規律に近づいている。すなわち，執行者は自己の責任で復代理人を選任できることを原則とし，遺言者が別段の意思表示があればその意思によると規定する。これは，遺言によって遺言執行者が指定される場合にも，その遺言者執行者が必ずしも十分な法的知識を有しているとは限らず，解決困難な問題が生じた場合には専門的な知識，能力を有する第三者を復代理人として選任できるようにすることが適当と考えられたためである。これに連動する形で，新1016条2項は，債権法改正後1016条の規律を改め，法定代理の場合と同様に，「第三者に任務を行わせることについてやむを得ない事由があるときは，遺言執行者は，相続人に対してその選任及び監督についての責任のみを負う。」と定めている。

　なお，改正債権法が，一旦は債権法改正前1016条2項を削除するとしたことに対応するために，改正相続法附則30条は，改正債権法の改正規定の一部に対し，「第1016条第2項を削る改正規定を削る。」と規定している。この附則30条では，さらに債権法改正後1012条2項を同条3項に改めることも規定されており，複雑な適用関係となるため注意が必要である。

(3) 遺言の撤回

　新1025条は，撤回された遺言の効力に関して規定する。遺言の撤回がなされた後，その撤回行為がさらに撤回，取り消され，または効力が生じなくなったときでも，最初に撤回された遺言の効力は回復することがない旨（非復活主義）を規定するものである。旧1025条との相違は，ただし書

に定める例外的に撤回された遺言の効力が復活する場合の規律が，「詐欺又は強迫による場合」とされていたものを，「錯誤，詐欺又は強迫による場合」という表現に改めるものである。

このような改正がなされた理由は，改正債権法において錯誤の効果が無効事由から取消事由とされたことに由来する（債権法改正後95条1項）。錯誤による遺言の撤回は当然に無効であり引き続き遺言は有効であるとの説明が改正債権法下では不可能となるので，新1025条ただし書に，「錯誤」を追加する必要が生じたのである。

2 配偶者の居住の権利保護の規定に関して
(1) 配偶者居住権との関係

新法は，新1028条以下に配偶者の居住の権利を保護するための規定として，配偶者居住権及び配偶者短期居住権の制度を新設し，新1036条が賃貸借に関する一定の規定を準用している。これは配偶者居住権が賃借権類似の法定債権と位置付けられていることに由来する。なお，この権利が別段の定めのない限り配偶者の終身の権利とされたことに伴い，借主の死亡を契約の終了事由と定める債権法改正後597条3項等が，使用貸借に関する規定でありながらも準用されていることに注意を要する。

さらに，この規定の他にも，新法が個別に賃貸借の規定を準用している場合があり注意を要する。具体的には，配偶者居住権に第三者対抗力を付与するために，新1031条2項が債権法改正後605条を準用している（なお，その前提として新1031条1項が居住建物の所有者に配偶者居住権の登記設定義務を課している）。また，登記された配偶者居住権については，新1031条2項後段によって債権法改正後605条の4が準用され，居住建物の占有が妨害されている場合にはその妨害の停止請求が，また，第三者が居住建物を占有している場合には居住建物の返還請求がそれぞれ認められる。これらは配偶者居住権についても，第三者との関係について対抗力ある賃借権と同様の効力を付与する趣旨の規定である。

さらに，配偶者居住権の終了時の取扱いに関して，新1035条2項が債権法改正後599条1項，2項及び621条を準用する。債権法改正後599

条1項，2項は使用貸借契約終了に伴う附属物の収去義務と収去権を定めた規定である。また，債権法改正後621条は賃貸借契約終了時の原状回復義務を定めた規定であり，この規定の準用により配偶者居住権を有する配偶者は相続開始の後に居住建物に生じた損傷についての原状回復義務を負担する。ただし，同条により通常損耗及び経年変化による損傷が除外される点が重要である。

(2) 配偶者短期居住権との関係

これに対し，新1037条以下の配偶者短期居住権の制度は，最判平成8年12月17日民集50巻10号2778頁によって形成された判例法理を参考に，使用貸借類似の法定債権として構成したものである。そのため，新1041条が使用貸借契約に関する一定の規定を準用するが，同条ではさらに賃貸借に関する債権法改正後616条の2（賃借物の全部滅失による賃貸借の終了に関する規定）も準用するので注意を要する。

また，これとは別に改正債権法の規定を個別に準用する規定も用意されている。すなわち，配偶者短期居住権が消滅した際の居住建物返還義務に関し，新1040条2項は債権法改正後599条1項及び2項並びに621条を準用している。債権法改正後599条1項，2項は前述のとおり使用貸借契約終了に伴う附属物の収去義務と収去権を定めた規定である。これに対し，債権法改正後621条は賃貸借契約終了時の原状回復義務を定めた規定である。本来，使用貸借契約の終了に伴う原状回復義務は，債権法改正後599条3項に規定されているが，新法は配偶者短期居住権の終了に伴う原状回復義務については，賃貸借に関する規定を準用することとしたのである。これは，使用貸借契約に関する原状回復義務については，通常損耗及び経年変化による損傷を除外する規定が明文化されておらず，むしろ，この点が明文化されている賃貸借契約に関する原状回復義務の規定を準用することが配偶者短期居住権においては妥当と考えられたためである。

III 施行期日に関する特則
1 施行期日を同一にする規律
　改正相続法が施行されるのは，原則として 2019 年 7 月 1 日である（同法附則 1 条）。これに対し，改正相続法の一定の規定は改正債権法を準用しているところ，改正債権法の施行期日は 2020 年 4 月 1 日であるので，改正相続法が施行された段階で，改正債権法は未だ施行されていないという事態が生じる。

　そこで，改正債権法を準用することになる新法の一部の規定については，例外的にその施行期日を 2020 年 4 月 1 日まで遅らせる必要が生じる。これを定めるのが附則 1 条 3 号であり，改正相続法 998 条，1000 条，1025 条ただし書の改正規定の施行日は改正債権法の施行日（2020 年 4 月 1 日）と規定されている。

　これに対し，1016 条（遺言執行者の復任権）に関しては，附則 1 条が定める原則である 2019 年 7 月 1 日からの施行となる。同条は改正債権法を準用するとの法構造にはなっておらず，特に施行期日を同一にする必要は生じないためと考えられる。

2 配偶者の居住の権利保護に関する規定の例外的規律
　この他にも施行期日に関する例外的規律がある。配偶者の居住の権利保護に関する改正相続法 1028 条以下の規定については，施行期日が改正債権法と同じ日である 2020 年 4 月 1 日と定められた（附則 1 条 4 号，平成 30 年政令第 316 号）。そのため，配偶者の居住の権利保護に関する規定については，改正債権法の施行期日との関係について複雑な問題を生じることはないと思われる。

3 最後に
　改正相続法と改正債権法の施行期日の調整関係は，以上のとおりである。そして，この他にも成人年齢に関する，「民法の一部を改正する法律」（平成 30 年法律第 59 号）が成立しており，2022 年 4 月 1 日からの施行となる。民法に関しては，現時点で未施行の 3 つの改正法が存在していることにな

る。まさに平成の大改正の最後を担う民法の改正作業であったことが窺われる。これらの改正法の相互の関係及び施行期日に注意することが，当面の課題の1つである。

（高須　順一）

第3節 国会（衆参両院）における参考人質疑

1　はじめに

　民法及び家事事件手続法の一部を改正する法律案（第196回国会閣法58号）及び法務局における遺言書の保管等に関する法律案（第196回国会閣法59号）は，第196回国会において，平成30年3月13日に衆議院に提出され，同年6月19日に衆議院で可決され，同日参議院に送付され，同年7月6日に参議院で可決成立し，同年7月13日に，民法及び家事事件手続法の一部を改正する法律（平成30年法律72号）及び法務局における遺言書の保管等に関する法律（平成30年法律73号。以下，「遺言書保管法」という。）として公布された。

　両法案の可決成立に先立つ衆参両院の法務委員会における法案審議の過程では，合計6名の有識者が招致され参考人質疑が実施された。

　まず，衆議院では，平成30年6月13日開催の第20回法務委員会において，①神戸大学大学院法学研究科教授の窪田充見氏，②明治大学法学部教授・北海道大学名誉教授の鈴木賢氏，③早稲田大学大学院法務研究科教授の吉田克己氏の3名に対する参考人質疑が行われた。

　続いて，参議院では，平成30年7月3日開催の第20回法務委員会において，④東京大学大学院法学政治学研究科教授の大村敦志氏，⑤弁護士の横山佳枝氏，⑥立命館大学法学部教授・法学博士の二宮周平氏の3名に対する参考人質疑が行われた。

　本稿では，国会（衆参両院）における参考人質疑の概要を説明する。

　なお，参考人質疑については，衆参両院の公式ウェブサイトに法務委員会の議事録が公表されているので，詳細についてはそれらを参照されたい（注1，注2）。

（注1）　**衆議院法務委員会の議事録**
http://www.shugiin.go.jp/Internet/itdb_kaigiroku.nsf/html/kaigiroku/000419620180613020.htm#p_honbun

（注2）　**参議院法務委員会の議事録**

http://kokkai.ndl.go.jp/SENTAKU/sangiin/196/0003/19607030003020c.html

2 衆議院における参考人質疑の概要（平成 30 年 6 月 13 日開催）

　衆議院における参考人質疑においては，まず，窪田教授，鈴木教授，吉田教授が各自 15 分程度で両法案についての意見を述べ，その後，委員からの質疑に対する回答がなされた。

　各参考人が冒頭に述べた法案に対する意見の概要は，以下のとおりである。

　まず，窪田教授は，法制審議会民法（相続関係）部会の委員やそれに先立って開催された相続法制検討ワーキングチームのメンバーとして検討作業にかかわってきた経験を踏まえて，民法の研究者の立場から，主として，①配偶者居住権の制度の意義，②権利と義務の承継について透明度の高い形で整備がなされていることの意義（法定相続分を超える部分についての対抗要件の必要化，預貯金債権が含まれる場合の規律，預貯金の仮払い制度，債務の承継），③遺言に関する制度整備，④遺留分制度の改正，⑤相続人以外の者の貢献について新設された特別寄与料の仕組みについての 5 点にポイントを絞って，法案についての意見を述べられた。

　次に，鈴木教授は，同性愛の当事者として同性愛者などいわゆる LGBT の人たちのための活動をしてきた経験，中国法・台湾法の家族法の研究の経験を踏まえて，同性愛者の困難解消と尊厳の回復及び台湾法・中国法との対比の視点から，主として，新 1050 条が規定する相続人以外の者の貢献を考慮するための方策に絞って，法案についての意見を述べられた。

　最後に，吉田教授は，民法の研究者の立場から，まずは，総論的な検討として，歴史的な視角と比較法的視角という 2 つの視角から日本における相続法改正の現代的な課題を整理するとともに，次いで，各論的な検討として，①配偶者の居住権を保護するための方策，②特別の寄与の制度の新設，③共同相続における権利承継の対抗要件に関する改正，④遺産分割前の遺産に属する財産の処分があった場合に遺産分割時に遺産として存在するものとみなすことができるという規定の新設，⑤法務局における遺言書

の保管制度の新設の5点にポイントを絞って，法案についての意見を述べられた。

3　参議院における参考人質疑の概要（平成30年7月3日開催）

参議院における参考人質疑においては，まず，大村教授，横山弁護士，二宮教授が各自15分程度で両法案についての意見を述べ，その後，委員からの質疑に対する回答がなされた。

各参考人が冒頭に述べた法案に対する意見の概要は，以下のとおりである。

まず，大村教授は，法制審議会の審議に部会員及び部会長として参加した経験を踏まえ，民法の研究者の立場から，主として，①配偶者の保護（配偶者居住権，持ち戻し免除の意思の推定），②遺産分割や遺言に関する紛争への対応に関わるもの（預貯金の仮払い制度，遺言の方式の緩和，遺言書の保管制度），③相続人以外の者の貢献に関する特別の寄与の3点にポイントを絞って，法案についての意見を述べられた。

次に，横山弁護士は，第二東京弁護士会の両性の平等に関する委員会の委員としての経験を踏まえ，性的少数者が直面している困難の解消とその人権擁護の観点から，新1050条が規定する相続人以外の者の貢献を考慮するための方策に絞って，法案についての意見を述べられた。

最後に，二宮教授は，平成25年の民法改正（婚外子相続分差別規定の廃止）の際にも参考人として意見を述べた経緯を踏まえ，民法の研究者の立場から，法律婚以外の多様な家庭生活への配慮という観点により，主として，①生存配偶者の居住権の新設，②持戻し免除の推定の新設，③相続人以外の者の貢献に関する特別寄与料制度の新設の3点に対して反対する立場から，法案についての意見を述べられた。

4　参考人質疑において指摘された特徴的な事項

衆参両院の参考人質疑における指摘事項のうち，改正法に関連する特徴的なものを何点か採り上げる。なお，以下では，質疑応答における指摘事項を網羅的に採り上げているわけではないので，詳細については前述の議

事録を確認されたい。
(1) 衆参両院の参考人質疑においては，家族形態やライフスタイルの多様化に関連して，いわゆる事実婚パートナーや同性パートナーへの保護の拡大という視点から，新設される配偶者居住権，持戻し免除の推定，新1050条の相続人以外の者の貢献を考慮するための特別寄与料の各制度について，制度の適用対象となる者を，法律婚配偶者に限定することなく，事実婚パートナーや同性パートナーにまで拡大すべきではないかとの観点からの質疑応答に多くの時間が費やされている。

また，上記の点とも関連して，法律婚制度のあり方（選択的夫婦別姓の問題等），法律婚の場合と事実婚の場合における相違，同性パートナー，LGBTなどの少数者の権利保障等についての質疑応答にも多くの時間が費やされている。

そして，家族の多様化に対応した法制度の整備がこれからの最大の課題であるとの指摘がなされている。

(2) 新設された新1050条の相続人以外の者の貢献を考慮するための特別寄与料の制度について，現行の相続制度には家族形態やライフスタイルの多様化，多国籍化など，新しい家族の形に十分に対応できていない部分があることから，これを改善するための一助になるという意味で積極的な評価がなされている一方で，特別寄与者の範囲を被相続人の親族に限定している点（いわゆる「親族要件」をもうけている点）については，特に，事実婚の異性パートナーや同性パートナーなどが制度の対象外となってしまうことから，家族の多様化に対して実質的な公平を図るという目的を十分には達成できていないとの問題点の指摘がなされている。

(3) 配偶者居住権の評価方法について，まだ十分に詰められておらず，今後この部分を十分に詰めておかないと，特に税制との関係も含めて問題が生じる可能性があるとの指摘がなされている。

(4) 共同相続における権利承継の対抗要件に関する改正について，改正法は相続分の指定についても対抗要件を必要としていること

から，相続人は指定相続分による承継とその後の遺産分割による承継の二度にわたり登記を要求されることになる場合が考えられるため，相続人の負担が過重にならないように，登録免許税を始めとする相続登記のための金銭的負担の軽減措置の必要性が指摘されている。
(5) 遺言書の保管制度について，将来的には，死亡届を提出すると遺言書が法務局において保管されていることが相続人等に通知されるという仕組み等を整備していくことによって，制度の利用頻度が高まっていくのではないかとの指摘がなされている。

（小峯　健介）

第4節 改正法の施行・適用時期について

I 公布・施行・適用
1 公布
　法令の「公布」とは，成立した法令を一般に周知させる目的で，一定の方式により一般の国民が知ることのできる状態に置くことをいう（法制執務研究会編『新訂ワークブック法制執務（第2版）』〔ぎょうせい，2018〕34頁）。

　民法及び家事事件手続法の一部を改正する法律（平成30年法律72号。以下，民法等改正法という）は，法務局における遺言書の保管等に関する法律（平成30年法律73号。以下，遺言保管法という）とともに，平成30年7月13日に公布された。

2 施行
　法令の「施行」とは，法令の規定の効力が一般的，現実的に発動し，作用することになることをいう（法制執務研究会・前掲34頁）。

　民法等改正法及び遺言書保管法は，「相続」に関する場面を中心に対象場面がひろく，その変更内容は多岐にわたっている。特に民法は社会生活の基本を定める規範であるから，その内容が変更されることは，多くの人の社会生活に影響を及ぼす。このような法改正については，今までの法秩序を破壊しないように配慮しつつ，新しい法秩序へと円滑に移行するための工夫が必要とされる。そのため，施行の前に周知期間を設ける必要性が高いところ，施行の準備等に要する期間は明らかではなく，その施行時期を当該法律で確定的に定めることは困難である。そのため，民法等改正法及び遺言書保管法においては，それぞれの状況に応じて上限を定めたうえで，具体的な施行日については政令に委任している。

3 適用
　法令の「適用」とは，法令の規定が，個別的，具体的に特定の人，特定の地域，特定の事項について，現実に発動し，作用することをいう（法制

執務研究会・前掲 37 頁）。施行が一般的観念であるのに対し，適用は，個別具体的である。

　適用の時期についても附則で定めるのが通例であり，これを経過規定という。これは，既存の（旧法による）法律関係と本改正法本則に定められた（新法による）法律関係との調整などの経過措置を定め，どのような事象に対して新法が適用されるのかを明らかにするものである。

Ⅱ　民法等改正法の施行と適用
1　施行
（1）原則施行日

　民法等改正法の原則施行日は，「公布の日から起算して1年を超えない範囲内において政令で定める日」と定められた（附則1条本文）。これは，以下の例外に当たらないものについては1年の周知期間が必要との理由によるものである。

　民法等改正法の対象事項は「相続」に関する場面を中心にひろく及び，また，その変更内容は多岐にわたる。特に民法は社会生活の基本を定める規範であり，「相続」はどのような自然人であっても関係する可能性がある事柄であるから，その権利・義務に関する法律が変更されることは，多くの人の社会生活に影響を及ぼす。このような法律の一部改正については，今までの法秩序を破壊しないように配慮しつつ，新しい法秩序へと円滑に移行するための工夫が必要とされる。民法等改正法の中には大幅な変更を定める規定も少なくないため，人の社会生活に影響を及ぼす程度が著しい。そのため，原則的な周知期間の上限を定めるために「公布の日から起算して1年を超えない範囲内」という原則が示されたうえで，後述のとおり複数の例外が定められている。

　原則施行日は，2019年7月1日と定められた（平成30年政令316号）。

（2）例外

　ひとつの法令は，まとまった内容を有しているから，全ての規定が一斉に施行されることが素直である。しかし，さまざまな理由から，一定の規

定について施行時期を分けることがある。法制執務研究会・前掲295頁は「全ての規定について同時に施行するのが普通であるが，法令によっては，その一部の規定についてその施行期日を異ならせる必要のある場合がある」「多くの異なる施行期日を定める場合には……号を用いて表現することもある」と指摘している。

（ア）　附則30条及び31条の規定（附則1条1号）

これらの規定は，公布の日から施行される。

附則30条は，債権法改正（平成29年法律44号・民法の一部を改正する法律）の一部改正に関するものであり，債権法改正後1012条2項を同条3項に改めることや，債権法改正後1016条2項を削る改正規定を削ることなどを定めている。これは，債権法改正の原則施行日（2020年4月1日）前に対応する必要があることに配慮したものである。

また，附則31条は「この附則に規定するもののほか，この法律の施行に関し必要な経過措置は，政令で定める」と定めている。これは，経過措置を定める必要が生じたときに備える必要があることに配慮したものである。

（イ）　自筆証書遺言の方式緩和（附則1条2号）

自筆証書遺言の方式緩和に関する新968条，970条2項及び982条は，公布の日から起算して6月を経過した日（すなわち2019年1月13日）とされた。

これは，自筆証書遺言の活用のためのものであり，方式を緩和することにより遺言を作成しやすくなること（遺言が方式違反により無効となる場面が少なくなること）は早い方が望ましいことが考慮されたものと思われる。

（ウ）　債権法改正との関係（附則1条3号）

債権法改正の内容を受けた規定である新998条（遺贈義務者の引渡義務），新1000条（第三者の権利の目的である財産の遺贈に関する規定の削除）及び新1025条ただし書（遺言の撤回に関する錯誤）については，債権法改正の施行の日（すなわち2020年4月1日）とされた。

これは施行を同時にすることが合理的であるためである。

(エ)　配偶者の居住の権利（附則1条4号）

　配偶者の居住の権利に関する規定（新1028条から1041条まで）については，公布の日から起算して2年を超えない範囲内において政令で定める日とされた。この執行日は，上記（ウ）と同じ2020年4月1日と定められた（平成30年政令316号）。

　配偶者居住権について対抗要件である登記制度を整備すること，配偶者居住権については具体的相続分に反映させることとの関係で評価方法を検討する必要があること，配偶者短期居住権と配偶者居住権は調和的に用いられる必要があることなどから，原則施行日よりも長い周知期間が必要とされたものである。

　(オ)　家事事件手続法（附則1条5号）

　新家事事件手続法3条の11（相続に関する審判事件の管轄権）及び3条の14（特別の事情による申立ての却下）の改正規定と附則11条1項の規定は，人事訴訟法等の一部を改正する法律（平成30年法律20号）の施行の日又はこの法律の施行の日のいずれか遅い日とされた。

2　適用

　新法は，施行日から適用されるというのが原則である。しかし，一部改正法令においては，既存の（旧法による）法律関係との調整を避けることはできないから，必要に応じて，施行日以後であっても新法の規定を適用しないことを規定する。施行日前に形成された法律関係に新法が適用されると当事者の予測に反する結果を生む懸念がある場合などに，施行日以後であっても新法の規定を適用しないという例外を規定することが多い。そのため，どのような事象に対して一部改正法により改正された規定（新法）が適用になるのかを明らかにする必要がある。

　民法等改正法の「適用」については，附則2条ないし12条が定めている。このように多くの規定が設けられたのは，これが民法等の一部を改正する法律であり，対象事項が多岐にわたることへの配慮による。特に民法は社会生活の基本を定める規範であるから，その内容が変更されることは，多くの人の社会生活に影響を及ぼす。このような法律の一部改正について

は，今までの法秩序を破壊しないように配慮しつつ，新しい法秩序へと円滑に移行するための工夫が必要とされる。民法等改正法は対象事項が多く，その中には大幅な変更となるものも少なくないため，人の社会生活に影響を及ぼす程度が著しい。

(1) 原則

附則2条は，民法の一部改正に伴う経過措置の原則は，「この法律の施行の日（以下「施行日」という。）前に開始した相続については，この附則に特別の定めがある場合を除き，なお従前の例による」と定めている。ここにいう「施行日」は，上記1(1)の「原則施行日」である（吉田利宏・いしかわまりこ『法令読解心得帖―法律政省令の基本知識とあるき方・しらべ方』〔日本評論社，2009〕80頁参照）。

そして，附則2条の「例による」という表現は，個々の規定を特定することなく，ある事項についての制度そのものを包括的に利用して，他の事項について同じような取扱いをしようとする場合に用いられる。「なお従前の例による」という表現は，この一種であり，既存の（旧法による）法律関係に対する当事者の信頼を保護するため，これまでに扱っていたのと同じように扱うという意味である。大島稔彦『立法学　理論と実務』〔第一法規，2013〕218頁は，「経過措置では，適用区分として用いられるので，対象行為や対象事象をある時点で区分することが必要であり，原則として，その時点の直前の法状態の直前の法状態あるいは直前において適用状態にあった法が『従前』の内容になる」と指摘している。

ここでは，相続が開始した日を基準とし，それが原則施行日よりも前に生じた場合には，新法を適用しないという原則が示されている。その理由は，一般に，相続人や相続債権者等は，相続が開始した時点において通用している法令の規定がその相続について適用されると考えるのが通常であるため，新法の施行日前に相続が開始した場合であるのに新法を適用すると，その相続に対して法令が適用された結果形成される権利関係等についての予測を害する結果となることが考慮されたものである。この点については，筒井健夫・松村秀樹編著『一問一答・民法（債権関係）改正』〔商事法務，2018〕379頁の「一般に，取引の当事者等は，法律行為や意思表示

をした時点において通用している法令の規定がその法律行為や意思表示について適用されると考えるのが通常である。そのため，新法の施行日前に法律行為や意思表示がされた場合であるのに新法を適用すると，その法律行為等に対して法令が適用された結果形成される権利関係等についての当事者の予測を害する結果となる」とあることが，相続の場面に合わせて読み替えることで参考になる。

(2) 例外（特別の定め）

（ア） 附則3条（共同相続における権利の承継の対抗要件に関する経過措置）

新899条の2の規定は，施行日前に開始した相続に関し遺産の分割による債権の承継がされた場合において，原則施行日以後にその承継の通知がされるときにも，適用する。これは，共同相続における権利の承継の対抗要件について，相続開始時ではなく通知の時期を基準とする例外である。

（イ） 附則4条（夫婦間における居住用不動産の遺贈又は贈与に関する経過措置）

新903条4項の規定は，原則施行日前にされた遺贈又は贈与については，適用しない。これは，夫婦間における居住用不動産の遺贈又は贈与について，相続開始時ではなく遺贈又は贈与の時期を基準とする例外である。

（ウ） 附則5条1項（遺産の分割前における預貯金債権の行使に関する経過措置）

新909条の2の規定は，原則施行日前に開始した相続に関し，原則施行日以後に預貯金債権が行使されるときにも，適用する。これは，遺産の分割前における預貯金債権の行使について，相続開始時ではなく預貯金債権行使の時期を基準とする例外である。

（エ） 附則6条（自筆証書遺言の方式に関する経過措置）

前掲1(2)(イ)（附則1条2号に掲げる規定の施行の日）前にされた自筆証書遺言については，新968条2項及び3項の規定にかかわらず，なお従前の例による。

（オ） 附則7条（遺贈義務者の引渡義務等に関する経過措置）

前掲1(2)(ウ)（附則1条3号に掲げる規定の施行の日，以下「3号施行日」という）前にされた遺贈に係る遺贈義務者の引渡義務については，新998

条の規定にかかわらず，なお従前の例による。また，旧1000条の規定は，3号施行日前にされた第三者の権利の目的である財産の遺贈については，なおその効力を有する。

　（カ）　附則8条（遺言執行者の権利義務等に関する経過措置）

　新1007条2項及び新1012条の規定は，原則施行日前に開始した相続に関し，原則施行日以後に遺言執行者となる者にも，適用する。

　新1014条2項から4項までの規定は，原則施行日前にされた特定の財産に関する遺言に係る遺言執行者によるその執行については，適用しない。

　原則施行日前にされた遺言に係る遺言執行者の復任権については，新1016条の規定にかかわらず，なお従前の例による。

　（キ）　附則9条（撤回された遺言の効力に関する経過措置）

　3号施行日前に撤回された遺言の効力については，新1025条ただし書の規定にかかわらず，なお従前の例による。

　（ク）　附則10条（配偶者の居住の権利に関する経過措置）

　新1028条から新1041条までの規定は，原則として，上記1（2）（エ）（附則1条4号に掲げる規定の施行の日，以下「4号施行日」という）以後に開始した相続について適用し，4号施行日前に開始した相続については，なお従前の例による。

　ただし，新1028条から新1036条までの規定は，4号施行日前にされた遺贈については，適用しない。

　（ケ）　附則11条（家事事件手続法の一部改正に伴う経過措置）

　新家事事件手続法3条の11第4項の規定は，上記1（2）（オ）（附則1条5号に掲げる規定の施行の日）前にした特定の国の裁判所に特別の寄与に関する処分の審判事件の申立てをすることができる旨の合意については，適用しない。

III　遺言書保管法

1　施行

　これは，新たに制定する法令であり，既存の制度の調整は必要がない。

そのため,「公布の日から起算して2年を超えない範囲内において政令で定める日」と定められており,例外はない。

この施行日は,2020年7月10日と定められた（平成30年政令317号）。

民法等改正法の原則施行日よりも遅く,配偶者の居住の権利と同様に2年とされたのは,保管のための体制整備等に時間を要するためと思われる。

2　適用

この関係では適用に関する規定（経過措置）もない。そのため,新法は施行日から適用されるという原則によることになる。

（中込　一洋）

第1章 配偶者の居住権を短期的に保護するための方策

第1節 配偶者の居住権を短期的に保護するための方策

CASE

親族の構成は，夫A（85歳），前妻B_1，夫と前妻との間の子C，後妻B_2である。Cが成人・独立した後にB_1が死去し，AはB_2と再婚してA・B_2で同居していた。CとB_2の仲は疎遠であった。Aは単独で自宅（土地・建物）を所有していたところ，Aが死去した。Aの相続財産は，自宅（借地権2500万円，建物500万円）と預金3000万円であった。

▶ 改正のポイント

❶配偶者短期居住権の新設：遺産の分割により居住建物の帰属が確定した日又は相続開始の時から最短でも6か月を経過した日までの間，配偶者が相続により当該建物を取得した者に対して，居住建物を無償で使用できる権利を新設した（1037条）。

❷判例を参考にして，配偶者短期居住権の要件，効果，配偶者の義務，消滅等について明記した。

解説 》》》

1 総論

配偶者短期居住権（本稿では，単に「短期居住権」という。）は，最判平成8年12月17日民集50巻10号2778頁（以下「平成8年最判」という。）を参考にして，新設された制度である。

平成8年最判は、「共同相続人の一人が相続開始前から被相続人の許諾を得て遺産である建物において被相続人と同居してきたときは、特段の事情のない限り、被相続人と右同居の相続人との間において、被相続人が死亡し相続が開始した後も、遺産分割により右建物の所有関係が最終的に確定するまでの間は、引き続き右同居の相続人にこれを無償で使用させる旨の合意があったものと推認されるのであって、被相続人が死亡した場合は、この時から少なくとも遺産分割終了までの間は、被相続人の地位を承継した他の相続人等が貸主となり、右同居の相続人を借主とする右建物の使用貸借契約関係が存続することになるものというべきである。」と判示し、使用貸借契約の推認という理論が解釈上認められてきた。

　このような権利を認める理由として上記平成8年最判は、「けだし、建物が右同居の相続人の居住の場であり、同人の居住が被相続人の許諾に基づくものであったことからすると、遺産分割までは同居の相続人に建物全部の使用権原を与えて相続開始前と同一の態様における無償による使用を認めることが、被相続人及び同居の相続人の通常の意思に合致するといえるからである。」として、同居してきた相続人の保護を図ろうとしている。

　この点、法制審議会の部会資料2においても、「配偶者の一方（被相続人）が死亡した場合でも、他方の配偶者は、それまで居住してきた建物に引き続き居住することを希望するのが通常である。特に、相続人である他方の配偶者が高齢者である場合には、住み慣れた居住建物を離れて新たな生活を立ち上げることは精神的にも肉体的にも大きな負担となると考えられることから、高齢化社会の進展に伴い、配偶者の居住権（配偶者に居住建物の使用を認めることを内容とする権利）を保護する必要性は高まっているものと考えられる。」とされており、上記平成8年最判の理論をさらに推し進め、また、フランス法等外国法制も考慮に入れながら、生存する配偶者の権利を明確にしようとしているといえる。ただし、「明渡猶予期間的な発想で、少なくとも一定期間は住めるようにしましょうというものです。」との指摘もなされていて（部会第2回会議議事録・11頁［堂園幹事発言］）、その意味では弱い権利であるといえる。

2 短期居住権の内容及び成立要件（新1037条）

> 小問1-1：Aは生前，遺言書を作成していなかったので，B_2とCとの間で遺産分割協議を行った。そして，Aの死去から5か月後に，Cが自宅不動産を取得し，B_2が預金全てを取得することで合意ができた。
>
> ただ，B_2は自宅不動産に長年居住していたため，B_2の所有物が多く自宅に置いてあり，引っ越しをするには時間がかかるし，転居先もすぐには見つからない状況である。反面，Cは，自分が自宅所有権を取得したのだから，すぐにB_2に出て行ってもらいたいと思っている。また，Cは，Aの死去からB_2が自宅不動産を明け渡すまでの間は，B_2は少なくとも賃料（のうちCの持分割合に対応する分）を支払ってほしいと思っている。
>
> この場合，B_2は，しばらくの間，無償で現在の自宅不動産に住み続けることはできるか。

短期居住権の新設にあたっては，平成8年最判では必ずしも明らかではなかった成立要件や権利の内容が具体的に明文化された。

（1）短期居住権の成立要件および権利の概要

配偶者は，被相続人の財産に属した建物に相続開始の時に無償で居住していた場合において，新1037条1項1号または2号に定める日までの間，居住建物の所有権を相続又は遺贈により取得した者に対し，居住建物について無償で使用する権利を有する（新1037条1項柱書本文）として，生存配偶者の保護を図ることとした。

（2）短期居住権の成立阻害事由

ただし，配偶者が相続開始の時において居住建物に係る配偶者居住権（後述第2章）を取得したときは，配偶者は短期居住権を取得しない（新1037条1項柱書ただし書）。これは，より強力な配偶者居住権を取得した配偶者に対して，併存して短期居住権を認める必要がないからである。

また，第891条の規定（相続人の欠格事由）に該当し若しくは廃除によってその相続権を失ったときも，配偶者は短期居住権を取得しない（新1037条1項柱書ただし書）。これは，欠格制度や廃除制度は不相当な行為をした

推定相続人に対する「制裁」という性質を有するため，そのような配偶者については，居住建物取得者に負担をかけてまでその居住を保障する必要性に乏しいと考えられるからである（部会資料 24-2・1 頁）。

(3) 短期居住権の存続期間（新 1037 条 1 項 1 号の場合）

その居住していた建物（居住建物）について配偶者を含む共同相続人間で遺産の分割をすべき場合の存続期間は，①遺産の分割により居住建物の帰属が確定した日又は②相続開始の時から 6 か月を経過する日のいずれか遅い日までの間（新 1037 条 1 項 1 号）とされた。なお，それ以外の場合（同項 2 号）については下記小問 1-2 を参照のこと。

(4) 短期居住権の物理的範囲

当該配偶者が居住建物の一部のみを無償で使用していた場合にあっては，「その部分について」無償で使用する権利を有することとした。例えば，生存配偶者が相続開始前に建物の一部を居住用，残部を自己の事業用として使用していた場合には，短期居住権に基づき配偶者が無償で居住できるのは，居住用に使っていた部分のみである。

なお，短期居住権とは異なり，配偶者居住権は建物の全部に及ぼすしかないとされている。この点については，第 2 章第 1 節 I 5 **(2)** を参照。

また，被相続人の生前から生存配偶者が居住建物の一部を他人に貸すなどして収益をしてきた場合にも，当該部分については生存配偶者が居住していないので短期居住権は成立しないが，そのような場合には，相続開始前から被相続人と生存配偶者の間に使用貸借契約等の契約関係が存在する場合が多く，相続開始後も従前の当該契約関係が継続するものと考えられるから，短期居住権により保護されなくても不相当ではない旨が言われている（部会資料 22-2・1 頁）。

(5) 短期居住権行使の妨害の禁止

配偶者が短期居住権を取得した場合においては，居住建物取得者は，第三者に対する居住建物の譲渡その他の方法により配偶者の居住建物の使用を妨げてはならない，とされた（新 1037 条 2 項）。これは，配偶者に短期居住権を与えて保護した以上，消滅事由がない限り，居住建物取得者が短期居住権の行使を妨害することがないように明記したものである。

他方で、配偶者居住権の場合（新1031条2項）と異なり、短期居住権については対第三者対抗要件の制度は存在せず、使用借権の場合と同様に、第三者に対して短期居住権を主張することはできないとされている（部会資料21・4頁）。なお、債権侵害一般の法理により、不法に短期居住権の侵害を行った者に対する損害賠償請求を行うことは考えうる（ただし、部会第6回会議議事録・6頁［堂薗幹事発言］、部会第21回会議議事録・16～17頁［潮見委員発言］参照）。

(6) 小問1-1について

　この場合、B_2 は、遺産分割により自宅の所有権がCに帰属することが決まった日までは、短期居住権により自宅に無償で居住することができる。なお、自宅に無償で居住できるという結論は、新法がなくとも、平成8年最判の理論（使用貸借類似の関係）によっても同様であるが、法的根拠が異なることに注意が必要である。

　また、Aの死去の5か月後に遺産分割が完了した後も、Aの死去後6か月を経過するまでは短期居住権の存続期間は続くので、B_2 は残り1か月の間も、自宅に無償で居住することができる。

> 小問1-2：Aは生前、遺言書を作成しており、B_2 に預貯金を、Cに自宅を相続させるとしていた。B_2 は、遺言書に従って別の新しい家を探して転居するほかないと考えているが、長年居住していたため、B_2 の所有物が多く自宅に置いてあり、引っ越しをするには時間がかかるし、転居先もすぐには見つからない状況である。反面、Cは、自分が遺言により自宅不動産の所有権を取得したので、すぐに B_2 に出て行ってもらいたいと思っている。この場合、B_2 はしばらく現在の家に住み続けることはできるか。

(7) 新1037条1項2号の場合について

　先述の小問1-1では、居住建物について生存配偶者を含む共同相続人間で遺産の分割をすべき場合（新1037条1項1号）について扱ったが、ここでは、小問1-2のような、それ以外の場合（同項2号）について扱う。2号の場合の例としては、配偶者以外の者が遺贈、遺産分割方法の指定または

死因贈与により居住建物の所有権を取得したときや，生存配偶者が相続放棄をしたときが挙げられる（部会資料2・1頁，部会資料25-2・1〜2頁，部会資料26-2・1頁）。

2号の場合は，生存配偶者は平成8年最判によっては保護されない可能性が高い。しかし，新法は，上記のように高齢の生存配偶者の転居に困難が伴うこと等を考慮して，明文で一定期間に限って生存配偶者の居住を保護した。

(8) 短期居住権の存続期間（2号の場合）

2号の場合の短期居住権の存続期間は，CがB_2に対して，新1037条3項で定める短期居住権の消滅を申し入れた日から6か月を経過する日までである（同項2号）。つまり，Cが何もしなければB_2の短期居住権は存続し続けることになるので，Cとしては注意が必要である。Cとしては，短期居住権の消滅の申入れを行う方法として，口頭で申し入れるよりも，同申入れの内容・同申入れが生存配偶者に到達したこと・到達の時期が明確に残るように内容証明郵便による通知の方法を取った方が無難であると思われる。

このように，2号の場合に短期居住権を消滅させるために短期居住権の消滅の申入れが必要とされている趣旨は，配偶者が相続開始後直ちに遺言又は死因贈与の存在を把握することができるとは限らず，相続開始から相当の期間が経過した後になって，配偶者が居住建物取得者から通知を受けることにより初めて遺言等の存在を知る場合もあることを考慮したものとされている（部会資料15・6頁）。なお，生存配偶者が相続放棄等で遺産分割に関与することができない場合についても，生存配偶者に不測の損害を与えないようにするという，上記と同様の考慮がなされている（部会資料25-2・1頁参照）。

(9) 小問1-2について

この場合，B_2は，新1037条1項2号に基づき短期居住権を取得するので，Cから短期居住権の消滅の申入れを受けた日から6か月を経過する日まで，B_2は自宅に無償で居住することができる。

3　短期居住権における権利義務（新1038条以下）

> 小問2：小問1の事情があったため，B₂は短期居住権に基づき，当面の間は自宅不動産に住み続けることにした。この場合，B₂は，居住建物に関して，Cとの間でどのような権利義務の関係に立つか。

（1）用法遵守・善管注意義務（新1038条1項）

　配偶者（短期居住権を有する配偶者に限る。以下この節において同じ。）は，従前の用法に従い，善良な管理者の注意をもって，居住建物の使用をしなければならない。これは，短期居住権が使用貸借に類似する法定債権であると考えられることから，使用貸借の場合（594条1項）と同様の義務を配偶者に負わせようとしたものである。

（2）第三者の使用禁止（新1038条2項）

　配偶者は，居住建物取得者の承諾を得なければ，第三者に居住建物の使用をさせることができない。これも，（1）と同様の趣旨である（594条2項参照）。

　また，そもそも配偶者は収益権限が認められていないため，配偶者は居住建物取得者の承諾を得ても，第三者に居住建物の収益をさせることはできないとされており，この点は配偶者居住権と異なる。この点については，第2章第2節を参照。なお，配偶者が相続開始前から居住建物の一部を他に貸して収益していた場合に，そもそも当該部分が短期居住権の対象とならないことについては，上記2（4）で述べたとおりである。

（3）（1），（2）の違反の効果（新1038条3項）

　配偶者が上記（1），（2）の規定に違反したときは，居住建物取得者は，当該配偶者に対する意思表示によって短期居住権を消滅させることができる。

（4）短期居住権の譲渡禁止（新1041条・1032条2項）

　短期居住権は，一身専属権的側面があることから，譲渡することができないとされた。

（5）居住建物の修繕等（新1041条・1033条1項）

　配偶者は，自らの居住を継続するため，居住建物の使用に必要な修繕を

することができる。ただし，居住建物の修繕が必要である場合にもかかわらず，配偶者が相当の期間内に必要な修繕をしないときは，居住建物の所有者は，当該建物の価値が毀損することを防ぐため，修繕をすることができる（新1041条・1033条1項）。この際，居住建物が修繕を要するとき（第1項の場合を除く。），又は居住建物について権利を主張する者があるときは，配偶者は，居住建物の所有者に対し，遅滞なくその旨を通知しなければならない。ただし，居住建物の所有者が既にこれを知っているときは，この限りでない。

(6) 費用負担（新1041条・1034条）

　配偶者は，居住建物の通常の必要費を負担する（新1041条・1034条1項）。通常の必要費の例としては，固定資産税や通常の修繕費などが挙げられている（中間試案補足・5頁）。

　配偶者が通常の必要費以外の費用を支出した場合には，使用貸借の場合（595条2項）と同様に，583条2項の規定を準用し，196条の規定に従い償還しなければならない。ただし，有益費については，裁判所は，売主の請求により，その償還について相当の期限を許与することができるとされている（新1041条・1034条2項）。

4　短期居住権の消滅

> 小問3：B_2は，小問2のとおり，短期居住権を取得してこれまでの居住建物での居住を継続することとした。しかし，3か月後に，知人Dから，家が雨漏りで住むところがないので，2か月ほど上記居住建物に住まわせて欲しいと頼まれた。B_2としても，Aが亡くなった後大変多忙だったため，しばらく休むために2か月ほど旅行に出かけることにして，Dの依頼を受けることとし，Dに鍵を渡して旅行に出かけた。しかし，このことについて，B_2はCの同意を受けていなかった。この場合，CはB_2に対して，どのような請求ができるか。また，B_2は，Cに対して，いかなる請求をすることができるか。

(1) 短期居住権の消滅事由
① 存続期間の満了
② 配偶者死亡（新1036条・597条）
③ 居住建物の全部滅失等（新1036条・616条の2）
④ 用法遵守・善管注意義務違反，第三者使用禁止違反を理由とする配偶者短期居住権を消滅させる意思表示（新1038条3項）
上記3**(3)**のとおりである。
⑤ 配偶者居住権の取得（新1039条）
配偶者が居住建物に係る配偶者居住権を取得したときは，短期居住権は，消滅する。
⑥ なお，配偶者の再婚そのものにより直ちに配偶者の居住権保護の必要性が低下するとまでは言い難いことから，配偶者の再婚は短期居住権の消滅事由とはされていない（部会資料6・6頁）。

(2) 短期居住権の消滅の効果
（ア） 居住建物の返還義務（新1040条1項）

配偶者は，新1039条に規定する場合を除き，短期居住権が消滅したときは，居住建物の返還をしなければならない。ただし，配偶者が居住建物について共有持分を有する場合は，居住建物取得者は，短期居住権が消滅したことを理由としては，居住建物の返還を求めることができない（新1040条1項）。

（イ） 附属物の収去義務・収去権（新1040条2項，債権法改正後599条）

使用貸借や賃貸借の場合と同様に，配偶者は，相続開始後に居住建物に附属させた物がある場合において，短期居住権が終了したときは，その附属させた物を収去する義務を負う。ただし，借用物から分離することができない物又は分離するのに過分の費用を要する物については，この限りでない（新1040条2項，債権法改正後599条1項）。

また，配偶者は，相続開始後に居住建物に附属させた物を収去することができる（新1040条2項・同条2項）。

（ウ） 原状回復義務（新1040条2項，債権法改正後621条）

さらに，配偶者は，相続開始後に居住建物に生じた損傷（通常の使用及

び収益によって生じた居住建物の損耗並びに居住建物の経年変化を除く。）がある場合において，短期居住権が終了したときは，その損傷を原状に復する義務を負う。ただし，その損傷が配偶者の責めに帰することができない事由によるものであるときは，この限りでない（債権法改正後621条）。

（3）本事例の場合

B_2 は C の同意なく居住建物を第三者 D に使用させたことになる（新1038条2項の違反）。したがって，C は，B_2 の第三者使用禁止義務違反を理由に，B_2 に対して短期居住権の消滅の意思表示をして，当該建物の返還請求をすることができる。

この場合，B_2 は居住建物から退去することとなるが，その場合，居住建物について修繕や固定資産税等の支出をした場合には，返還から1年間は，民法196条の規定に従い，費用償還請求をすることができる。

（岩田　修一）

第2章 配偶者の居住権を長期的に保護するための方策

第1節 配偶者居住権の内容・成立要件・効力

I 配偶者居住権を遺産分割により設定する場合

CASE

AとB₁は結婚して子Cをもうけたが，Cが成人・独立してまもなくB₁は死去した。その後AはB₂と結婚して，数十年にわたりAとB₂との2人で自宅に同居してきた。他方で，CとB₂の仲はずっと疎遠であった。なお，B₂には仲の良い妹Dがおり，Dは時々B₂を訪ねてきていた。

その後，Aは遺言を遺さずに死去した。Aの相続財産は，以下のとおりであった。

①自宅不動産3000万円（Aの単独所有）
②預金1000万円
合計4000万円

相続人はCとB₂の2名だけだったので，この2名で遺産分割について協議した。B₂は相当の高齢であるが，まだ元気であり，将来にわたって自宅に住み続けたいと希望している。他方，Cは自分の法定相続分（2分の1）の価額にあたる財産（2000万円分）を取得できなければ合意できない，と述べている。

▶ 改正のポイント

❶配偶者居住権（新1028条～1036条）の制度目的は，居住建物の所有者と同居などしている高齢配偶者が，所有者の死去後も，居住建物における居住状態を保ちやすくすることにある。

❷配偶者居住権とは，居住建物の所有者と同居してきた配偶者が，

所有者の死後において，自宅不動産を無償で独占的に使用することができる権利である（新1028条等）。賃借権に似た側面もあるが，賃料支払の必要はなく，また，配偶者が亡くなると配偶者居住権は消滅する（新1036条・597条3項）。

❸配偶者居住権の取得方法としては，遺産分割協議または遺産分割審判により取得できる（新1028条1項1号。なお，遺言等による取得も可能である。下記Ⅱ参照）。配偶者居住権の制度は，遺産を分割する方法の選択肢のひとつとして位置付けられている。

❹配偶者居住権を取得した配偶者は，配偶者居住権の評価額に相当する相続財産を取得したものとして扱われる。配偶者居住権は，所有権と比べて評価額が低くなりやすいため，遺産分割の際に配偶者が他の財産も併せて取得しやすいというメリットがある。

❺配偶者居住権は，登記しなければ第三者に対抗できないので（新1031条2項・605条），取得後すぐに登記する必要性が高い。

解説 》》》

1 配偶者居住権の創設の背景（旧法制度の場合）

> 小問：上記設例において，B_2が自宅に住み続ける方法としては，配偶者居住権以外にどのような方法が考えられるか。また，各方法について，どのような制約や不都合があるか。

(1) 建物所有権

まず考えられるのが，B_2が遺産分割で建物所有権を取得する方法である。この場合，B_2は相続財産合計4000万円分のうち3000万円分の自宅不動産を取得することになるので，法定相続分に従うなら，B_2はCに対し代償金1000万円を支払う必要がある。なお，上記設例よりも預金の割合が大きい事案であれば，B_2は代償金を支払わなくて済むかもしれないが，その場合でも，配偶者としては預金の取得額が減るので，老後資金が心配になりがちだろう。

(2) 賃借権・使用借権

次に考えられるのが，Cが遺産分割で建物所有権を取得し，B_2 に賃貸（または使用貸借）する方法である。

この方法をとるためには，C・B_2 間で，賃貸借・使用貸借やその条件について合意ができなければならない（なお，裁判所による遺産分割審判により子に2年間の建物賃借権を与えた下級審裁判例は存在するものの（東京高決平成22年9月13日家月63巻6号82頁），当事者の合意や特別の立法なしに審判で契約を成立させることは理論的な説明が難しい旨が指摘されている（部会第2回会議議事録・35頁［堂薗幹事発言］)。）。

また，B_2 としても，賃貸借で合意できた賃料が高額である場合には，年金があっても，将来にわたって賃料を払い続けられるか不安が残る。

また，Cとしても，存続期間の定めのある賃貸借の場合，期限が到来しても原則として法定更新となり，B_2 が死去した後もその相続人（Dなど）が賃借権を相続する可能性があるため，B_2 の死後も長期間にわたって建物等を利用できなくなる可能性がある（なお，存続期間を B_2 の死去までに限定する建物賃貸借を設定しようとしても，借地借家法30条に違反して無効となるから，そのような期間の限定はできない。）。

(3) 小括

以上のように，旧法下では，相続財産のうち自宅不動産が価額の多くを占め，かつ，他の相続人との間で賃貸借等の合意が難しいような場合，配偶者が自宅での居住を維持することは困難になる。そこで，特に高齢配偶者の居住状態を確保するための手段のひとつとして，配偶者居住権の制度が定められた。

2　配偶者居住権の制度概要
(1) 制度概要

配偶者居住権とは，居住建物の所有者と同居などしている配偶者（特に高齢配偶者）が，所有者の死去後も居住建物における居住状態を保ちやすくすることを目的とした制度である。

配偶者居住権は，配偶者が居住建物を終身の間（または一定期間）引き続

き使用することができる，法定の権利である。その性質については一部で賃貸借の規定が準用されているが（1036条），賃料を支払う必要がない点や，存続期間の更新や相続がされない点など，異なる点も多い。権利内容についての詳細は第2章第2節を参照のこと。

配偶者居住権は，遺産分割協議・遺産分割審判または遺言等によって，所有権の上に設定することができ，遺産分割や遺留分の計算において，一定の財産価値をもつ財産として扱われる（つまり，遺産分割の段階で実質的な対価支払が完了する。）。制度の位置づけとしては，遺産の分割の方法の選択肢のひとつであると位置づけられており，この方法を利用するか否かは当事者の判断に委ねられている。

なお，法制審議会民法（相続関係）部会での議論の段階では，配偶者短期居住権は「短期居住権」と呼称されており，これと対比して，配偶者居住権は「長期居住権」と呼称されていた。

(2) 配偶者居住権の意義

> 小問：B_2・C間の遺産分割協議の結果，Cは建物所有権と預金500万円を取得し，B_2は配偶者居住権と預金500万円を取得するという内容で，合意することができた。
> ここで，B_2が自宅に住めるだけでなく，代償財産を支払わずに済み，しかも預金500万円を取得できるという内容の合意に至れたのはなぜだと考えられるか。また，この場合，上記1の方法（配偶者居住権以外の方法）と比べて，C・B_2の法的地位は具体的にどうなるか。

配偶者居住権は，配偶者が亡くなると消滅し，また，第三者に対する賃貸や譲渡（売却処分）が原則としてできない，という一身専属的で制限された権利である。そのため，所有権と比較すると，配偶者居住権の価額は低く評価される場合が多い（特に，配偶者が高齢である場合や，存続期間を短期間に限定した場合には低額となる。）。逆に言うと，遺産分割の際に，配偶者は安価な対価と引き換えに自宅での居住を確保できることになるので，そこに遺産分割上の意義があると言える。

たとえば，上記小問で，Cが，B_2が配偶者居住権のほかに預金500万

円を取得することに合意した理由としては，B_2 が取得する配偶者居住権の価額が，C が取得する配偶者居住権の負担つきの所有権の価額とおおむね同額程度になると見積もられたから，すなわち，配偶者居住権の価額が，負担のない所有権全体よりも大幅に安価だと見積もられたから，という事情が推測される（なお，配偶者居住権の評価額の算定方法については，第 2 章第 4 節を参照のこと。）。

配偶者居住権を取得した B_2 は，死去するまでの間（または合意した一定期間の間），自宅に従前どおり居住することができ，賃料等を支払わなくてよい。B_2 が死去すると（または定められた一定期間が経過すると），配偶者居住権はその時点で確定的に消滅し（B_2 の相続人（D）に相続されることはない），C は負担のない完全な所有権を取得する。

3 配偶者居住権の存続期間

> 小問：上記の事案とは異なり，B_2 は相続開始時にまだ 55 歳であり，当面は自宅兼店舗で営業を続けたいと思っているが，5 年後くらいには引退して，遠方の実家に引っ越して自分の親の世話をしたいと考えている。B_2 としては，どのような方法が考えられるか。

配偶者居住権の内容は，そのほぼ全てが法律で定められているが（詳細は第 2 章第 2 節を参照のこと），存続期間は遺産分割または遺言等によって自由に定めることができる。

配偶者居住権の存続期間は，配偶者の終身となるのが原則だが，一定の期間を定めた場合には，その期間だけ存続する（新 1030 条）。この存続期間は，配偶者居住権の内容として登記の対象となる以上，「当分の間」「別途改めて協議する」というような定め方はできないだろうと言われている（部会資料 24-2・4 頁）。

上記小問の B_2 としては，たとえば 5 年後までの存続期間を定めた配偶者居住権の設定を提案することが考えられる。この B_2 は，5 年後には実家に引っ越して居住不動産を確実に明け渡せる可能性が相当程度存在することから，C も合意しやすいのではないかと考えられる。

なお，状況次第ではあるが，明渡しまでの期間が短期間で良いのであれ

ば，B_2 としては，配偶者短期居住権を利用することも考えられる。

4　配偶者居住権の成立要件

> 小問：B_2 は配偶者居住権の取得を内容とする遺産分割を提案したが，C は応じなかったので，B_2 は遺産分割調停を提起した。調停においても同様の状況だったので，家庭裁判所は調停を不調とし，審判手続に移った。
> 家庭裁判所が，B_2 に対し配偶者居住権を取得させることが適切だと思った場合に，その旨の遺産分割審判を行うためには，どのような要件が満たされている必要があるか。

(1) 前提となる共通の要件

①配偶者が，被相続人の財産に属した建物に，相続開始時に居住していたことが必要である（新1028条1項柱書）。被相続人との同居は必要ない。

なお，後記**5**の抗弁にも注意が必要である。

(2) 取得方法に関する要件（遺産分割協議による場合）

配偶者居住権を当事者間の合意（遺産分割協議）によって取得しようとする場合には，②-1 相続開始後に，配偶者居住権を配偶者に取得させる旨の遺産分割の合意が成立すればよい（新1028条1項1号）。この遺産分割の合意は，裁判（調停）上のものでも裁判外のものでもよい。

(3) 取得方法に関する要件（遺産分割審判による場合）

(ア)　総論

配偶者が配偶者居住権を裁判所の遺産分割審判によって取得しようとする場合は，当然ながら，②-2 家庭裁判所から，遺産分割の家事審判手続において，配偶者居住権を配偶者に取得させる旨の遺産分割審判を受けることが必要になる（新1028条1項1号）。

そして，裁判所がそのような審判を行うことができる場合は以下の(イ)(ウ)の場合に限定されている。その趣旨は，配偶者居住権の価額と配偶者居住権付所有権の価額を合計すると，合計額が建物所有権全体の価格より低くなる可能性があるため（部会資料19の参考資料（日本不動産鑑定士協会連合会の意見書）），配偶者居住権を設定すると，居住建物の所有権を

取得する相続人だけではなく，それ以外の相続人についてもその具体的相続分額が目減りするという不利益を生ずる場合があると考えられるため，裁判所がそのような審判を行うことが相当と言える場合に限ったものである（部会資料 19-1・9 頁）。

（イ）　配偶者居住権の取得につき合意が成立している場合

1 通り目は，③-1「共同相続人間に配偶者が配偶者居住権を取得することについて合意が成立しているとき」である（新 1029 条 1 号）。たとえば，他の遺産の分割については審判まで争われているが，配偶者居住権については異論がなかった場合などがこれにあたると言われている。

この「合意が成立している」の具体的射程については，法務省関係官からは，配偶者居住権等の評価方法や価額についての合意は不要であるという説明がされている（部会第 19 回会議議事録・8 頁［堂薗幹事発言］）。ただし，配偶者居住権の価額や配偶者居住権付所有権の価額について，審判結果が見通しと大きく異なることになった場合には，審判後に紛争が起こりやすいと思われる。そこで，「合意が成立している」と言えるためには，たとえば，配偶者居住権を設定することで評価が何割程度下がる可能性が高いというような目安まで示した上で，相続人全員が状況を理解した上で合意をしていることを要すると解すべきではないか，との意見もあった（部会第 19 回会議議事録・13～14 頁［石栗委員発言］）。

（ウ）　配偶者の生活を維持するために特に必要性・相当性が認められる場合

2 通り目は，③-2「配偶者が家庭裁判所に対して配偶者居住権の取得を希望する旨を申し出た場合において，居住建物の所有者の受ける不利益の程度を考慮してもなお配偶者の生活を維持するために特に必要があると認めるとき」である（新 1029 条 2 号）。

この「居住建物の所有者の受ける不利益」の内容は必ずしも明らかになっていない。ただ，この 2 通り目の趣旨として，配偶者以外の相続人は，通常は，配偶者に対して扶養義務を負い，又は負い得る関係にあると考えられること（877 条 1 項・2 項）等を考慮すればやむをえない，という説明がされていることから（部会資料 19-1・10 頁），配偶者以外の相続人が配偶者に対して扶養義務を負いうる関係にあるかどうかが考慮される可能性は

あるように思われる（なお，本件のB₂とCはそのような関係にはない）。また，上記の趣旨からみて，配偶者居住権の設定によって不動産全体の価値がどの程度減価すると考えられるかという点も，考慮される可能性があるように思われる。

また，「配偶者の生活を維持するために特に必要がある」の内容も明らかにはなっていないが，下記 7 (1) のような要素が考慮されるのではないかと推測される。

5 配偶者居住権の成立範囲――共有等の場合
(1) 居住不動産の共有との関係

> 小問：次のような事情があった場合，配偶者居住権の成立は妨げられるか。また，配偶者居住権はどの範囲で成立するか。
> 事案①本件建物が，Aの生前から，Aと子Cの共有となっていた場合
> 事案②本件建物が，Aの生前から，Aと配偶者B₂の共有となっていた場合
> 事案③本件建物はAの単独所有であり，Aが遺言により，B₂に配偶者居住権を遺贈したが，所有権については遺言がなかった（＝遺産共有となる）場合
> 事案④本件建物はAの単独所有であり，Aが遺言により，B₂に配偶者居住権を遺贈し，かつCに2分の1の持分を，B₂に2分の1の持分を相続させた場合

（ア）　相続開始前から第三者との共有になっていた場合

事案①については，被相続人が相続開始時に居住建物を配偶者以外の者と共有していた場合，配偶者居住権を設定することができない（新1028条1項柱書ただし書）。したがって，B₂の配偶者居住権は成立しえない。

その趣旨は次のとおりである。配偶者居住権は，配偶者が居住建物を物理的に（独占的に）占有して居住の用に供することを目的とするものであるから，居住建物が第三者にも共有されている場合に配偶者居住権を設定しようとすると，第三者の持分にも配偶者居住権の負担を生じさせざるを

得ない。しかし，その第三者の持分は，本来，被相続人の相続と関係がないのだから，配偶者の無償の居住を受忍するという負担を生じさせるべきではない（部会資料25-2・7頁）。

また，もしその第三者が同意した場合には配偶者居住権の成立を認めることも考えられないではないが（たとえば，本件のCは，遺産分割の内容次第では，経済合理性に従って合意できるかもしれないが），配偶者居住権は，被相続人が居住建物について有していた権利の一部を独立の権利と捉えて相続によって承継させようとするものであり，第三者の同意によって生じた権利をそれと同質のものと扱うことはできないからである（部会資料25-2・7頁）。

（イ）　相続開始前から配偶者との共有になっていた場合

他方，事案②では，B_2の配偶者居住権の取得は妨げられない（新1028条1項柱書ただし書の反対解釈）。

その趣旨としては，まず，事案①の場合と異なり，他の共有者固有の持分につき配偶者居住権を負担させても，その共有者（＝配偶者）にとって特に不当な結果にならないことが挙げられる。また，配偶者は自己の固有の持分に基づいて居住建物を使用することができるので，被相続人が所有していた持分についてわざわざ配偶者居住権を設定する必要はないようにも一見思われるが，配偶者居住権がなければ，他の共有者から使用料相当額の不当利得返還を請求されたり，共有物分割を請求されたりするおそれがあるので，これを防ぐ方法として，配偶者居住権の設定を認める必要があるからである（部会資料25-2・6頁）。

また，配偶者居住権の成立する範囲としては，配偶者B_2の固有の持分も含んだ，本件建物の所有権全体に対し，配偶者居住権が成立する（新1028条2項参照）。

その趣旨は次のとおりである。配偶者固有の持分に対しても配偶者居住権を設定しようとしても，混同により消滅する（ため設定できない）のではないかとの疑念も生じうる。しかし，仮に配偶者固有の持分に対しては配偶者居住権は設定できないとすると，その後の遺産分割で他の相続人が配偶者固有の持分を取得することとなった場合に，対抗力ある配偶者居住権

の内容が不明確になってしまい，また，配偶者が自己固有の持分を売却したときにその相手方や転得者に対し配偶者居住権を主張できないことになってしまうので，配偶者固有の持分に対しても配偶者居住権の設定を認める必要がある。そこで，借地借家法15条が自己借地権に関する規定を置いていることも考慮し，そのような疑念を解消するために明確な規定を置いたものである（部会資料25-2・5〜7頁）。

（ウ）　相続により配偶者が持分と配偶者居住権の両方を取得した場合

事案③，事案④の場合も，本件建物の所有権全体に対し配偶者居住権が成立する（新1028条1項柱書ただし書の反対解釈，同条2項）。その趣旨は，上記（イ）と同様である（部会資料25-2・5〜6頁）。

(2) 本件建物の物理的な一部が居住以外に使われていた場合

> 小問：次のような事情があった場合，配偶者居住権の成立は妨げられるか。また，成立する場合，配偶者居住権はどの範囲に及ぶか。
> 事案①本件建物の2階部分はA・B_2の居住用に使われ，1階部分はA・B_2の事業用に使われている場合
> 事案②本件建物の2階部分はA・B_2の居住用に使われ，1階部分はCの事業用に使われている場合

配偶者居住権は，登記をしなければ第三者に対抗することができない。そして，建物の一部についてのみ登記を行うことは困難と考えられるため，配偶者居住権の物理的な範囲としては，建物の全体に及ぼすしかないと考えられる（新1028条1項の文言上も，「建物の全部について」配偶者居住権を取得するものと定められている。）。

事案①では，B_2の居住用に使われていたのは本件建物の一部のみだったが，そのような場合に配偶者居住権による配偶者の保護を否定するまでの必要性に乏しいことから，配偶者居住権の成立は妨げられないと考えられている（部会資料15・9頁）。また，配偶者居住権の範囲は本件建物の全体に及ぶ。B_2は，事業用に使っていた部分を，引き続き同じ用法で使ってもよいし（新1032条1項本文），居住用にすることもできる（同項ただし書）。

事案②では，B_2の居住用に使われていたのは本件建物の一部のみであ

るだけでなく，残部は他の者が使用しているが，この場合にも配偶者居住権の成立は妨げられないと考えられている（部会資料15・9頁）。また，配偶者居住権の範囲は本件建物の全体に及ぶ。Cの使用部分については，たとえば従前の利用関係がA・C間の賃貸借であれば，Aが建物全体について利用権を有する以上（また，それを前提に配偶者居住権の価額が評価されると考えられる以上），賃貸不動産の売買による貸主の地位の承継（605条の2第1項）の場合と同様に，Aの貸主の地位全体がB_2に移転することになるものと考えられる（部会資料22-2・2頁注3）。

なお，建物の構造上，配偶者が居住している部分だけを区分所有の対象にできる場合は，その部分だけを区分所有の対象として登記するとともに，その部分だけを配偶者居住権の目的とすることも可能と考えられる（部会資料15・10頁）。

6　配偶者居住権の対第三者対抗要件（登記）
(1)　迅速な登記の必要性

> 小問：B_2は配偶者居住権を取得して居住建物に住み続けていたが，配偶者居住権の登記申請のための準備に時間がかかっている間に，次のことが起こった。B_2の地位はどうなるか。
> ①Cが第三者Pに対し，「B_2の居住は使用貸借にすぎないし，B_2は近々引っ越す予定である」などと巧妙に偽り，Pはそれを信じて建物を買い，所有権移転登記を経由した。
> ②Cの債権者Qが，Cに対する債権の回収のために建物を差し押さえた。

配偶者居住権は，その不動産登記をすれば，その不動産について物件を取得した者その他の第三者に対抗することができるが（新1031条2項・605条），引渡しのみでも対抗力が認められる建物の賃借権（借地借家31条）とは異なり，引渡しは対抗要件とはならない。その理由は，配偶者居住権では，対抗要件具備後の第三者（所有権の譲受人等）は賃料すら取得できないので，賃借権よりも権利の内容を適切に公示すべき必要性が高いこと，また，配偶者居住権では相続開始時にその建物に居住していることが成立要

件になっているため（新1028条1項柱書），建物の引渡しでは外観上は何ら変化がないということになってしまい，公示手段として極めて不十分であることが挙げられている（沖野眞已＝堂薗幹一郎「対談　相続法の改正をめぐって」ジュリスト1526号27〜28頁）。

したがって，配偶者居住権の登記をしなければ，それを上記のような第三者に対抗することはできないから，たとえば上記小問①②のような場合には，B_2は配偶者居住権をP・Qに対抗できず，居住建物を使用できなくなってしまう。よって，配偶者居住権を取得する場合，取得と同時に登記申請を確保できるように手配すべきである。

(2) 対第三者対抗力の具体的内容

(ア) 所有者

登記を備えた配偶者居住権は，「その不動産について物権を取得した者その他の第三者」に対抗することができる（新1031条2項・605条）。また，配偶者居住権と第三者との優先関係は，対抗要件（登記）の先後による。したがって，配偶者居住権が設定・登記された後に，配偶者居住建物の所有権譲渡について登記が具備された場合，配偶者居住権のほうが優先し，配偶者は独占的使用を継続できる。

(イ) 抵当権者

抵当権の場合も（ア）と同様である。よって，配偶者居住権の登記後に抵当権が登記され，配偶者居住権のほうが優先する場合は，抵当権が実行された場合でも，競売の対象はあくまでも配偶者居住権の負担付の所有権になり，配偶者居住権は存続する（部会資料6・13頁。大判昭和5年7月9日民集9巻11号839頁，最判昭和37年9月18日民集16巻9号1977頁も参照）。

(ウ) 賃借人

賃借権の場合も（ア）と同様である。よって，配偶者居住権の登記後に賃借権について引渡し（借地借家法31条）がされ，配偶者居住権のほうが優先する場合（たとえば，Aが生前に建物の一部につき他者と賃貸借契約を締結していたが，賃借人への引渡しが未了だったような場合など）には，配偶者は明渡請求を行うことができる。

他方，賃借権のほうが優先する場合（たとえば，Aが生前に建物の一部を他

者に賃貸し，賃借人がすでに引渡しを受けていたような場合など）には，配偶者は，賃借権の成立している範囲で賃借人による独占的な使用を受忍するしかない（部会第 15 回会議議事録・11 頁［堂薗幹事発言］等）。なお，その場合の賃貸人の地位については，上記 **5 (2)** を参照。

　（エ）　妨害排除請求

　配偶者居住権が対抗要件を備えた場合，配偶者は，第三者に対する妨害停止請求または返還請求を行うことができる（新 1031 条 2 項・債権法改正後 605 条の 4）。

(3) 遺産分割協議の場合の登記方法

> 小問：B_2 が遺産分割協議によって配偶者居住権を取得する場合，B_2 としては，どのようにして配偶者居住権の登記を確保するとよいか。

　権利登記の共同申請の原則（不動産登記 60 条）に則り，配偶者居住権の登記も，原則として，所有者と共同して申請しなければならない（ただし，所有者の登記手続義務を示す債務名義を提出すれば，単独で申請することができる（民執 174 条 1 項本文）。）。

　この点，C が協力を拒んでしまうと，共同申請ができないので，B_2 は C に対し配偶者居住権の登記手続請求訴訟（新 1031 条）を提起して債務名義を得なければ登記を申請できない。そこで，安全に登記を確保するためには，遺産分割協議成立の際に，B_2 が共同相続人として C の所有権登記に協力する（手続書類を交付する）ことと引換えに，C が B_2 の配偶者居住権の登記に協力する（手続書類を交付する）ように求める方法が良いと思われる。

(4) 遺産分割審判の場合の登記方法

> 小問：B_2 が裁判所の遺産分割審判によって配偶者居住権を取得する場合，B_2 としては，どのようにして配偶者居住権の登記を確保するとよいか。

　この場合も登記共同申請の原則が適用される。ただし，確定した遺産分割審判の正本は債務名義となるので（家事事件手続 75 条），遺産分割審判に登記義務が定められていれば，配偶者は特に訴訟を提起することなく，単

独で登記ができる。

　そこで，配偶者居住権を設定する審判が行われる際には，裁判所に対し，登記義務についても記載するように確認・要請すると良いと思われる。具体的には，たとえば以下のような文言を審判に入れることになると考えられる（部会資料23-2・5頁）。

> 被相続人の遺産を次のとおり分割する。
> 1　配偶者B_2に対し，別紙物件目録記載の建物（以下「本件建物」という。）につき存続期間を配偶者B_2の終身の間とする配偶者居住権を設定する。
> 2　相続人Ｃは，本件建物の所有権を取得する。
> 3　相続人Ｃは，配偶者B_2に対し，本件建物につき，第1項記載の配偶者居住権を設定する旨の登記手続をせよ。

(5) 所有権の移転の登記が未了の場合

　配偶者居住権の登記の前提として，居住建物の所有権の移転の登記が未了の場合は，配偶者は，保存行為として，相続を原因とする所有権移転登記等を申請する必要があると言われている（部会資料22-2・5頁）。

7　配偶者居住権の利用を検討する際の注意点
(1) どのような場合に適するか

> 小問：B_2としては，どのような事情がある場合に，配偶者居住権を利用するとよいか。逆に，どのような事情がある場合には，配偶者居住権の利用を避けたほうがよいか。

(ア)　総論

　配偶者居住権は，遺産の分割の方法の「選択肢」として設計されており，これを使うか否かは当事者の判断に委ねられているため，この制度が適する場合と適しない場合の見極めが重要になる。最終的には事案ごとの総合考慮となるが，制度内容や他の選択肢との関係にかんがみれば，配偶者居住権の利用に適するのは，以下の条件全てにあてはまる場合ではないかと思われる。

> ① 配偶者が自宅に住み続けることを希望している。
> ② 配偶者が高齢である。または，高齢でなくても，一定期間後に引っ越しができるというある程度確実な見込みがある。
> ③ 配偶者が自宅の所有権を取得すると，相続財産の構成や配偶者の相続分割合などの関係で，配偶者が代償財産の支払をする必要があったり，その他の相続財産を取得できないなどの理由で，配偶者の生活などに不都合が生じるおそれがある。
> ④ 配偶者と所有権取得（見込）者との関係が親密でないなどの事情により，建物の使用貸借や賃貸借等の合意が難しそうである。
> ⑤ 配偶者が，平均余命（または一定期間の満了時期）よりも相当早く自宅で生活できなくなる可能性が，特に高いわけではない。
> ⑥ 自宅建物につき，相続開始時に，被相続人がこれを配偶者以外の者と共有していなかった。
> ⑦ 自宅建物につき，配偶者の居住の妨げになるような利用権（賃借権等）が設定されていない。
> ⑧ 自宅建物につき，担保権が設定されていない（または，被担保債務残高が微小など，担保権等の抹消が容易な状況である）。また，仮差押え・差押えなどもされていない。これらが近い将来にされる見込みもない。

（イ）　上記②について

前段（存続期間を終身とする場合）については，配偶者が若い場合には，終身の配偶者居住権の存続期間は非常に長期間になると予測されることから，配偶者居住権の評価額が高くなって，意義が薄れると考えられるからである。また，後段（一定期間を定める場合）については上記 3 を参照のこと。

（ウ）　上記⑤について

配偶者としては，自宅での生活が困難になった時点以降は，配偶者居住権を持っていても意味がなくなってしまうからである。

なお，そのような場合でも，Cとの間で配偶者居住権の買取交渉や第三者への賃貸に関する同意の交渉が行われ，合理的な内容の合意が成立すれば，B_2 は投下資本を回収することができる（また，遺産分割の際にあらかじ

め買取りの条件や額などを定めておくことも可能である〔部会第15回会議議事録・19頁〕。）。しかし，配偶者居住権の意義が出てくる事案は主にCとB_2との仲が親密でない事案だと思われるので，そのような合意は難しいかもしれない。そのため，配偶者としては，想定よりも早期に（たとえば平均余命よりも相当前に）自宅での生活が困難になったことにより，配偶者居住権を取得するよりも，所有権を取得したり，自宅不動産を共同で売却して金銭を取得したりしていたほうが良かった，という結果になってしまう可能性（リスク）も生じうる。

　よって，配偶者の健康状態，自宅生活でのサポート体制，その他の手段の取りやすさなども考慮して判断したほうがよいと思われる。なお，配偶者が配偶者居住権を換価する方法については，後記Ⅱ4を参照のこと。

　（エ）　上記⑥について

　相続開始時に，被相続人が居住建物を配偶者以外の者と共有していた場合には，配偶者居住権は設定できないものと定められているからである（新1028条1項柱書ただし書）。

　（オ）　上記⑦について

　居住建物に利用権（賃借権等）が設定され，対第三者対抗要件（引渡し等）が先に備えられた場合，その利用権のほうが優先するので，配偶者は他者の利用を受忍しなければならなくなるからである。

　（カ）　上記⑧について

　居住建物に抵当権が設定・登記され，その後に配偶者居住権の登記がされた場合は，抵当権のほうが優先するので，抵当権が実行されると，配偶者居住権は競売によって消滅するからである（部会資料6・13頁，民執59条2項）。

　また，仮差押えや差押えが配偶者居住権の登記よりも先にされた場合は，差押え等のほうが優先するからである。なお，この点，相続債権者からみると，配偶者居住権が設定されれば責任財産が全体として減少することになる。そのため，配偶者としては，相続開始のあと配偶者居住権が登記されるまでの間に，相続債権者が焦って仮差押え等を行ってくる危険性にも注意する必要がある（部会第2回会議議事録・19頁〔浅田委員発言〕参照）。

(2) 補論：差押え抑止目的等での利用について

　配偶者居住権は権利の性質上譲渡できないため（新 1032 条 2 項），担保設定や差押え（強制執行）の対象とはできないものと考えられている。また，配偶者居住権の負担付の不動産の所有者は，不動産を使用できないばかりか賃料等を収受することもできないので，所有権の譲渡が事実上困難になると考えられる。このような事情から，配偶者居住権を設定すると，不動産の流動性が低くなり，不動産全体の財産的評価額が下がりやすくなるものと考えられる。そのため，主に差押抑止や節税の効果を狙って，遺産分割協議などで配偶者居住権が設定される事案が出てくることも予想される。

　しかし，そのような利用をした場合，強制執行妨害や脱税と認定されて違法となる危険も考えられる。また，この制度はあくまで配偶者の居住権確保の目的で設計されていることから，配偶者の居住権を確保する必要性が低い場合や，他の方法（所有権取得や賃貸借・使用貸借など）で居住利益が十分確保できる場合は，かえって配偶者が不利益を受ける可能性がある。また，差押抑止により債権者を害する場合には，詐害行為取消の対象になる可能性も排除されてはいない（部会第 26 回会議議事録・5 頁［堂薗幹事発言］参照）。

　上記のとおり，制度目的に反する利用は行うべきではなく，また，特に配偶者にとって，そのような利用はリスクが大きいと考えられる。

II　配偶者居住権を生前の行為（遺言・死因贈与）により設定する場合

CASE

　A と B_1 は結婚して子 C をもうけたが，C が成人・独立した後に B_1 が死去した。その後，A は B_2 と結婚して，長年，A と B_2 との 2 人で自宅に同居してきた。他方，C と B_2 の仲はずっと疎遠であった。

　その後，A は，急病で入院し，回復したものの，体力の衰えを感じてきたため，自分が死去した場合には，B_2 が死去するまで住居を

確保してあげたいと思っている。他方で，唯一の子Cにも自己の財産の半分程度を残してあげたいと思っている。Aの財産は，以下のとおりである。

①自宅不動産3000万円（Aの単独所有）
②預金1000万円
合計4000万円

なお，B_2は75歳で，現在は特に支障なく自宅で生活している。

▶ 改正のポイント

❶配偶者居住権は，被相続人の生前に遺言等によって定めることもできる（新1028条1項2号）。

❷ただし，被相続人の生前に定める場合，遺言等の時から実際の配偶者居住権の取得時までに状況が変わり，配偶者居住権の利用に適しない状況になってしまう可能性もあるので，そのリスクについて十分な認識と吟味が必要である。

❸遺言等で定める場合は，配偶者居住権の登記を確保するため，配偶者等を遺言執行者とするなどの工夫をしておくとよい。

解説 》》》

1　配偶者居住権の遺言における利用

(1) 現行制度

小問：上記の条件下において，配偶者居住権の制度がない段階では，Aの希望をかなえるためには，どのような方策がありうるか。

(ア)　遺言による建物所有権の相続

まず考えられるのが，B_2が建物所有権を取得する方法である。この場合，B_2は相続財産合計4000万円分のうち3000万円分の自宅不動産を取得することになるので，法定相続分に従うなら，B_2はCに対し代償金1000万円を支払う必要がある。上記設例と異なり，預金の割合がもっと大きい場合には代償金を支払わなくて済むかもしれないが，配偶者として

は預金の取得額が減るので，老後資金が心配になるかもしれない。
　（イ）　遺言による賃借権・使用借権の設定
　次に考えられるのが，Cが建物所有権を取得し，B_2に賃貸（または使用貸借）する方法である。使用借権については，負担付き遺贈や遺産分割方法の指定としてあらかじめ遺言で定めることは可能であるが（終身とすることも可能なようだ），第三者に対する対抗力がないという問題がある。また，賃借権については，受遺者が賃料支払義務という有償の義務を負担させられることから，賃借権を負担付き遺贈や遺産分割方法の指定として遺言で定めることができるかは疑問視されている（部会第6回会議議事録28頁［沖野委員発言］参照）。

（2）配偶者居住権

> 小問：配偶者居住権制度によって，どのような方策が可能になりうるか。

　（ア）　遺言（遺贈）による設定
　配偶者居住権の制度があれば，生前の被相続人Aとしては，遺言によって，B_2に自宅の配偶者居住権（と一定の預金）を遺贈し，Cに自宅の所有権（と一定の預金）を相続させることができる（新1028条1項2号）。
　（イ）　死因贈与による設定
　死因贈与については，その性質に反しない限り，遺贈に関する規定を準用すると定められているため（554条），死因贈与により配偶者居住権を設定することも可能であると考えられる（554条・新1028条1項2号）（沖野=堂薗・前掲27頁）。
　（ウ）　参考：遺言（特定財産承継遺言）について
　なお，法案の検討段階では，遺贈のみならず，「特定財産承継遺言」（新1014条1項，いわゆる「相続させる」遺言のうち遺産分割方法の指定と解釈されるもの）によって配偶者居住権を設定する方法も想定されていた。しかし，特定財産承継遺言による財産承継は個別に放棄できないところ，後記5のとおり，配偶者が配偶者居住権のみを放棄できるようにしないとかえって配偶者の保護に欠ける場合がある旨が指摘された。そのため，新法では，遺言による配偶者居住権の設定は，特定財産承継遺言により行うことはで

きないものとされ，遺贈による方法のみが認められることになった（新1028条1項2号，部会資料15・11頁参照）。

そのため，たとえば「配偶者に自宅の配偶者居住権を相続させる」という遺言があった場合，遺言者の合理的な意思解釈により，そのような場合は配偶者居住権の遺贈がされたものと解釈すべきことになると考えられる（部会資料15・11頁，最判平成3年4月19日民集45巻4号477頁参照）。

2　持戻し免除の意思表示

> 小問：Aは，「B_2に自宅の配偶者居住権を遺贈し，Cに自宅の所有権を相続させる」という内容の遺言を作成したが，その他の財産（預金等）については特に記載していなかった。そこで，B_2とCがその他の財産について遺産分割を行う際，B_2とCの具体的相続分はどのように計算されるか。
> なお，AとB_2は20年以上前から結婚していた。

遺贈による配偶者居住権の取得は，持戻し免除の意思表示の推定規定（新903条4項）の対象になる（新1028条3項。第3章第1節参照）。

したがって，上記小問の事案では，B_2の配偶者居住権の取得については，反証がない限りAの持戻し免除の意思表示があったと推定されるから，配偶者居住権を除外した財産（自宅不動産の配偶者居住権の負担付所有権〔なお，Cの所有権取得について持戻し免除の意思表示が認定された場合はこれも除外される〕，および預金等）の額について法定相続分に従った計算をした金額が，B_2とCの具体的相続分になると考えられる。

3　配偶者居住権の登記方法

> 小問：AがB_2に対し遺贈（遺言書）または死因贈与によって配偶者居住権を取得させようとする場合，B_2が配偶者居住権の登記を確保できるようにするには，どうすればよいか。

(1)　遺言執行者を指定しておく方法

権利登記の共同申請の原則（不動産登記60条）に則り，配偶者居住権の

登記も，原則として，所有者と共同して申請しなければならない（ただし，所有者の登記手続義務を示す債務名義を提出すれば，単独で申請することができる。）。本件でも，B₂はCに対し登記請求権を有するが，Cが協力を拒んだ場合，訴訟を提起して債務名義を得る必要があるため，時間や労力がかかり，その間に第三者が現れるリスクも生ずる。

そこで，登記をなるべく安全に行う方法として，遺言の中で，配偶者居住権の設定につき，配偶者本人またはその他適切な者を遺言執行者として指定しておけば，遺言執行者のみで登記申請ができる（1012条1項・2項）。なお，遺言執行者として指定された者がそのような遺言の意図を理解していないと，登記が遅延してしまう可能性があるため，専門家等のフォローを適宜受けられるように準備しておくなどしたほうが安全だと思われる。

また，死因贈与の場合も，554条により遺言の執行に関する規定が原則として準用され（柚木馨，高木多喜男編『新版注釈民法（14）』〔有斐閣，1993〕73頁〔柚木馨・松川正毅〕），実務上も，死因贈与において執行者を定めることは可能であると解されているため（蕪山嚴ほか『遺言法体系Ⅰ補訂版』〔慈学社出版，2015〕546頁），遺言の場合と同様の対応が可能ではないかと考えられる。

(2) 仮登記により順位を保全する方法

何らかの事情により上記（1）の方法が取れない場合は，被相続人の生前に配偶者居住権の仮登記を行っておくことで，最低限，対抗要件の順位だけは保全しておくという対処法も考えうる。ただし，対抗要件となる本登記を実際に行うためには所有権取得者の協力または債務名義が必要になるので，遺言執行者による方法よりも時間や労力を要する可能性がある。

4 配偶者が配偶者居住権を換価するための方策

> 小問：Aは，「B₂に自宅の配偶者居住権と預金の2分の1を相続させ，Cに自宅の所有権と預金の2分の1を相続させる」という内容の遺言を作成した。
> その半年後，Aは脳梗塞を発症して意思疎通が困難な状況になり，B₂や介護施設の介護を受けて生活し，3年後に死去した。

> その間に，B_2 は介護疲れの中で転倒して足を骨折し，自宅での生活が難しくなったため介護施設に入所した。
> A の死去後，B_2 は，別の介護施設への転所のために多額の費用が必要になった。この場合，B_2 はどのようにして金銭を捻出しうるか。

なお，配偶者にとって配偶者居住権が不要となった場合に，配偶者居住権を実質的に換価する方法としては，以下の**(1)(2)**の方法が考えうる。

(1) 所有権取得者に配偶者居住権を買い取ってもらう方法

（ア）　方法

配偶者（B_2）としては，まず，居住建物の所有権取得者（C）に対し，事実上の配偶者居住権の買取りを求めることが考えられる（なお，配偶者居住権は譲渡できないため〔新1032条2項〕，厳密な法律構成としては，売買というより，対価支払いと引換えの配偶者居住権の放棄にあたるものと考えられる〔沖野＝堂薗・前掲28頁〕。）。

（イ）　課題

他方で，所有者が事実上の配偶者居住権の買取りに合意してくれるか，また，金額面でも合意できるかは確実ではない（また，所有者が資金をすぐには調達できない可能性もある。）。

そこで，法律の明文により所有者に対する買取請求権（所有者の意思に関係ない一方的な請求権）を定めるべきという議論も行われていたが（部会資料12・5頁），紛争の複雑困難化や制度の複雑化等の懸念があり，結局，明文では定められないこととなった（部会資料15・13～14頁）。

（ウ）　遺言等による対処法とその限界

その代わり，遺言等においてあらかじめ買取りの条件や額などを定めておくことは可能と考えられている（部会資料15・14頁）。

そして，これは居住建物取得者に対する負担付遺贈の負担（1002条）にあたるため（部会資料15・14頁），1002条1項の趣旨である，遺言者は受遺者に対し受くべき利益よりも重い負担を課すことはできない（中川善之助，加藤永一編『新版注釈民法（28）』〔有斐閣，2002〕282頁〔上野雅和〕）という

観点からも，買取価額の算定方法は，買取時の配偶者居住権の実際の価値をある程度反映している必要があると思われる。

この点，遺言等による場合，遺言等の時点から相続開始時まで相当期間が経過する可能性があるため，配偶者にとって配偶者居住権が不要となる時期や，その時期における居住建物の状況等については，不確定要素が大きくなる。よって，買取価額の算定方法を，被相続人の生前にあらかじめ定める場合には，そもそも妥当な算定方法を定めることが可能か否かも含めて，慎重な吟味が必要である。

また，もし，遺言等において，一定の事由の発生により（所有権取得者が合意するか否かにかかわらず）配偶者が配偶者所有権の買取りを求めることができる，という旨を定める場合には，配偶者にとって配偶者居住権が不要となる時期がいつになるかは予測しがたいため，所有権取得者は，多額の負担を発生させる買取請求をいつ受けるか分からないという不安定な地位に立つことになる（特に，「配偶者は任意の時期に買取請求ができる」などといった定めを置こうとする場合にはこれが顕著になる）。この点，1002条の趣旨等に照らすと，遺言等により所有権取得者にそのような負担を課すことがどこまで許されるのか，という問題も生じうるように思われる（買取請求権制度の是非に関する，部会第6回会議議事録・24頁［堂薗幹事発言］参照）。

(2) 同意を得て，第三者に対し配偶者居住権を賃貸する方法

次に，第三者に賃貸して収益を得ることが考えられるところ，そのためには所有者の同意が必要である（新1032条3項）。この点，もしCが居住建物を賃貸物件として使いつづけるつもりがあれば，B_2・第三者・Cの3者間で協議のうえ，Cの同意のもとでB_2と第三者が賃貸借契約を締結し，B_2の死去後は賃貸人の地位をCに移転する契約を締結する等の対応も考えうる（部会資料26-2・2～3頁）。

(3) 生前に配偶者居住権を定める場合の注意点

上記小問の事例のように，被相続人の生前に配偶者居住権の設定を定める場合には，設定時から相続開始時まで相当期間が経過し，その間に，配偶者の状態，居住状態または財産等をめぐる状況が変化して，配偶者居住権が適しない状況（前記Ⅰ7(1)参照）になってしまう可能性もある。また，

上記 (1)(2) のとおり，配偶者居住権を換価する方策は存在するものの，確実とは言い難い面がある。

そのため，生前に配偶者居住権を定める場合には，そのリスクについて十分な認識と吟味が必要である。また，一旦遺言等で配偶者居住権を設定した後でも，状況が大きく変わった場合には，遺言等を再検討することが望ましいと思われる。また，上記小問の事例のように，そもそも遺言者が遺言等の見直しを実際上行えない状況になる可能性にも注意が必要である。

5 配偶者居住権の遺贈の放棄

> 小問：A は，「B_2 に自宅の配偶者居住権と預金の全てを相続させ，C に自宅の所有権を相続させる」という内容の遺言を作成した後に，死去した。
> ところが，預金の金額が大きいため，B_2 が取得する配偶者居住権の評価額と預金額を合わせると，C の遺留分を侵害することが分かった。また，B_2 としては，先月足を骨折してしまい，もはや自宅に住み続けられないので，配偶者居住権はそれほど必要なく，むしろ今後介護施設で生活するために，預金を確保したいと考えている。B_2 としては，どうすることが考えられるか。

B_2 としては，C から遺留分侵害額請求権を行使されると，遺留分侵害額分の金銭を支払う義務を負うことになる（新1046条1項）。B_2 がこれを避けて金銭を確保したい場合は，配偶者居住権の遺贈を放棄する（986条1項）ことによって，C の遺留分を侵害しない状況にする方法が考えられる（なお，もちろん，配偶者居住権の評価額や換価可能性（上記 4 参照）等の事情によっては，配偶者居住権の遺贈放棄以外の方法を取ることも考えられる。）。

配偶者居住権の遺贈が放棄された場合，どのような効果が生じるか。一般に，遺贈が放棄された場合，受遺者が受けるべきであったものは相続人全体に帰属するのが原則であり，ただし，遺言に別段の意思が表示された場合はそれに従うと定められている（995条）。この点，配偶者が配偶者居住権の遺贈を放棄した場合は，配偶者居住権は，配偶者にのみ帰属しうる帰属上の一身専属権であるという性質が法定されているため，共同相続人

の共有に帰属させることは権利の性質上相当でない。そのため，配偶者が配偶者居住権の遺贈を放棄した場合は，所有者が何ら制限のない所有権を取得したものと考えるのが相当である，という議論がされていた（部会資料 15・11 頁，部会資料 21・9 頁）。これにかんがみれば，配偶者居住権を遺贈する遺言は，遺贈放棄時の処理については上記（所有者が何ら制限のない所有権を取得する）のように定めたものと，通常は解釈されるのではないか（995 条ただし書）。

（木村　真理子）

第2節　配偶者居住権の使用・収益・修繕・費用負担

CASE

AとB₁は結婚して子Cをもうけたが，Cが成人・独立してまもなくB₁は死去した。その後AはB₂と再婚して，数十年にわたりAとB₂との2人で，A所有の自宅建物に同居してきた。他方で，CとB₂の仲はずっと疎遠であった。なお，B₂には仲の良い妹Dがおり，Dは時々B₂を訪ねてきている。

その後，Aは80歳で遺言を遺さずに死去した。

相続人はCとB₂だけであったので，この2名で遺産分割について協議することになった。B₂は70歳で，まだ元気であり，将来にわたって自宅に住み続けたいと希望していたところ，遺産分割協議の結果，CがAの自宅不動産の所有権を相続財産の一部として取得する一方，B₂には配偶者居住権の取得が認められ，B₂の当初の希望どおりに自宅に住み続けることが可能となった。

B₂はAの生前，Aとともに，クリーニング店併設のよろずやを営んでおり，Aの死後もしばらく店の営業を続けていた。B₂の営む店は日用雑貨を広く販売し，また，Aの生前には新聞配達や御用聞きを行っており，近所の家庭事情もよく知っていたので，各家庭の子供たちの面倒を自宅で見ていたこともあった。しかし，Aの死去後，B₂だけでは店を維持することが厳しくなったので営業をやめることとしたが，地域の見守りの一環として，体が元気である限り，子供たちの面倒を見ていくことを希望していた。

設問

1 B₂が面倒を見ている子供たちが，毎日，家の中を走り回ったり，物を投げたりして遊んでいるのをB₂は特に注意をすることもなく，子供たちが残したゴミも定期的に廃棄しないで放置していたため，

建物の損傷のおそれがあった。CはB₂に対して，どのような主張ができるか。

2 B₂は，他所で療養生活を送ることとなった。妹Dの住んでいる地域が折からの再開発でD及びその家族が他所に移転する必要に迫られていたので，B₂の居住権をDに譲りたいと考えた。B₂は配偶者居住権をDに譲渡することは可能か。

3 B₂の居住建物使用中に建物の修復が必要となった場合，修繕に必要な費用は誰が負担するか。また，本件建物が借地上にあった場合，土地の地代は誰が負担するか。

4 B₂が足を骨折して家事一切ができなくなったために，DがB₂の看病のために訪問して一か月ほど面倒を見ていた。当初の予定では，Dは，B₂が動けるようになったら帰宅する予定であったが，B₂が寂しい思いをしていたので，Dはそのまま住み続けていた。CはB₂に対して，どのような主張ができるか。B₂の骨折後のリハビリが思いのほか長引きそうだったため，B₂はしばらく近くの老人保健施設に入所することとしたが，留守中に家が傷むことが心配になった。そこで，Dに，自分が戻ってくるまでの間，Dの家族ともども住んでくれるように頼んだ。この場合，CはB₂に対してどのような主張ができるか。

▶ 改正のポイント

❶配偶者居住権は，配偶者短期居住権のように暫定的な居住を認めるものとは異なり，配偶者の終身もしくはあらかじめ定めた期間，配偶者による建物の使用を認める制度である。また，配偶者は，居住建物所有者の承諾を得れば，居住建物について収益（第三者に対する賃貸借）を行うことができる。

❷配偶者は配偶者居住権の対象となる居住建物について，用法遵守義務・善管注意義務が課されており，それらの義務に違反した場合には，居住建物所有者から配偶者居住権消滅の意思表示をすることができる。

解説 》》》

1 総論

　相続手続において配偶者居住権の成立が認められた場合，配偶者が取得する権利は，建物を自らが所有する権利ではなく，あくまでも他の者の所有に属する建物につき，配偶者自らが当該建物の使用及び収益をすることができる権利である。配偶者と建物所有者との間の法律関係は，他人所有の建物を使用する点で賃貸借関係（債権法改正後601条）と類似のものであり，これを踏まえて，新法では，配偶者の居住建物の使用・収益について賃貸借・使用貸借の規律の一部を準用することとした。しかし，配偶者居住権は法律の規定により成立するものであり，契約によって成立する賃貸借・使用貸借のいずれとも異なっている。まず，賃貸借と比較すると，賃借人の死亡は賃貸借契約の終了事由ではないのに対して（債権法改正後616条の2参照），配偶者居住権は配偶者の死亡と同時に消滅する（新1030条本文）。また賃借権は賃貸人の承諾があれば譲渡できるのに対して（債権法改正後613条参照），配偶者居住権は建物所有者の承諾を得ても譲渡ができない（新1032条2項）。さらに賃借人はその占有があれば賃借権を第三者に対抗できるのに対して（借地借家31条1項参照），配偶者居住権は，登記がなければ第三者に対抗することができない（新1031条）。次に使用貸借と比較すると，使用貸借では無償で当該目的物を使用することができる（債権法改正後593条）のに対して，配偶者居住権は，配偶者居住権の取得により一定の財産的価値を取得したものと考えることができ，相続分の確定において結果的に賃料の前払いをしたのと同様の効果をもたらすことがある点で異なっている。配偶者短期居住権とは，暫定的な権利である配偶者短期居住権では使用のみが認められるのに対して，配偶者居住権では，使用にとどまらず収益が認められる点で異なる。なお，配偶者居住権という名称は，法制審議会の最終回において，長期居住権から変更されたものであることから，議事録の引用において，「長期居住権」という名称を使用することがあるが，「長期居住権」は「配偶者居住権」と読み替えていただくこととなる。

2 配偶者が配偶者居住権により取得する権利

配偶者が取得する配偶者居住権が法定の権利であり（部会資料11・5頁参照）契約規範による解決が図れないため権利義務の内容を法定する必要性があることから，配偶者が負担する権利義務の内容を明確に定めた。

(1) 居住建物の使用権・収益権

本制度の創設により配偶者が取得する権利には次のようなものがある。

① 居住建物を使用する権利　配偶者は配偶者居住権の取得により，自身の死亡まで，もしくは，遺産分割協議もしくは審判，遺贈の内容で決められた期間，当該建物に無償で居住することができると定められた（新1028条1項）。この規定により，所有者から建物所有権を譲り受けたり，あるいは，建物所有者との間であらたに賃貸借契約を締結するなどの手続きを経ることなく配偶者の本拠を確保する途が開けた。

② 居住建物を収益する権利　居住建物を使用する権利が保障されるにとどまらず，自らの居住権に基づいて，居住建物の所有者の承諾を得れば，第三者に当該建物を使用させることを認めた（新1032条3項）。この点，配偶者居住権は，その法的性質において「賃借権類似の法定の債権」としての性質を有するとの整理がなされており（第11回議事録大塚関係官発言3頁参照），この法的性質を踏まえれば，配偶者居住権を譲渡することで財産的価値としての「金銭」を確保することも認められそうである（466条1項参照）が，新法では，配偶者居住権の譲渡を明文の規定で禁じており（新1032条2項），配偶者居住権の譲渡により対価を得ることはできない。（配偶者居住権の譲渡禁止については，第2節 3 (2) 以下参照）。その一方で，配偶者は居住建物所有者の承諾を得れば当該建物を第三者に賃貸することを認め，賃料収入確保の途を開いている。

(2) 居住建物について必要な修繕をする権利

配偶者居住権は長期に亘ることから，居住継続中に建物の修繕が必要な場合が生じることが予想される。そこで，新法では，配偶者が自ら居住建物の使用及び収益に必要な修繕をすることができるものとし（新1033条1項），そのうえで，建物の修繕等に必要な費用のうち，通常の必要費を負担するものとした（新1034条1項）（必要費・有益費の負担については，第2節

3 (4) 参照)。

3 配偶者が配偶者居住権の取得により負担する義務

設問 1 から設問 3 では，B_2 は，建物を使用するにあたって，C に対してどのような義務を負うのかが問題となる。まず，用法遵守義務・善管注意義務を負うものと定められた (新 1032 条 1 項)。これに加えて，配偶者が建物に居住している間，増改築・転貸を行うためには，所有者の承諾を得なければならない。(新 1032 条 3 項)。また，配偶者は，前述のように建物の使用及び収益に必要な修繕を行う権利 (新 1033 条 1 項) を有する一方で，配偶者は，建物の所有者に対して建物の修繕が必要である旨を通知する義務を負う (新 1033 条 3 項)。ただし，配偶者が自ら修繕を行う場合，建物所有者が既にその事実を知っている場合には配偶者は上記通知の義務を免れる (新 1033 条 3 項)。なお，建物の修繕が必要な状態であるにもかかわらず，相当の期間，配偶者が修繕を行わない場合には，所有者は修繕を行うことができる (新 1033 条 2 項)。

(1) 用法遵守義務・善管注意義務

配偶者は，居住建物の使用について，「従前の用法に従い，善良なる管理者の注意をもって」居住建物の使用及び収益をする義務を負担するものとされている (新 1032 条 1 項本文)。使用貸借・賃貸借においては用法遵守義務が明文で規定されているが (594 条 1 項及び債権法改正後 616 条による 594 条 1 項の準用)，配偶者短期居住権と同様に配偶者居住権においても用法遵守義務と並んで善管注意義務を負うものと定められた。ここで，善管注意義務が明文で認められた理由については，賃貸借・使用貸借契約では，自己のものではない特定物については善管注意義務を負うのが原則であり (400 条参照)，これに違反した場合には債務不履行責任に基づく解除を通じて債権者の保護が図られるのに対して，法定の債権である居住権は，債務不履行に基づく解除による債権者の保護ができないことから，これに代わる概念として消滅請求が定められたが，どのような場合に消滅が認められるのかを明確にするために，善管注意義務を明確に規定したとの説明がなされている [第 24 回議事録 39 頁笹井幹事発言]。

設問1の場合，B_2 はあずかっている子供たちの建物の損傷をもたらすような行動を注意せず，ゴミを定期的に廃棄しないなど，建物の使用において通常要求される善管注意義務に違反しているものと考えられる。

上記設問において，従前クリーニング店として使用していた部分を使って子供たちが食事をできる食堂を開き有料で食事をさせたような場合には，その使用形態が大きく変わっており「従前の用法」に従った利用に違反していると言え，用法遵守義務違反があると考えられる。そして，配偶者が新1032条1項の用法遵守義務・善管注意義務に違反した場合には，居住建物所有者が相当の期間を定めてその是正の催告を行い，その期間内に是正がなされなかったときには，居住建物の所有者は，当該配偶者に対する意思表示によって配偶者居住権を消滅させることができると定められた（新1032条4項）。使用貸借においては，用法遵守義務に違反した場合には，貸主は特に是正の催告をすることなく解除を認められているが，配偶者居住権の消滅請求が配偶者に与える影響が大きいこと，無償の使用収益が認められているとしても，実質的には自己の相続分において賃料の前払いをしたのと同様の経済的負担をしていること等に照らすと，配偶者居住権が使用貸借に類似した権利であったとしても，賃貸借の場合と同様，原則として催告を経たうえで権利の消滅請求を認めるべきであるとの意見が寄せられたと説明されている（第15回部会資料・13頁参照）。そこで，本改正では，賃貸借と同様の規定がおかれた。

したがって，B_2 が建物の使用をするにあたって，賃貸借におけると同様の用法遵守義務・善管注意義務違反があった場合，たとえば，B_2 が適切に居住建物の衛生を維持していない場合など，建物所有者は，B_2 に対して，ゴミの速やかな撤去を求め，B_2 がそれに応じなかった場合には，建物所有者は配偶者居住権を終了させ，B_2 の退去を求めることができる。また，設問の CASE と異なり，従前は居住の用にのみ供していた建物において，B_2 が家を出て妹Dと同居しながら，建物全体を学生向けの食事を提供する店舗として使い始めたという場合には，Cは B_2 に対して，用法遵守義務違反を理由として配偶者居住権を終了させる旨の意思表示をすることができることになる（新1032条4項）。

(2) 配偶者居住権の譲渡禁止

次に設問 2 では，他所に居住すると決めた B_2 が，居住建物を自ら使用することがなくなることから D に自らの居住権を譲渡したいと考えている。しかし，前述のように新法は 1032 条 2 項において「配偶者居住権は，譲渡することができない。」と明確に規定した。この点，「配偶者自身の居住環境の継続性を保護するためのものであるから，第三者に対する配偶者居住権の譲渡を認めることは，制度趣旨との関係で必ずしも整合的であるとはいえず，法制的にも問題があるものと考えられる。」と説明されている（部会資料 26-2・2 頁参照）。

上記の設問で，B_2 は D に配偶者居住権を譲渡する旨を口頭で伝えている。つまり，新 1032 条 2 項に違反する意思表示がなされているところ，この配偶者居住権の譲渡の効力はどのように考えられるか。

新 1032 条 2 項において「譲渡することができない」との文言に違反した場合について，新法は，規定に違反してなされた配偶者居住権の譲渡の効力に関する定めを置いていない。前述のように，配偶者居住権は，その法的性質において「賃貸借類似の法定債権」とされており，本来であれば，債権は自由に譲渡することができるのが原則である（466 条 1 項本文）が，身分関係に関する権利のように一身専属的な性質を有する権利は譲渡が認められていない。配偶者居住権は，まさに配偶者のみに認められる身分上の権利であることから，一身専属性を理由に譲渡が禁止されていると考えてよかろう（466 条 1 項ただし書）。上記設問 2 において，配偶者が D とその家族のような第三者に建物を明け渡し，D らの居住が開始された時点で，新 1032 条 3 項の「配偶者は，建物所有者の承諾を得なければ……第三者に居住建物の使用……をさせることができない。」に該当し，本問の C のような建物所有者は，その意思表示により配偶者居住権を消滅させることができる（新 1032 条 4 項）。

(3) 増改築禁止義務

配偶者は，「居住建物の所有者の承諾を得なければ，居住建物の改築若しくは増築をし」てはならず，「又は，第三者に居住建物の使用若しくは収益をさせることができない。」（新 1032 条 3 項）とされている。B_2 が建物

所有者の承諾を得ている場合には，B_2 の希望する改築もしくは増築は可能である。居住建物の所有者 C の承諾を得ないまま，B_2 が増改築を行った場合には，相当の期間を定めてその是正の催告を行い，その期間内に是正がなされなかったとき，たとえば B_2 が増改築工事を中止しなかったとき，C は，当該配偶者に対する意思表示によって配偶者居住権を消滅させることができることとなり（新 1032 条 4 項），B_2 は退去せざるを得ないこととなる。ここで，増改築と判断される工事であるかは，建物の通常の用法においてその維持保存を図る程度の改築，修繕であるかを基準として判断することが可能であるが（東京地判昭和 36 年 12 月 25 日民集 20 巻 4 号 726 頁，最判昭和 41 年 4 月 21 日民集 20 巻 4 号 720 頁），本件において，B_2 が子供たちのための食堂を経営しようとクリーニング店だった部分を大幅に建て替える場合，C の承諾を得ていなければ増改築禁止義務違反となり，配偶者居住権の消滅請求をされることとなる。これに対して，建物の床板がはがれたために床の張替えを行う場合には，建物の通常の用法から判断して床板の傷んだ状態での建物の使用は危険でもあるので，改築には当たらないと考えられるので，通常は承諾なしに修繕を行えるものと考えられる。このような床の張替えの場合には，次の修繕と費用負担の問題となる。

(4) 居住建物の修繕及び費用負担

上記設問 **3** では，建物の使用継続中に建物の修繕が必要となった場合であるが，誰が修繕費用を負担するのか問題となる。

① **修繕権利者**　前述のように，配偶者は居住建物を修繕する権利を有する（新 1033 条 1 項）。したがって，設問 **3** では，B_2 が居住建物の修繕を自ら行うことができる。これに対して，配偶者が相当の期間内に何らの修繕もしないときには，建物所有者がその修繕をすることができる（新 1033 条 2 項参照）。ここで「相当の期間」は一般社会通念に従って判断することになると解されよう。

② **修繕その他にかかる通知**　配偶者居住権の導入にあたって，居住建物の修繕に関して賃貸借契約における貸借人の通知義務と同様の規定をおいている（615 条）。居住建物について修繕が必要な状態である場合には，配偶者は自ら居住建物の修繕をすることができるが，同時に，建物の

所有者に対し，遅滞なくその旨を通知しなければならない。また，居住建物について権利を主張する者があるときにも同様の通知義務を負う（新1033条3項本文）。例外として，配偶者が自ら修繕を行う場合，建物所有者が同条3項本文に掲げる事項につき知っていた場合には，配偶者の通知義務は免除される。したがって，上記設問において，B_2が自ら修繕を行う場合はCへの通知をしなくてもよいが，そうでなければ，Cに対して通知をしなければならない。

　　③　**居住建物の費用負担について**　　居住建物の維持にあたっては一定の費用が生じることから，それぞれの費用負担関係についても規律された（新1034条）。

　まず，居住建物をその使用収益に適する状態に維持・保存するための通常の必要費については，配偶者が負担する。ただし，不慮の災害などにより特別の修繕が必要となった場合の特別の必要費及び居住建物の改良のために支出した有益費については，新1034条2項により583条2項が準用され，196条の規定に従って償還されるものと規定した。すなわち，配偶者が当該居住建物の改良のために支出した金額その他の有益費および特別の必要費については，その価格の増加が現存する場合に限り，居住建物の所有者の選択に従い，その支出した金額又は増加額を償還させることができる。ただし，有益費については，裁判所は，居住建物の所有者の請求により，その償還について相当の期限を許与することができることなる。

> **小問**：B_2が居住している建物の固定資産税の支払いをCに求める納税通知書がCのもとに届いたので，Cは納期限を過ぎることのないように支払いを済ませた。その後，CはB_2に対して，支払った固定資産税相当額の金銭を自己に支払うように求めたところ，B_2は，自分は建物の所有者ではないから固定資産税を負担する謂れはないとしてCからの請求に応じずにいた。B_2はCからの請求を拒むことができるか。また，B_2の家の瓦がずれたために雨漏りがするようになったので，B_2は瓦数枚を修繕したいと考えた。この場合の修繕費用は誰が負担するか。突如襲ってきた大型の地震で，ブロック塀が崩れてしまった場合の修繕費用は誰が

|負担するか。|

　上記小問前段においては固定資産税の支払いを誰が負担するかが問題となる。必要費には，単に目的物自体の原状を維持し，または目的物自体の原状を回復する費用に限定されるものではなく，通常の用法に適する状態において目的物を保存するために支出した費用をも含むとされており，使用貸借においても，公租公課は借主が負担する「通常の必要費」(595条1項)に含まれると解されることを踏まえると，上記事例では通常の必要費としてB_2が負担することになろう。上記事例後段の場合，雨漏りがするような建物は居住建物として使用することができないことから，瓦の修繕費用は通常の必要費に含まれると考えられ，B_2が負担するものと考えてよい。次々と台風が襲来するシーズンに，秋雨が降り続いているにもかかわらずB_2が雨漏りを修繕することなく過ごしているときは，雨漏りの事実を知った建物所有者が自ら修繕することができるが，瓦を数枚修繕する費用は必要費と解されるから，CはB_2に修繕費用を請求することができることとなる。ここで，配偶者は修繕が必要であることについて所有者に通知をする義務を有するので，B_2はCに雨漏りの事実を知らせなければならない。ただし，B_2が自ら修繕した場合やCが瓦の破損について知っている場合にはB_2は通知義務を免れる（通知の方法の定めがないことから，口頭で伝えることも可能であると考えられる）。なお，通常の必要費に含まれるか法制審議会の改正議論で問題となったのは居住権が成立した建物が借地上にある場合の借地料である。この点，建物所有者，配偶者のいずれが借地料を負担するかについては，借地料は建物の居住に必要であることを理由として通常の必要費として配偶者が負担するとの整理がされた。したがって設問**3**の後段では，地代についてはB_2が負担することになる。

　これに対して，前述のように有益費については新1034条2項で不動産の買戻しに関する583条2項の準用を通じて196条により処理されることとなる。B_2が建物に備え付けられていたもの，たとえばトイレが故障したため修繕を行うにあたって，和式トイレから，バリアフリー対応の最新式のウォシュレット付きトイレに変えた場合は建物の改良にあたると考

えられることから，有益費として196条に従って償還される金額を決めることとなる。あるいは，床板が傷んだ場合の床板の張替えについては，貼った床の材質が従前の床板と比べて著しく高価なものになった場合にも有益費として処理されることになろう。

なお，B_2 が修繕の必要な状態にある建物を修繕することなく放置しているような場合，建物の使用収益に関する善管注意義務違反があったものとして，建物所有者は配偶者居住権の消滅を求めることができる（新1032条4項）。

一方，上記小問後段のように，大型の地震によりブロック塀が倒壊してしまったように不慮の災害による修繕が必要となった場合には，配偶者の費用負担で修繕をする必要はなく，配偶者が修繕した場合であっても所有者が費用を負担することとなるので，配偶者は，196条に従って，支出した費用の償還請求ができることになる。

4 配偶者による居住建物の使用収益をめぐる法律関係

新法では，建物所有者の承諾があれば配偶者は，第三者に建物を使用収益させることができる（新1032条3項）。

上記設問 **4** では，B_2 はDを含む第三者を，配偶者居住権が成立している建物に居住させることができるかが問題となる。前述のように新法では，所有者の承諾を得れば，配偶者は，第三者に居住建物の使用若しくは収益をさせることができることとした（新1032条3項参照）。したがって，たとえば，配偶者が長期に亘って療養施設に入所するが，将来的には自宅に戻ってくる予定がある場合，第三者を建物に居住させ，賃料収入を取得することができる。

配偶者居住権に基づき第三者に建物の使用収益をさせる場合の法律関係は，賃貸借において転貸借を行った場合と類似の法律関係となることから，新1036条において債権法改正後613条の規定を準用している。

具体的に設問 **4** の事例で考えると，まず，設問前段において，Dが純粋に B_2 の親族として看病にあたり，当該建物に起居しているだけの場合には，Dの地位は B_2 の占有補助者にすぎないので，原則として，Cは B_2

に対して特段の主張はできない。ただし，この場合，Dの使用態様が悪く建物に損傷を与えるおそれがある場合には，CはB$_2$に対して，前述の善管注意義務違反を理由に配偶者居住権の消滅を請求できるであろう。これに対して，設問後段のように，B$_2$が他所に住み，建物に第三者を居住させることができるかは建物所有者の承諾の有無により結論が異なる。B$_2$が建物所有者であるCの承諾を得ている場合には，Dら家族は問題なくCの建物に住むことができる。この場合には，債権法改正後613条が準用されることから，DはCに対して，B$_2$の権利の範囲内，すなわち配偶者居住権の権利内容の限度において，賃借人類似の立場に立つことになる（債権法改正後613条1項）。これに対して，CがD及びその家族の使用について承諾を与えていなかった場合，Dは当該建物における居住を続けることはできない。したがって，CはB$_2$に対して，新1032条3項違反を理由として配偶者居住権の消滅の意思表示をすることができる。設問後段のように，CがB$_2$にDら家族の退去を求めたにも関わらずB$_2$がCの求めに応じないときには，B$_2$が違反の状態を相当の期間内に是正しなかったことを理由として，Cの上記意思表示により配偶者居住権は終了することとなる。

（岩田　真由美）

第3節　配偶者居住権の消滅

（第 2 章第 2 節（64 頁）と同様の事例において）

> **CASE**
> B_2 が C の承諾を得ぬままに本件建物を D に賃貸していたので，C は再三に亘り D への賃貸をやめるよう B_2 に求めたが，B_2 はこれに対して何の措置もとらなかった。そこで，C は B_2 に対して B_2 自身の建物の使用を中止するように求めた。

◉ 設問
○この場合，C と B_2 及び D との間ではどのような法律関係が生じるか。B_2 と C が遺産分割協議において定めた配偶者居住権の存続期間が満了した場合，B_2 の建物の明渡しにあたって B_2 と C との間にはどのような法律関係が生じるか。

▶ 改正のポイント

❶ 配偶者居住権の終了・消滅事由として，i. 配偶者の死亡，ii. 配偶者居住権の取得時にあらかじめ定められた期間の経過，iii. 建物所有者による配偶者居住権終了・消滅の申入れ，iv. 配偶者居住権の対象となる居住建物の全部滅失が定められた。

❷ 配偶者居住権の使用・収益及び配偶者居住権の終了・消滅後の法律関係については，使用貸借・賃貸借の規定の準用により規律される点が多い。

❸ 配偶者居住権が終了・消滅した場合，配偶者及びその包括承継人は居住建物につき返還義務及び原状回復義務を負う。

解説 ⟫

上記では配偶者居住権の終了・消滅事由及び配偶者居住権が終了消滅した後の法律関係が問題となる。

1　配偶者居住権の終了・消滅事由

配偶者居住権が終了・消滅する場合について，新法は次のような規定を設けている。

(1) 配偶者の死亡またはあらかじめ定められた期間の満了

配偶者居住権は，配偶者の存命期間中の生活の本拠を確保するために認められた制度であるから，「配偶者居住権の存続期間は，配偶者の終身の間とする。」と定めれた（新1030条本文）。したがって，期間の定めの有無にかかわらず配偶者が死亡した場合には消滅する。また，相続開始時において，あらかじめ遺言や，家庭裁判所における遺産分割協議・審判において配偶者居住権の期間が定められている場合には，その期間の満了により配偶者居住権は消滅する（新1030条ただし書）。

上記設問においては，B_2 が死亡した場合，または，A による遺贈もしくは遺産分割手続であらかじめ定められた期間がある場合には，当該期間が満了した場合に，B_2 の配偶者居住権は消滅する。したがって，B_2 が遺言もしくは遺産分割協議・審判を通して共有持分を取得していた場合や，相続手続終了後に B_2 が当該建物の持分の一部を取得しているなどの特段の事情がなければ，期間満了後，直ちに B_2 は退去しなければならない。配偶者が当該建物につき共有持分を有しているときは，自らの持分の限度で建物全部を使用することができることから，直ちに退去する必要がない。あらかじめ配偶者居住権の期間の定めがある場合には，配偶者自身が当該権利の終了時の居住場所を事前に確保することが予想されるため，配偶者にとって不利益が生じることは少ないであろう。

(2) 配偶者の義務違反について，居住建物の所有者が配偶者居住権消滅の意思表示を行った場合

配偶者が配偶者居住権に基づいて負担する用法遵守義務・善管注意義務に違反した場合には，居住建物所有者は配偶者に対する意思表示によって配偶者居住権を消滅させることができる。これらについては，第2節第3を参照のこと（新1032条4項）。

(3) 居住建物が配偶者の財産に属することになった場合

配偶者が居住建物の所有権を居住建物所有者から取得した場合，たとえ

ば，設問で，B_2 がＣから建物所有権を取得した場合には，原則として配偶者居住権は消滅する（新1028条２項反対解釈）。配偶者が居住建物の所有権を取得すれば，その生活の本拠を取得したことになることから，配偶者の居住の権利を保護するための方策である配偶者居住権が不要となるからである。一方で，配偶者居住権が成立していた建物の所有権を配偶者自身が取得した場合であっても，他の者が当該建物につき共有持分を有するときには，配偶者居住権は消滅しないものと規定された（新1028条２項）。改正議論においては，「配偶者が居住建物の共有持分を有している場合には，配偶者は自己の共有持分に基づいて居住建物を使用収益することができ，」る一方で，「他の共有者から使用料相当額の不当利得返還請求や共有物分割請求をされますと，配偶者としては退去を余儀なくされるということになります。したがいまして，配偶者が共有持分を有している場合であっても，長期居住権（原文ママ）を取得させる必要があることから，このような規律」を設けたと説明されている（第25回議事録２頁倉重関係官説明）。

（４）居住建物の全部滅失等の場合（債権法改正後616条の２の準用）

居住建物が全部滅失した場合には配偶者居住権存立の根拠となる建物がなくなることから，その権利は消滅する。たとえば，居住していた建物が落雷によって全焼したような場合には，居住の場所がなくなることから配偶者居住権は消滅する。

（５）その他

上記以外に，配偶者居住権の存続期間中であったとしても，配偶者自らが配偶者居住権を終了させることも可能である。たとえば，設問の B_2 が自らの体力の衰えを自覚し，住み慣れた家から施設入所を考えた場合などである。この場合，配偶者は，所有者との間で配偶者居住権を買い取ってもらう旨の合意をすることが考えられる。ただし，配偶者居住権の価額評価は算定が難しいことから，買取価額の調整が難航することも予想される。

２　配偶者居住権が終了・消滅した場合の法律関係

配偶者居住権が消滅したときは，配偶者は居住建物を返還しなければならない（新1035条１項）。

ただし，例外として，配偶者が居住建物について共有持分を有する場合には，居住建物の所有者は，配偶者居住権が消滅したことを理由としては，居住建物の返還を求めることができない（新1035条1項ただし書）。
　このように配偶者居住権の終了・消滅により居住建物が返還されるにあたって，配偶者は，一定の限度で建物を原状に復する義務を負うものとされた。居住建物返還時の原状回復に伴う費用負担関係（新1035条2項）については，債権法改正後599条1項及び2項並びに債権法改正後621条を準用している。そのため，この原状回復義務には，通常の摩耗損害は含まれない。したがって，たとえば，経年により壁紙の色が褪せてしまったような場合には配偶者はこれらの壁紙の張替えをする必要はない。なお，配偶者が死亡したことを理由として配偶者居住権が消滅した場合には，配偶者が負担していた原状回復義務は配偶者の相続人が相続により包括承継することになると説明されている。したがって，たとえば，設問のCがB_1の子ではなく，B_2自身の実子であったような場合にはC自身が原状回復を行うこととなる（第6回議事録・5頁［堂薗幹事発言］参照）。

> 小問：B_2はCの建物に居住を継続している間に，Aと共通の趣味であった盆栽を置くための棚を玄関に設置した。B_2が施設に入所することになりAとの思い出の家を出るとき，設置した棚をそのまま置いていくことができるか。また，B_2が壁の工事を行い，同様の棚を作っていた場合はどうか。

　居住建物の返還時には，配偶者居住権成立後に配偶者により附属せられた物については，配偶者は，附属物を収去する義務を負う（債権法改正後599条1項）。ただし，附属物が分離することができる物であること，かつ，分離に過分の費用を要しないことが要件となる。したがって，上記小問において，簡易な取り付けで設置された棚であれば，B_2は退去時に撤去する義務を負うことになる。ただし，Cとの話し合いで棚をそのまま置いていくことは可能であろう。一方で，壁の工事を行って設置した棚である場合には，その収去に多額の費用がかかることも予想されることから，多くの場合には，当該棚を収去する義務を負わないと考えられる。なお，工事

を行って棚を設置したような場合，その工事の態様によっては，先に述べた通常の用法に基づく建物の維持保存を超える増改築に該当する可能性があり，その場合には，配偶者があらかじめ建物所有者の承諾を得ていたかどうかにより結論が異なってくることとなる。たとえば，所有者の承諾なしに壁一面をスライド式の収納に変えたという場合などは，収去義務の問題となる以前に，用法遵守義務・善管注意義務違反，もしくは，費用負担に関する問題として解決される場合もあろう。

　また，配偶者居住権成立前に既に附属せられていた物については，配偶者は収去することができる。したがって上記小問ではB_2は従前より設置してある棚の収去もできる。

　最後に，配偶者居住権が成立した居住建物に損傷が生じた場合には，配偶者はその損傷を原状に復する義務を負う。ただし，配偶者の責めに帰することができない事由によるものであるときは原状回復義務を免れる。

　たとえば，上記事例において，簡易な取り付け工事で設置した棚を撤去する際に，誤って壁に大きな穴をあけてしまったような場合には，B_2は壁の傷を修復しなければならない。

3　配偶者居住権にかかる損害賠償及び費用償還の期間制限について

　配偶者居住権のその存続期間中に配偶者の使用又は収益によって生じた損害の賠償及び配偶者が支出した費用の償還は，居住建物所有者が返還を受けた時から1年以内に請求しなければならない（新1036条・債権法改正後600条1項）。また，損害賠償の請求権については，居住建物所有者が返還を受けた時から，1年を経過するまでの間は，時効は完成しないこととなる。

（岩田　真由美）

第4節　配偶者居住権の財産評価方法

I　配偶者居住権の財産評価方法

CASE

夫Aは前妻B_1と婚姻し，B_1との間に子Cがいた。AとB_1はしばらくして離婚した。その後Aは長らく独身であったが，82歳になってから79歳のB_2と婚姻し，Aの所有する不動産（以下，「本件不動産」という。）にて2人で生活していた。Aが84歳，B_2が81歳（平均余命11年とする）となる2年後にAは遺言を作成することなく死亡した。Aの遺産は本件不動産（固定資産税評価額5000万円）及び預金5000万円である。B_2は経済的に困窮しており今後の生活のために，本件不動産に居住しつつ，ある程度の預金を相続することを希望している。

◀◀◀ 設問

上記の事例で，本件不動産が一戸建て（築年数10年）及びその敷地であった場合，相続人間での遺産分割協議の結果，Cに建物及び土地所有権を相続させ，B_2にその建物につき終身期間の配偶者居住権を取得させた上，預金についてはB_2及びCにて分けることにした。配偶者居住権につきどのような評価方法が考えられるか。

▶ 改正のポイント

❶配偶者居住権を取得した配偶者は，その財産的価値を相続したものとして扱われる。そのため，配偶者居住権の評価を適切に行うことは極めて重要であり，これが過大又は過少となってしまうと，遺産分割の結論に不当な影響を与えることとなる。

❷配偶者居住権の財産評価は，所有権よりも相当程度低くなることが予定されている。ただし，具体的な財産評価方法については，この権利が改正法にて初めて創設された権利であり，今後の検討に委ねられている。

解説 》》

1 配偶者居住権の財産評価の必要性
(1) 遺産分割等に与える影響

配偶者は、①遺産の分割によって配偶者居住権を取得するものとされたとき②配偶者居住権が遺贈の目的とされたとき（新1028条1項）③遺産の分割の請求を受けた家庭裁判所が審判にて配偶者に配偶者居住権を取得する旨定めたとき（新1029条）に、配偶者居住権を取得する。そして、配偶者が配偶者居住権を取得した場合には、その財産的価値に相当する価格を相続したものとして扱われる。このことは、条文からは必ずしも明らかではないが、法制審要綱第1の2注1に、「配偶者が長期居住権を取得した場合には、その財産的価値に相当する金額を相続したものと扱う」とされていたところである。

したがって、①遺産分割は配偶者居住権の評価額の算定に基づいて又は参考にしてなされることとなるであろうし、②遺留分の算定のためには配偶者居住権の財産評価が必要となる。さらには、③遺産の分割の請求を受けた家庭裁判所は配偶者居住権の財産評価をした上で、審判することとなる。

しかし、配偶者居住権は今回の相続法改正により新たに創設された権利であるため、財産評価方法についても新たな検討が必要となる。

(2) 所有権の財産評価との比較

この点、配偶者居住権は、配偶者が居住建物の所有権を取得した場合にはその評価額が高額となり他の遺産を相続することができなくなり生活に支障がでるような事態に対応するための選択肢として創設された権利である。このように配偶者居住権は、あくまで居住を目的とした権利であり、当該不動産に対するその他の権限は必要ないという一部のニーズに応える権利である。この点、中間試案補足説明8頁では、「現行法の下では、配偶者が従前居住していた建物に住み続けたいという希望を有する場合には、配偶者がその建物の所有権を取得するか、又は、その建物の所有権を取得した他の相続人との間で賃貸借契約等を締結することが考えられる。しか

し，前者の方法による場合には，居住建物の評価額が高額となり，配偶者がそれ以外の遺産を取得することができなくなってその後の生活に支障を来す場合も生じ得ることになる。また，後者の方法による場合には，その建物の所有権を取得する者との間で賃貸借契約等が成立することが前提となるため，契約が成立しなければ，配偶者の居住権は確保されないことになる」と説明されていた。

　これを受け配偶者居住権は，所有権とは以下の点が異なる。

① 所有権は物に対する完全な支配権であり，所有者は，その物を自由に使用・収益・処分することができる（民206条）。これに対して，配偶者居住権者は，他人の所有にかかる建物に居住する権利に過ぎず，その内容は制限されており，居住建物につき善管注意義務を負う（新1032条1項）。

② 配偶者居住権の存続期間は，原則として配偶者の終身の間であるが，遺産分割協議もしくは遺言に別段の定めがあるとき，又は家庭裁判所が遺産分割審判において別段の定めをしたときは，その定めるところによる（新1030条）。また，配偶者居住権は配偶者の死亡によって消滅する（新1036条・597条3項）。所有権であれば存続期間の観念がなく配偶者の死亡によっても消滅しないのと異なり，配偶者居住権は所有権よりも消滅しやすい権利である。この点について，中間試案補足説明9頁は，「長期居住権の存続期間が相当長期に及ぶ場合には，長期居住権の評価額は，配偶者が居住建物の所有権を取得する場合とさほど変わらなくなるものと考えられる。したがって，長期居住権は，例えば，遺産分割時に配偶者が既に高齢に達している場合に，新たな遺産分割方法の選択肢として，より有効性を発揮するものと考えられる」と説明していた。

③ 配偶者居住権は，配偶者の居住を可能にする権利であり，配偶者以外の居住を予定していないから，譲渡することができない（新1032条2項）。所有権であれば自由に譲渡することができるのと異なり，配偶者居住権は所有権よりも換価することが難しい権利で

ある。この点について，第26回議事録3・4頁において倉重関係官は「評価額の点について御説明をさせていただきます。まず，部会資料19-2で紹介させていただきました簡易的な評価方法についてですが，これは，例えば，存続期間を10年間とする配偶者居住権であれば，建物及び敷地の現在価値から10年後の建物及び敷地の価値を現在価値に引き直した価格を引いた額を配偶者居住権の価格とするものでございました。したがいまして，この方法の場合には，元々配偶者居住権が譲渡可能であるということを評価上考慮しておりませんでしたことから，譲渡禁止にしたことで，直ちに額が下がるということにはならないと考えております。また，第19回部会で提出された参考人公益財団法人日本不動産鑑定士協会連合会の意見書の中で示されました算定式につきましては，同連合会に問い合わせましたところ，まず，譲渡できない権利は鑑定評価基準でいうところの正常価格として求めることはできないという前提での御回答ではございましたが，同資料中に示されております，賃料から配偶者居住権の価値を算定する方法を採用するのであれば，配偶者居住権の価格は，建物の賃料相当額から配偶者負担の必要費を引いたものに年金現価率を乗じたものであるという基本的な考え方は，変更するものではないという返答を頂きました。その上で，御指摘のとおり譲渡禁止となった場合には，この年金現価率を算定する際の要素であります割引率に影響することとなること，しかしながら，元々配偶者居住権というのは流動性が高い権利ではないということを前提に算定されていたものですから，その影響というのは比較的限定的なものではないかというようなお答えも，同時に頂いているところでございます」と説明していた。

　　上記①～③のいずれも配偶者居住権は所有権よりも保護が弱い性質を有するから，配偶者居住権の財産評価は，所有権よりも相当に低くなる。このように財産評価が低い権利を創設することにより遺産分割や遺言の選択肢を増やし，一定の事案における上記

ニーズに応えることが企図されている。すなわち，Aの遺産は本件不動産（固定資産税評価額5000万円）及び預金5000万円であるから，本件不動産の所有権をB_2が取得したときは，それだけで法定相続分2分の1以上を承継したものと評価される可能性が高く，そうなると預金を取得することはできない。所有権の評価額によっては，B_2はCに対して代償金を支払うことになる可能性もある。これに対して，配偶者居住権を取得する場合には，その評価額が所有権よりも低くなるため，B_2が預金も取得できることが期待できる。この点について，中間試案補足説明9頁は，「相続人は，遺産分割において，各自その具体的相続分に相当する額の財産を取得することになるが，例えば，配偶者の具体的相続分が3000万円である事案において，その居住建物の評価額が2500万円である場合には，配偶者は，それ以外には500万円に相当する財産しか取得することができないが，長期居住権の評価額が2000万円である場合には，配偶者が長期居住権を取得すれば，そのほかに1000万円に相当する財産を取得することができることになり，老後の生活の安定を図ることが可能となる場合が生じ得るものと考えられる」と説明していた。

　なお，配偶者居住権が設定された建物については，配偶者居住権を取得する配偶者及び配偶者居住権付き建物の所有権を取得する他の相続人の双方にとって不確定要素があることから，必ずしも①建物所有権の価格＝②配偶者居住権の価格＋③配偶者居住権付き建物の所有権の価格にならず，②と③の和が①よりも低額となりしかもその差が無視できない程度のものとなることも考えられる。このことは，公益社団法人日本不動産鑑定士協会連合会からも指摘されているところである（部会資料19-1・9頁，第19回会議参考人提出資料1頁）。家庭裁判所が配偶者の生活を維持するために特に必要があると認めた場合に配偶者居住権の設定の審判をする場合（新1029条2号）にもこれは異ならないから，裁判所により意図せず配偶者居住権を設定されてしまい得る配偶者居住権付き建

物の所有権を相続する者の利益を考慮すると，同条に基づき家庭裁判所が配偶者居住権の設定の審判をするのは限定的な場合になるものと思われる。

2 配偶者居住権算定方法
(1) 以上のような性質を有する配偶者居住権につき，法制審議会では，建物の賃料相当額を基準とした以下の計算方法が提案されていた（部会資料14の3頁，部会資料19-2）。

> 計算式　配偶者居住権の評価額＝建物の賃料相当額×存続期間（注1）
> 　―中間利息額（注2）
> （注1）配偶者居住権の存続期間が終身である場合には，簡易生命表記載の平均余命の値を使用する。
> （注2）ライプニッツ係数を利用する。

　これは，配偶者居住権を賃借権類似の法定債権と位置付け，その財産的価値を存続期間中の賃料総額とする考え方とされている。配偶者居住権自体の価値を評価していないが，算定方法の簡素化の観点に加えて，相続税の課税実務上，借家権が権利金等の名称で取引される慣行のある地域を除き，借家権については相続税を課さない取り扱いがされていること（財産評価基本通達94条ただし書）を参考にしたものと説明されていた。
　なお，第19回会議参考人提出資料（平成29年3月付公益社団法人日本不動産鑑定士協会連合会「長期居住権についての具体例」についての意見。この当時は配偶者居住権は長期居住権と称されていた）等においても，この建物の賃料相当額から配偶者居住権価格を算定する方法は検討されていた。
　しかし，上記計算式は，それ自体は簡明であるものの，居住建物の賃料相当額を算定の基準としているところ，居住建物の賃料相当額の算出には専門的知見が必要であるため，一般の国民が専門家の手を借りることなくその算定をした上で配偶者居住権の財産評価をし，相続分に従った遺産分割をするのは困難である。そこで，法制審議会民法（相続関係）部会では相続開始時における居住建物の財産価値を固定資産税評価額としたうえで，これについて配偶者居住権の存続期間分の減価償却をすることにより存続期間満了時点の建物価格を算定し，ライプニッツ係数を使って，これを現

在価値に引き直す簡易な評価方法も検討された（部会資料19-2・2頁）。

(2) また，設問の本件不動産は一戸建てである。居住建物が一戸建てである場合には，配偶者は，配偶者居住権の存続期間中は居住建物の敷地を排他的に使用することとなるため，建物の利用についての財産評価に加えて，敷地利用権について借地権と同様の評価をする必要があるとも考えられる。法制審議会民法（相続関係）部会では，この計算につき，固定資産税評価額及びライプニッツ係数を用いて，敷地所有権者が配偶者居住権の存続期間満了後に得ることとなる負担のない敷地所有権の価格を現在価値に引きなおすことにより，配偶者居住権に基づく敷地利用権の価格を算出するもの甲案と，固定資産税評価額に敷地利用権割合という新たな基準を掛け合わせて配偶者居住権に基づく敷地利用権の価格を算出する乙案の2つの簡易な評価方法が示されたことがある（部会資料19-2・5頁）。

3　財産評価の困難性

　配偶者居住権は，終身期間や長期間と定められた場合であっても，配偶者の死亡により消滅してしまうし（新1036条597条3項），配偶者が老人ホームに入る等の事後的な事情で不要となった場合にも第三者に譲渡することができない（新1032条2項）。したがって，相続時に相当低額に評価がされた場合でない限り，配偶者は，財産的価格を相続したものとして扱われたという「投下資本」を回収することができず，著しく過大な負担をおってしまうこともあり得る。このような結果を招いてしまっては，配偶者保護のために導入された配偶者居住権が，かえって配偶者に不利に作用してしまうことになる。その一方で，配偶者居住権を低額に評価することは，それだけ配偶者が他の遺産を取得できることを意味するから，他の相続人にとっては不利益である。このように配偶者居住権の適切な財産評価は極めて重要である。

　一方で，本稿では法制審議会で議論された計算式及び簡易評価方法を紹介したが，いずれの計算式・簡易算定式も確立されたものではなく，更なる検討が予定されている。特に長期を前提にして設定された配偶者居住権であっても，配偶者の死亡等により極めて短期間で消滅してしまう可能性

があるという意味での配偶者の不利益を，どのように考慮するかは，難しい課題であろう。その意味でも，遺言書を作成する際や，遺産分割をする際には，配偶者居住権の評価方法についても慎重に検討する必要がある。家庭裁判所が配偶者居住権を設定する審判をする場合には，専門家による鑑定を行いそれに基づいて審判するのが通常となると思われるが，当事者による対応においてまで常に鑑定を行うことは現実的とは思われない。紛争処理を適切に行うためには，一定以上の合理性を有する簡易な計算方法も必要である。

　配偶者居住権の財産評価方法については，公益社団法人日本不動産鑑定士協会連合会等の専門家の意見表明や，相続税等に関する情報等の集積を注視し，十分に注意して実務に当たる必要があるものと思われる。

（上田　翔・中込　一洋）

第3章 遺産分割

第1節 …… 持戻し免除の意思表示の推定

I 持戻し免除の可否

CASE

BはAと結婚し専業主婦をしていた。結婚30年目にAがBに対し自宅である甲土地および乙建物（贈与時の評価額5000万円）を贈与した。贈与の際、AはBに対し「自宅と年金があれば老後の生活には困らないだろう。」と言っていた。この贈与の3年後にAが死亡したが、その遺産は普通預金4000万円のみであった。相続開始時および遺産分割時の自宅不動産の評価額は6000万円である。Aの相続人は、BおよびABの子であるCの2名である。

CはBと遺産分割について協議をした際、Bが自宅不動産を贈与されていることや、将来CがBの介護をすると予想されることを理由に、預金は全てCが相続するべきだと主張した。Bは、Cの配偶者と折合いが悪いことから、CがBを将来扶養する見込みは低いと考え、最低でも税金の支払に充てられるだけの預金は相続したいと主張したため、話合いは物別れに終わった。そのため、Bは遺産分割調停の申立てをした。

《 設問

1 甲土地および乙建物の贈与について、Aが特別受益の持戻しを免除する旨の明示の意思表示をしていなかった場合、持戻しの免除は認められるか。

2 1において持戻しの免除が認められる場合、BおよびCが相続する

Aの遺産の額はいくらか。
3 AがBに対し甲土地および乙建物を贈与したのが，ABの婚姻から19年目だった場合，持戻しの免除は認められるか。
4 Aが，甲土地および乙建物を生前贈与する代わりに「甲土地および乙建物をAに相続させる。」という遺言を残していた場合，本規定は適用されるか。
5 AがBに対し甲土地および乙建物を遺贈し，それがABの婚姻から19年目だった場合，持戻しの免除は認められるか。

▶ **改正のポイント**

○高齢配偶者の生活保障という政策的観点，および，一般経験則の明文化の見地から，婚姻期間が20年以上の配偶者に対し居住用不動産の遺贈または贈与があった場合，特別受益の持戻し規定を適用しない旨の意思表示があったものと推定する規定が新設された（新903条4項）。

解説 》》》

1 設問1について
(1) 改正の趣旨

新903条4項は，婚姻期間が20年以上の配偶者に対し居住用不動産の遺贈または贈与があった場合，持戻し免除の意思表示があったと推定されることを定めた。その趣旨は，高齢配偶者の生活保障という政策的観点，および，一般経験則の明文化にある。

高齢化社会が進展する現在の社会情勢において，配偶者の死亡により残された他方配偶者の生活を保護する必要性があるという政策的配慮や，被相続人の財産形成に関する配偶者の貢献を遺産相続に反映するという見地から，配偶者の法定相続分を増加させる案が検討された（中間試案補足・15頁）。しかし，配偶者の相続分を現行制度以上に引き上げる立法事実が明らかではないなど，反対意見が多数を占めた（部会資料14・5頁）。そのため，配偶者の法定相続分の引上げはなされなかったが，引き続き配偶者の生

活保障のための方策が検討された（部会資料15・15頁）。

そして，被相続人が，婚姻期間が20年以上の配偶者に対し居住用不動産を贈与または遺贈していた場合，これを持戻しの対象とするか否かを認識していないとしても，「持戻し計算の対象とするか否かを明示的に問われたとすれば，贈与の対象となる居住用不動産については，長期間にわたる夫婦の協力の下で形成された財産であり，相手方配偶者の老後の生活保障を意図して贈与されるものであるから，持戻し計算の対象としないと回答する蓋然性が高いと考えられ」ることから，持戻し免除の意思表示の存在を推定することが「一般の経験則に合致するとともに，高齢配偶者の生活保障を図るといった政策的観点」からも合理性が認められるとして新903条4項が設けられた（部会資料18・2頁）。

(2) 特別受益の持戻し

遺産分割において共同相続人が取得する額（以下「遺産分割取得分額」という。）を算定する際，被相続人から特別受益を得ていた共同相続人がいた場合，特別受益の価額を相続財産の価額に含めて算定する「持戻し」制度を設けている（新903条1項）。

これは，共同相続人間の衡平を図ると同時に，被相続人は特別受益者に対し相続分の前渡しという趣旨で贈与または遺贈をする場合が多いであろうという，被相続人の通常の意思の推測を基調とする算定方法である（新版注釈民法（27）182頁［有地亨，床谷文雄］）。

(3) 持戻し免除の意思表示

かかる持戻し制度の趣旨から，被相続人が持戻しを免除する旨の意思表示をしたときは，被相続人の意思が重視され当該特別受益について持戻しはなされない（新903条3項）。贈与に関する持戻し免除の意思表示は特別の方式を必要とせず，黙示の意思表示でも可能である。

そして，新903条4項が適用された場合，持戻し免除の意思表示があったと推定される。

同条項は，あくまで被相続人の意思表示を推定する規定であり，被相続人が異なる意思を表示している場合には適用されない（追加試案補足・8頁）。

また,共同相続人全員の合意により同条項の適用対象となる不動産を遺産分割の対象とすることを妨げるものではない。

(4) 設問1の回答

Aは,婚姻期間30年目に居住用不動産を配偶者であるBに贈与していることから新903条4項が適用され,同贈与について持戻しを免除する旨のAの黙示の意思表示があったことが推定される。

よって,甲土地および乙建物の贈与についてAが持戻しを免除しない旨の意思表示をしたなどの事情がないかぎり,持戻し免除が認められる。

2 設問2について

(1) 遺産分割取得分額の算定方法

実務において,特別受益を得た者がいる場合の各相続人の遺産分割取得分額は,具体的相続分を相続時の財産価額,遺産分割取得分額を遺産分割時の財産価額を基準として以下のとおり算定することが多い(新版注釈民法(27)215頁[有地亨,床谷文雄]参照)。

具体的相続分＝
　(相続開始時の相続財産価額＋相続開始時の贈与財産価額)
　×当該相続人の相続分率
　－相続開始時の当該相続人の特別受益財産価額
各自の具体的相続分率＝各自の具体的相続分÷具体的相続分の総計
遺産分割取得分額＝
　遺産分割時の相続財産額×当該相続人の具体的相続分率

(2) 遺産分割取得分額の計算(持戻しがある場合)

AのBに対する居住用不動産の贈与は,被相続人から相続人に対する「生計の資本として」の贈与といえるため特別受益にあたり,原則として持戻しの対象となる(新903条1項)。持戻しがなされた場合,BおよびCの法定相続分はそれぞれ2分の1ずつであるから(900条1項),その遺産分割取得分額は以下のとおりとなる。

Bの具体的相続分は
　(預金4000万円＋不動産6000万円)×1/2－特別受益6000万円

＝－1000万円
　Cの具体的相続分は
　　（預金4000万円＋不動産6000万円）×1/2
　　＝5000万円
　Bは具体的相続分がマイナスとなる超過特別受益者であるからその具体的相続分はゼロとなり（903条2項），預金4000万円全額がCの遺産分割取得分額となる。

（3）遺産分割取得分額の計算（持戻し免除が認められた場合）
　しかし，本問ではAのBに対する居住用不動産の贈与について持戻し免除が認められる。したがって，Aの遺産分割において持戻しはなされず，預金4000万円のみが相続財産として以下のとおり算定される。
　BおよびCの具体的相続分は
　　4000万円×1/2＝2000万円
　BおよびCの具体的相続分率は
　　2000万円/（2000万円＋2000万円）＝1/2
　BおよびCの遺産分割取得分額は
　　4000万円×1/2＝2000万円
　よって，遺産分割取得分額は，遺産分割時の相続財産価額である4000万円が等分されB，C共に2000万円となる。
　このように，配偶者に遺贈または贈与された財産について持戻しの免除が認められた場合，配偶者の取得額が増加する。

3　設問3について
（1）新903条4項の適用がない場合
　設問3では，甲土地および乙建物の贈与がなされたのはABの婚姻期間が20年以上となる前であるから新903条4項は適用されない。
　もっとも，部会第18回会議議事録・7～8頁［神吉関係官発言］において「このような制度を設けることによって，18年目，19年目に仮に生前贈与した場合についても，事実上の推定が及びやすくなるということは，そういった効果はあろうかと思っております。」という指摘もあることか

ら，同条項の要件を充足しないことが直ちに持戻し免除の意思表示が存在することを否定するものとはいえないと考えられる。すなわち，同条項の要件を充足しない場合であっても黙示の持戻し免除の意思表示があったことが立証されれば，持戻し免除が認められる。

(2) 黙示の持戻し免除の意思表示の判断基準

黙示の持戻し免除の意思表示の存否に関する判断基準としては，以下の事例が参考になる。

東京家審平成12年3月8日家月52巻8号35頁は，「民法903条1項は，共同相続人間の実質的公平を図るべく，特別受益がある場合にはその持戻しをすることを原則としているのであって，同条3項の持戻免除の意思表示は例外規定である。とすれば，被相続人が明示の意思表示をしていないにもかかわらず，黙示的意思表示あることを認定するためには，一般的に，これを是とするに足るだけの積極的な事情，すなわち，当該贈与相当額の利益を他の相続人より多く取得させるだけの合理的な事情あることが必要というべきである。」とする判断基準を示している。

また，被相続人が，専業主婦であった妻に対し，婚姻から30年以上経った後に居住用不動産の持分を贈与した事例において，「長年にわたる妻としての貢献に報い，その老後の生活の安定を図るためにしたものと認められる」ことや，妻に「他に老後の生活を支えるに足る資産も住居もないことが認められる」ことを理由に，同贈与について黙示の持戻し免除の意思表示があったと解した高裁決定がある（東京高決平成8年8月26日家月49巻4号52頁）。

(3) 設問3の回答

Bが，甲不動産の贈与についてAの持戻し免除の意思表示があったことを立証することができれば，持戻し免除が認められる。黙示の意思表示の存在を認定する事実として，Bの貢献度や贈与時の状況，Bの経済状況等から，BにCより多くの利益を取得させる合理的な事情があることなどがある。

4 設問4について
(1)「相続させる」旨の遺言があった場合

相続人に「相続させる」旨の遺言があった場合、最判平成3年4月19日民集45巻4号477頁は「遺言書の記載から、その趣旨が遺贈であることが明らかであるか又は遺贈と解すべき特段の事情のない限り、遺産と解すべきではない。」と判示している。そのため、居住用不動産を婚姻期間20年以上の配偶者に「相続させる」と遺言書に記載されている場合、同条項の適用対象である「遺贈」に当たるかが問題となり得る。

この点、部会資料15・18〜19頁は、遺産分割方法の指定がされた場合に持戻し免除をすることができるかについて「遺産であるから、遺産分割方法の指定が可能となるのであって、その『遺産』について、『遺産』に持ち戻さないこととするというのは概念として矛盾するのではないかという疑問もあるように思われる。」という否定的意見を述べているが、これは「相続させる」旨の遺言があった場合全般において新903条4項の適用を否定するものではなく、持戻し免除の意思表示の「推定規定の存在を根拠として、『遺贈と解すべき特段の事情』があると考えることもできるように思われる。このような考え方に立てば、本件推定規定の対象となる財産につき、相続させる旨の遺言がされた場合には、遺贈であると解釈され、本件推定規定が適用になるものと考えられる。」と指摘している。かかる見解に従えば、新903条4項の要件を充足する不動産について配偶者に「相続させる」旨の遺言があった場合、同条項の適用において「遺贈」と解し得ることになる。

(2) 遺言必要説との整合性

「相続させる」旨の遺言により甲不動産の「遺贈」がなされたと解したとしても、新903条4項の適用により遺言に記載のない持戻しの免除の意思表示を推定することは、遺贈に係る持戻しの免除の意思表示は遺言の中で行わなければならないと解する遺言必要説と矛盾するのではないかが問題となる。

この点、部会資料18・4頁は「民法第999条や第1001条が、一定の場合に、遺贈に係る遺言者の意思を推定する規定を設けていることからする

と，仮に，遺言必要説を採用したとしても，法律上，遺言者の意思を推定する規定を設けることは現行民法も許容していると考えられる。」と指摘している。かかる見解によれば，遺言必要説と新903条4項は矛盾するものではないことになる。

(3) 設問4の回答

上記見解に従えば，Aは遺言により婚姻期間が20年以上の配偶者Bに対して居住用不動産を「遺贈」したといえ，新903条4項が適用される。したがって，持戻し免除の意思表示があったと推定され，持戻し免除が認められると考えられる。

5 設問5について

(1) 新903条4項が適用されない場合

本問では，甲不動産が遺贈されたのは婚姻期間が20年を経過する前であることから，新903条4項の適用がない。そのため，同条項の適用がない遺贈について持戻し免除が認められるかが問題となる。

この点，遺言による不動産の取得について，大阪高決平成25年7月26日判時2208号60頁は「特別受益は本件遺言によるものであるところ，本件遺言には持戻免除の意思表示は記載されていない上，仮に遺言による特別受益について，遺言でなくとも持戻免除の意思表示の存在を証拠により認定することができるとしても，方式の定められていない生前贈与と異なり，遺言という要式行為が用いられていることからすれば，黙示の持戻免除の意思表示を認定するには，生前贈与の場合と比べて，より明確な持戻免除の意思表示の存在が認められることを要すると解するのが相当である。」として，持戻し免除の意思表示の存在を認めなかった。

同決定が遺言必要説をとるものであるかは不明であるが，同決定が遺言必要説をとるものではないとしても，被相続人があえて遺言書に甲不動産について持戻しを免除する旨の記載をしなかった事実は，持戻し免除の意思表示があったことを推定するにあたり重要な評価障害事実となると考えられる。

(2) 設問5の回答

本問では新903条4項の適用がないため、BがAの持戻し免除の意思表示の存在を立証する必要があるが、遺言に持戻し免除について記載がないことを前提としてもなお、Aの持戻し免除の意思表示が存在したと立証することは困難と考えられる。

したがって、持戻し免除は認められない可能性が高い。

II　新903条4項の適用要件

CASE

Bは甲土地に建つ乙建物の2階を住居とし、1階でAと共に小売店を営みながら家事とAの母親の介護を行っていた。ABの婚姻から30年後、Aの母親が亡くなった。AはBに対し「お前には本当に苦労をかけた。結婚して20年以上経っているから贈与税が安く済むらしいし、この土地と家はお前にやろう。」と言って甲土地および乙建物を贈与し登記名義をBに変更した。この贈与から2年後にAの体調不良を理由として小売店をたたみ、1階も居住スペースとして用いるようになった。同贈与から3年後にAが死亡したが、その遺産は普通預金4000万円のみであった。相続開始時および遺産分割時の甲土地および乙建物の評価額は合計6000万円であった。Aの相続人は、BおよびABの子Cの2名である。Aは遺言を作成していなかった。

Cが、Bは不動産を贈与されたのだから、預金は全てCが相続するべきだと主張したため遺産分割協議は物別れに終わり、Bは遺産分割調停の申立てをした。

《 設問

1　甲土地および乙建物の贈与について持戻し免除が認められるか。
2　AがBと婚姻後5年目に離婚し、その3年後に再婚し、再婚後16年経過後にAがBに対し居住用不動産である甲土地および乙建物を

贈与した場合，持戻し免除が認められるか。

▶ **改正のポイント**
❶居住用不動産かどうかの判断の基準時は，被相続人が贈与または遺贈をした時点と考えられる。
❷住居兼店舗の場合，少なくとも居住用部分には新903条4項が適用されると考えられる。
❸同一配偶者との離婚・結婚が繰り返された場合，新903条4項の適用において婚姻期間は通算される可能性がある。

解説 ⟫

1 設問1について
(1) 新903条4項の適用要件
新903条4項の適用要件は以下のとおりである。
　① 居住用不動産が贈与または遺贈された
　② 贈与または遺贈を受けた者が被相続人の「配偶者」である
　③ ①の時点で当該配偶者との婚姻期間が20年を経過している
本問では，甲不動産の贈与の時点で建物1階が店舗として用いられていたことから，居住用不動産にあたるかが問題となる。

(2)「居住用不動産」の判断基準
　（ア）居住用不動産に限定した趣旨
新903条4項の適用対象を居住用不動産に限定した理由は，居住用不動産が老後の生活保障の観点から特に重要であり保護の必要性が高いこと，また，その他の財産も含めるとすると他の相続人に与える影響が大きいこと，さらに，居住用不動産以外の財産を贈与する場合は様々なケースが考えられることから，その他の財産についてまで一概に持戻し免除の意思表示があったとは言い切れないことなどを考慮したものである（部会資料18・2～3頁）。

　（イ）居住用要件の判断の基準時
居住用不動産かどうかの判断の基準時は，同条項が被相続人の持戻し免

除の意思表示を推定する規定であることから，被相続人が持戻しの対象となる贈与または遺贈をした時点とすべきである。なお，贈与または遺贈の時点で居住の用に供していないとしても，近い将来居住の用に供する目的で贈与等をした場合であれば同条項を適用し得ると考えられる（部会資料18・3〜4頁）。

　基準時が贈与の時点とすると，生前贈与と転居が繰り返された場合複数の不動産が同条項の適用対象となり得る。部会資料18・4頁は，「一般に，一度居住用不動産の贈与をした者が，転居をし，その後また居住用不動産の贈与をした場合には，先の贈与については相手方配偶者の老後の生活保障という趣旨は撤回されたものと考えられ，持戻し免除をしないという意思が認められる場合も多いのではないかと考えられる。」と指摘し，また，婚姻期間が20年以上の配偶者に対し居住用不動産を生前贈与した場合に適用される贈与税の配偶者控除（相税21条の6第1項）が「同一当事者の間では一生に1回しか用いることができ」ないことから，「頻繁に居住用不動産の贈与が行われるということは通常想定し難いといえる。」と指摘する。

　そのため，新903条4項の要件を充足する贈与が複数あった場合，先の贈与について同条項による推定が破られる可能性がある。

　　（ウ）　住居兼店舗への適用
　また，住居兼店舗について同条項がどのように適用されるかが問題となる。

　この点，追加試案補足・8頁は「少なくとも居住用部分は本方策の規律の適用があると考えるのが相当であるといえるが，その余（店舗等）の部分についてまで本方策の適用があるといえるか，居住用部分については本方策の規律の適用があることを前提に，その余の部分についても事実上の推定が働くと考えるか，それとも，その余の部分については別途独立に持戻し免除の意思表示を検討することになるのかといった点は，当該不動産の構造や形態，さらには被相続人の遺言の趣旨等によっても判断が異なり得るものと考えられる。」と指摘している。

　なお，参考として，贈与税の配偶者控除において，居住用部分が不動産

面積の9割を超えるときは，当該不動産すべてが居住用不動産に該当するものとされている（相税21条の6第1項，相続税法基本通達21の6-1(1)）。

この贈与税の配偶者控除について，部会資料18・1～2頁は，「その立法趣旨として，①夫婦の財産は夫婦の協力によって形成されたものであるとの考え方から夫婦間においては一般に贈与という認識が薄いこと，②配偶者の老後の生活保障を意図して贈与される場合が多いことなど」を挙げている。

(3) 設問1の回答

乙建物は贈与の時点で一部が店舗として用いられていたことから，乙建物およびその敷地である甲土地について，上記見解に従えば，贈与当時に住居として用いられていた部分のみが新903条4項の適用対象となり，持戻し免除の意思表示があったと推定され，Aが持戻し免除をしない旨の意思表示をしたなどの事情がない限り，持戻し免除が認められる。

一方，贈与当時店舗として用いられていた部分には同条項は適用されないが，Bが，Aによる黙示の持戻し免除の意思表示があったことを立証すれば，店舗部分についても持戻し免除が認められる。Aの持戻し免除の意思表示の存在を証する事実として，BはAと共に小売店を営むことによりAの財産形成に大きく寄与していること，Aの贈与の際の発言から，Bへの贈与の趣旨が苦労をかけたことへの償いにあるとみられることなどが考えられる。

2 設問2について

(1) 「20年」の判断基準

新903条4項は，婚姻期間が20年以上の配偶者に贈与または遺贈がなされた場合に適用される。

同じ相手と婚姻・離婚が繰り返された場合，この婚姻期間の算定において通算されるかが問題となり得る。

この点は解釈に委ねられるが，贈与税の配偶者控除において，婚姻期間の算定にあたり配偶者でなかった期間がある場合，婚姻期間は通算される（相税21条の6第1項，相続税法施行令4の6第2項）ことが参考となる（部会

資料 24-2・7〜8 頁）。

(2) 設問 2 の回答

　贈与税の配偶者控除と同様に婚姻期間が通算される場合，甲土地および乙建物贈与時点の AB の婚姻期間は 20 年以上となり，他の要件も充足することから，新 903 条 4 項が適用され持戻し免除の意思表示があったと推定され，持戻し免除が認められる。

（前田　昌代）

第2節 遺産分割前における預貯金債権の行使

I 家庭裁判所の判断を経ない預貯金の一部払戻し

CASE

Aが死亡し，その遺産はP銀行の普通預金300万円，Q銀行の普通預金600万円ならびに自宅である甲土地および乙建物（評価額合計5100万円）であった。C_1はAが死亡する3年前に起業資金としてAから400万円を贈与されていた。Aの相続人はAの子であるC_1，C_2の2名である。Aは遺言を残していない。

C_1は喪主としてAの葬儀を行い，その代金として120万円を請求されている。

遺産分割の協議において，C_1は自身が自宅不動産を相続して家族と共に住みたいと考えており，預金は等分し，自宅不動産の評価額の半額をC_1がC_2に分割で支払うことにしたいと主張した。これに対しC_2は，C_1に支払能力があるとは思えないので自宅不動産を売却して代金を分けたいと主張し，また，C_1はAから400万円を贈与されていたのだから取り分は少なくなるはずだと主張した。このように2人の意見が分かれているため，遺産分割の目処は立っていない。

《 設問

1 C_1は，葬儀費用120万円の支払のため預金の払戻しを受けたいと考えている。C_1は裁判所の判断を経ずに直接銀行から預金120万円の払戻しを受けることができるか。

2 1においてC_1が120万円の払戻しを受けた場合，C_1およびC_2が遺産分割により取得する遺産の額はいくらか。

3 RはC_1に対し100万円の売掛金債権を有しているが，弁済期が過ぎても支払がなかったのでC_1に問い合わせたところ，C_1から「親が死んだからもうすぐ遺産が入る。もう少し待ってくれ。」と言われた。しかし，RはC_1が複数人から借金をしているという噂を聞いて

いるため，速やかに法的手続を取った方が良いのではないかと考えて調べてみたところ，相続人は遺産分割がされる前であっても100万円くらいであれば預貯金から払い戻すことができると聞き，この払戻請求権を差し押えることができないかと考えた。RはC_1の新909条の2に基づく払戻請求権を差し押えることができるか。

4 本事例と異なり，Aの遺産が普通預金1000万円のみであり，C_1が1000万円の特別受益を受けていた場合に，C_1が新909条の2に基づき銀行から50万円の払戻しを受けて自己のために費消したとする。C_1およびC_2が遺産分割により取得する遺産の額はいくらか。

5 **4**において，C_1が50万円の払戻しを受ける前に，C_2が払戻しを阻止することができるか。

▶ 改正のポイント

❶預貯金を遺産分割の対象と解した判例変更を踏まえ，遺産分割前に生じる資金需要に充てることができるよう，各相続人が単独で，直接金融機関に対し，遺産である預貯金債権の一部について権利行使できる制度が創設された（新909条の2前段）。

❷新909条の2前段により払戻された預貯金債権は，払戻しを受けた相続人が遺産分割により取得したものとみなされる（同条後段）。

解説 》》》

1 設問1について
（1）遺産分割前の預貯金払戻し規定を設けた趣旨
（ア）従来の判例実務（預貯金債権の当然分割）

最判昭和29年4月8日民集8巻4号819頁は，相続財産中の可分債権は法律上当然に分割され各共同相続人がその相続分に応じて権利を承継すると判示し，最判平成16年4月20日集民214号13頁は，貯金債権について可分債権であるから当然分割され遺産分割の対象とはならないことを判示した。両判例に従えば，預貯金債権は相続開始時に当然に各共同相続人に分割承継されるのであるから，各相続人が単独で法定相続分に対応す

る預貯金の払戻しを請求できることになる。

　（イ）　預貯金債権を遺産分割の対象とする判例変更

　しかし，最大決平成 28 年 12 月 19 日民集 70 巻 8 号 2121 頁（以下「平成 28 年最大決」という。）は，「共同相続された普通預金債権，通常貯金債権及び定期貯金債権は，いずれも，相続開始と同時に当然に相続分に応じて分割されることはなく，遺産分割の対象となるものと解するのが相当である。」と判示した。これは，預貯金が，遺産分割において調整に資する財産であるという点や，預金者にとって確実かつ簡易に換価できるという点で現金類似の性質を有すること，実務上も共同相続の場合において，遺産分割の当事者全員の同意を得て預貯金債権を遺産分割の対象としたうえで調整に用いるという運用が広く行われていることなどから，預貯金債権が遺産分割の対象となると解したものである。

　（ウ）　預貯金が遺産分割対象となることにより生じる不都合

　本決定により，遺産分割前に預貯金債権の権利行使をするには共同相続人全員の同意が必要となった。

　しかし，いつ遺産分割をするかは原則として共同相続人の自由であり（新 907 条 1 項），長期にわたり遺産分割が行われない可能性もある。そのため，遺産分割終了まで共同相続人全員の合意等がない限り一切預貯金債権の払戻しができないとすると，「被相続人が負っていた債務の弁済をする必要がある，あるいは，被相続人から扶養を受けていた共同相続人の当面の生活費を支出する必要があるなどの事情により被相続人が有していた預貯金を遺産分割前に払い戻す必要があるにもかかわらず，共同相続人全員の同意を得ることができない場合に払い戻すことができないという不都合が生ずるおそれがあることとなった。」（追加試案補足・12 頁）。

　そこで，各相続人が単独で遺産分割前に預貯金債権を行使できる制度が設けられた。かかる制度は民法（相続関係）等の改正に関する要綱案までは「仮払い」制度と称されていたが，改正民法では同名称は用いられていない。

(2) 金融機関に対し直接払戻請求を行う制度（新909条の2）

(ア) 制度の概要

相続開始から遺産分割までの間に資金需要が生じた場合，常に相続人に裁判所への保全処分の申立てを要求することは，相続人にとって大きな負担となり得る。そこで，新909条の2は，一定の上限を設けた上で，裁判所の判断を経ることなく，金融機関の窓口において遺産である預貯金債権を行使することができることを定めた（部会資料18・26頁）。

(イ) 上限を定めた趣旨

同条は，各相続人が払戻しを受けられる上限を設けている。

遺産分割前の預貯金払戻しにより，払戻しを受けた相続人の相続分を超過した払戻しが行われるおそれがある。そこで，払戻しの上限を設けることにより，他の共同相続人の利益をできる限り侵害することがないよう配慮したものである（部会資料22-2・7頁）。

また，払戻しを受けられる範囲を預貯金債権の一部に限ることは，預貯金債権を遺産分割の調整に用いるという平成28年最大決の趣旨にも合致する。

(ウ) 法定相続分を基準とする上限

新909条の2は，各相続人が預貯金の払戻しを受け得る上限を，各預貯金債権額の3分の1に当該相続人の法定相続分を乗じた額と定めている。

かかる上限算定の基礎となる預貯金債権額は相続開始時の額とされ，その後にATMから預貯金が引き落とされたなどの事情により預貯金債権額が変動しても上限額は変動しない。もっとも，同条に基づく払戻しは，あくまで金融機関に対して行使できる権利を行使するものであるから，払戻し時点の口座残高を超える払戻しは受けられない。

また，生活費の支弁等，定期的に生じる資金需要に充てるため，複数回払戻しを受ける必要性が生じることも想定されるが，すでに払戻しを受けた相続人や他の相続人が複数回払戻請求を行うことは法文上制限されていない。しかし，相続分を超過した払戻しによる他の相続人への利益侵害を小さくするという上限を設けた趣旨に鑑みれば，払戻しが認められるのは，

当該相続人の払戻合計額が当該相続人の上限額を超えない範囲に限られると考えられる。

(エ) 法務省令で定める上限

さらに、別途法務省令により上限額が定められる（新909条の2括弧書）。これは、法定相続分により算定された上限額が、法務省令により定められた上限額を上回った場合に適用される。

法定相続分を基準とした上限のみを用いると、遺産である預貯金の総額が大きい場合は上限額も大きくなり、当該払戻しを受けた者以外の相続人の利益侵害が大きくなるおそれがある。そこで、法務省令により一定の上限額を定めるとしたものである。

法律で上限額を債務者ごとに100万円と定める案もあったが「実務上一番仮払いを必要とする葬儀費用をまかなえないのではないかとの指摘」があった。そこで、景気や社会情勢の変動に柔軟に対応できるよう、標準的な当面の必要生計費、平均的な葬式の費用の額その他の事情を勘案して法務省令で上限額を定めることとなった（部会資料24-2・9～10頁）。

法務省令で上限額を定める場合の考慮事情に関し、部会資料24-2・10頁は、標準的な1か月の生計費の額は「国家公務員の給与勧告を行う際に人事院が参考資料として算定」したデータによれば「世帯人員が1名の標準生計費は12万円弱となって」おり、また、「平均的な葬式費用の額については、150万円前後」であることを指摘している。その結果、改正時の上限額は150万円とされた（平成30年法務省令第29号）。

なお、法務省令による上限額は債務者ごと、すなわち金融機関ごとの上限額である。そのため、複数の金融機関に遺産である預貯金債権が存在した場合、実質的に上限額を超える払戻しを受けられることになる。これは、金融機関が他機関からの払戻しの状況を把握することは困難であることから（部会資料18・31頁、20・5～6頁）、預貯金債権全部を対象として上限額を定め金融機関に一定の調査義務を課すことは、「裁判所の判断を経ることなく、簡易かつ迅速にごく一部の預貯金の払戻しを受けることを阻害しかねないものと考えられる。」（部会資料20・6頁）ことによる。

(オ) 設問1の回答

C_1 は新909条の2に基づき直接銀行に自身の法定相続分を示して預金120万円の払戻請求をすることが考えられる。

相続開始時のAの遺産である預金債権は、P銀行に対する300万円およびQ銀行に対する600万円である。その3分の1に C_1 の法定相続分2分の1を乗じたP銀行に対する50万円、Q銀行に対する100万円が払戻上限額となる。また、上記（エ）のとおり、法務省令が定める上限額は改正当初は150万円である。

したがって、C_1 は、一つの銀行から120万円全額の払戻しを受けることはできないが、両銀行から合計120万円の払戻しを受けることができる。

2　設問2について

(1) 新909条の2前段に基づく払戻しの効果

新909条の2前段に基づく払戻しがあった場合、当該預貯金債権はその権利行使をした相続人が遺産分割により取得したものとみなされる（新909条の2後段）。

(2) 新909条の2後段の趣旨

その趣旨は、払戻分を遺産分割において精算することにより共同相続人間の実質的な公平を図ることにある。

共同相続人が遺産分割により取得する財産の価額（以下「遺産分割取得分額」という。）の算定にあたり、実務では、相続財産について相続開始後に生じた変動を考慮し、遺産分割時の相続財産を遺産分割の対象とすることが多い（第3章第4節Ⅰ1(5)(ア)）。かかる算定方法に従えば、遺産分割前に払戻された預貯金債権は相続財産から逸出するため、残額のみが遺産分割の対象となる。この場合、同条による払戻しを受けた相続人は、遺産分割により得た財産に加えて払戻しされた預貯金を取得することとなり、払戻しを受けなかった他の相続人よりも多くの財産を取得するという不公平な結果が生じかねない。

そこで同条後段は、当該払戻しがあった預貯金債権を遺産分割において

精算することを定めた。

　当該払戻しを受けた者に「遺産分割において精算の義務を課したとしても，特段当該相続人に過大な負担を課すとか，不利益を課すということにはならないといえる。」また，「当該権利行使をした者に，当該権利行使をした財産も含めて遺産分割の対象とする旨の同意をしたものとみなすことが可能であり，また，他の共同相続人にとっても当該権利行使をした財産も含めて遺産分割の対象とした方が多くの財産を取得することができるようになることから，『当該権利行使をした者の同意擬制』という構成ではなく，端的に『当該権利行使をした財産については，遺産分割においてなお存在するものとみなす』旨の規定」が設けられた（部会資料20・13～14頁）。

(3) 遺産分割における精算の計算

　特別受益を受けた相続人がいる場合，具体的相続分を相続時の財産価額，遺産分割取得分額を遺産分割時の財産価額を基準として算定する見解に従えば，各相続人の遺産分割取得分額は以下のとおり算定される（新版注釈民法(27) 215頁［有地亨，床谷文雄］参照）。

　具体的相続分＝
　　（相続開始時の相続財産価額＋相続開始時の贈与財産価額）
　　×当該相続人の相続分率
　　－相続開始時の当該相続人の特別受益財産価額
　各自の具体的相続分率＝各自の具体的相続分÷具体的相続分の総計
　遺産分割取得分額＝
　　遺産分割時の相続財産額×当該相続人の具体的相続分率

(4) 設問2の回答

　AのC_1に対する起業資金400万円の贈与は「生計の資本としての贈与」として特別受益にあたる（新903条1項）。C_1およびC_2の法定相続分は2分の1ずつであるから（900条1項），その遺産分割取得分額は以下のとおり算定される。C_1が遺産である預金債権から新909条の2前段に基づき120万円の払戻しを受けたことにより，遺産分割時には預金残高の合計は780万円に減少している。しかし，同条後段により，遺産分割に

おいてこの 120 万円も遺産分割時の相続財産に含めて算定される。
　C_1 の具体的相続分は
　　（預金 900 万円＋不動産 5100 万円＋特別受益 400 万円）×1/2
　　－特別受益 400 万円
　　＝2800 万円
　C_2 の具体的相続分は
　　（預金 900 万円＋不動産 5100 万円＋特別受益 400 万円）×1/2
　　＝3200 万円
　C_1 の具体的相続分率は
　　2800 万／(2800 万＋3200 万)＝7/15
　C_2 の具体的相続分率は
　　3200 万／(2800 万＋3200 万)＝8/15
　C_1 の遺産分割取得分額は
　　（預金 900 万円＋不動産 5100 万円）×7/15＝2800 万円
　　※　払戻しを受けた預金 120 万円が含まれる。
　C_2 の遺産分割取得分額は
　　（預金 900 万円＋不動産 5100 万円）×8/15＝3200 万円
　以上のとおり、特別受益を含めた実質的利益は C_1、C_2 共に 3200 万円となるため、実質的公平が実現される。

3　設問 3 について
（1）払戻請求権の譲渡・差押え
　新 909 条の 2 に基づく払戻請求権の譲渡・差押えについて、「相続開始により準共有となったものと解される預貯金債権の準共有持分を譲渡したり、これを差し押えることは可能であるが」同条に基づく「払戻し請求権それ自体を独自に観念することはできず、これを譲渡したり、差し押えることはできないものと考えられる。」（部会資料 25-2・10 頁）。
　準共有となったものと解される預貯金債権の持分の譲渡・差押が可能とすると、当該譲渡・差押により第三者に新 909 条の 2 に基づく払戻請求をすることができる地位も移転するかが問題となり得る。しかし、同条の

趣旨が，相続人が迅速に支払を必要とする費用についての財源確保であることに鑑みれば，相続人ではない第三者が，同条項に基づく払戻しをすることはできないと解するべきである（部会資料25-2・10頁参照）。

(2) 設問3の回答

かかる見解に従えば，RがC_1の新909条の2に基づく払戻請求権を差し押えることはできない。ただし，C_1が預貯金債権について有する持分を差し押えることはできる。

4 設問4について

(1) 具体的相続分を超えた払戻しがなされた場合

上記1(2)(イ)のとおり，新909条の2に基づく払戻しは，他の共同相続人の利益に配慮し上限が設けられている。しかし，当該払戻しを受けた者が特別受益を得ていたなどの事情があれば，上限内の払戻しであっても，その具体的相続分を超えた払戻しがなされるおそれがある。かかる場合，本案の審判において代償金債務または不当利得返還債務が発生するような審判を行うことが考えられる。本案の審判において実質的な精算を行うとしても，最終的な精算を遺産分割の中で行うか，または遺産分割外の訴訟において行うかについては今後の争点となり得る（部会資料18・31〜32頁）。

(2) 設問4の回答

Aの遺産は普通預金1000万円のみであり，C_1が1000万円の特別受益を受けている。新909条の2後段によりC_1が払戻しを受けた50万円も遺産分割の対象となり，以下のとおりC_1，C_2の遺産分割取得額が算定される。

C_1の具体的相続分および遺産分割取得分額は

　　((1000万円＋1000万円)×1/2)－1000万円＝0円

C_2の具体的相続分および遺産分割取得分額は

　　(1000万円＋1000万円)×1/2＝1000万円

しかし，C_1が50万円の払戻しを受けているため，遺産分割時の預金債権は実際には950万円しかない。したがってC_2は，預金債権950万円を

取得し，不足分について C_1 に対する 50 万円の不当利得返還請求権または代償金請求権を取得する。

5　設問 5 について
(1) 新 909 条の 2 に基づく払戻しの阻止
　新 909 条の 2 に基づき払戻請求をする相続人が，多額の特別受益を得ている場合など，明らかにその具体的相続分がないと認められる場合に，他の共同相続人が当該払戻しを止めることができるかが問題となる。
　この点，同条項による払戻しは遺産分割による精算を前提とするものであり，払戻請求をした相続人が多額の特別受益を得ている場合など，具体的相続分を超えて払戻しの請求がなされたことが明らかである場合にはかかる前提を欠くとして払戻しが認められないとも考えられる。
　このような場合，部会資料 18・33〜34 頁は，他の相続人は，処分禁止の仮処分（家事 200 条 2 項）により払戻しを阻止することが考えられることを指摘している。
(2) 設問 5 の回答
　この見解に従えば，C_2 は，A の遺産である預金について処分禁止の仮処分を行い，C_1 による預金払戻しを阻止し得る可能性がある。

II　家事事件手続法の保全処分の要件緩和

CASE
　A が死亡し，その遺産は P 銀行の普通預金 300 万円，Q 銀行の普通預金 600 万円および A が C_1 と共に住んでいた甲土地および乙建物（評価額合計 5100 万円）であった。A の相続人は A の子である C_1，C_2 の 2 名である。C_1 は A が死亡する 3 年前に起業資金として A から 400 万円を贈与されていた。A は遺言を残していない。
　C_1 は喪主として A の葬儀を行い，その代金として 120 万円を請求されている。
　遺産分割について C_1 は，自宅不動産を売却して得た金銭を分けた

いと主張したが，C_2 は，生まれ育った実家は残しておきたいと主張して売却に反対している。

C_2 は C_1 との話合いがまとまらないため家庭裁判所に遺産分割調停を申し立てた。

《 設問

1 C_1 は，葬儀費用 120 万円の支払のためおよび当面の生活費としてさらに 120 万円の合計 240 万円の預金の払戻しを受けたいと考えている。C_1 は，家庭裁判所にどのような申立てをすることが考えられるか。また，かかる申立ては認められるか。

2 **1** の申立てが認められ C_1 が 240 万円の払戻しを受けた場合，C_1 および C_2 が相続する遺産の額はいくらか。

▶ 改正のポイント

❶仮分割の仮処分の要件緩和（家事新 200 条 3 項）

家庭裁判所の判断を経てより柔軟な払戻しができる手段として，預貯金債権について家事 200 条 2 項の仮分割の仮処分の要件を緩和し，遺産分割調停または審判が継続している場合に，申立てにより，家庭裁判所が必要性や他の共同相続人の利益を害しないかを審査し，遺産分割前に，申立人に預貯金債権の全部または一部を仮に取得させることができる規定が定められた。

❷仮分割により申立人が預貯金の払戻しを受けたとしても，遺産分割の調停または審判において仮分割をされた預貯金債権を含めて遺産分割が行われる。

解説 》》》

1 設問 1 について

（1）家事事件手続法の保全処分の要件緩和（家事新 200 条 3 項）の趣旨

C_1 が直接銀行へ払戻しを求めることができる額の上限は，C_1 の法定相続分 2 分の 1 を乗じた P 銀行に対する 50 万円，Q 銀行に対する 100 万円

である（新909の2）。そのため，C_1 が払戻しを希望する240万円全額を払い戻すことができない。そこで，C_1 は，仮分割の仮処分の申立てをすることが考えられる。

上記Ⅰ1（2）（イ）のとおり新909条の2に基づく払戻しには上限があるため，高額な相続債務の支払や継続的に生じる生活費に充てるには不足する場合がある。そこで，金融機関に対し直接払戻請求を行う制度と併せて，家庭裁判所の判断を経てより柔軟な払戻しができる手段が検討された。

現行民法下においても，遺産分割の対象となる財産を遺産分割前に行使する必要がある場合，審判前の保全処分として仮分割の仮処分の申立てを行うことができる（家事200条2項）。しかし，同仮処分は「事件の関係人の急迫の危険を防止するため必要があるとき」という厳格な要件を課しており，相続人にこれを疎明することを求めることは重い負担となり得る。

そこで，預貯金債権に限って同仮処分の要件を緩和する家事新200条3項が新設された。

(2) 要件

同条項に基づく仮分割の仮処分（以下「仮分割」という。）の要件は以下のとおりである。

① 遺産分割の審判または調停が係属していること（本案係属要件）
② 相続人による申立てがあること
③ 権利行使の必要性があること（必要性）
④ 他の共同相続人の利益を害しないこと（相当性）

以下，詳述する。

（ア）本案係属

家事新200条3項は，家事200条2項と同様に本案係属要件を要求している。

これは，仮分割申立てにおいて提出すべき添付資料は，本案における添付資料とさほど差違がないこと，また，遺産分割の調停の申立ては簡易かつ廉価であることから，本案係属要件を要求したとしても当事者に過大な負担を課すわけではないと考えられることによる（部会資料20・4～5頁）。

本問では C_2 が遺産分割調停の申立てを行っているため，同要件を充足

する。
　（イ）　相続人による申立て
　C_1 は A の相続人であるから，仮分割の申立てをすることができる。
　なお，家事新 200 条 3 項による仮分割の申立ては，本案の申立人に限られず，相手方も行うことができる。したがって，本問では本案申立を行なったのは C_2 であるが，C_1 も仮分割の申立てを行うことに支障はない。
　（ウ）　権利行使の必要性
　仮分割の申立てが行われ，家庭裁判所が，申立人が預貯金債権について権利を行使する必要性があると認めたときは，遺産に属する特定の預貯金債権の全部または一部を申立人に仮に取得させることができる。
　家事新 200 条 3 項は仮分割を認める費目を「相続財産に属する債務の弁済，相続人の生活費の支弁その他の事情」と定め，限定列挙ではなく例示列挙をしている。
　仮分割の必要性が類型的に認められる場合として，被相続人の債務の弁済，相続人の生活費の支弁のほか，被相続人の葬儀費用・相続税・相続財産に係る共益費用の支払，遺言により各相続人が遺贈義務を負う場合にその履行に必要な支払や，相続財産に抵当権等の担保設定がされている場合の費用の支払等様々な状況があり得る。かかる資金需要を漏れなく列挙し，また，どうしてそのような切り分けをしたのかということに適切な説明を施すことは困難と思われる。また，同条項は裁判所の判断を経て預貯金債権の払戻しを認めるものであり，その審査において資金需要が適切か否かの判断を行い得る。そこで，同条項は費目を例示列挙したうえで，その必要性判断を裁判所の裁量に委ねた（部会資料 20・2〜3 頁）。

　　（a）相続財産に属する債務の弁済　「相続財産に属する債務」は成年後見の死後事務（873 条の 2 第 2 号）と同様に考えられ，具体的な債務として，被相続人の医療費・入院費，光熱費等の公共料金，固定資産税等の税金などが考えられる。申立人が，自らが「承継する債務の弁済のために仮払いの申立てがされた場合には，相続財産が債務超過に陥っている場合等を除き，保全の必要性及び相当性の審査については，比較的緩やかに行うことも考えられる。」（部会資料 18・22 頁）。

一方，申立人以外の相続人が承継する債務を弁済する場合にも保全の必要性が認められるかが問題となる。この点，「債権者からみれば，被相続人の債務であり，まとめて払ってもらいたい，また，相続人としても，対外的にはまとめて支払をし，後は相続人間で求償処理をするということも多いのではないかと思われ，このような場合も，仮払いの必要性を肯定するという考え方もあるように思われる。」(部会資料18・23頁)。

　　(b)　相続人の生活費の支弁　　家事新200条3項は仮分割を認める費目について「相続人の生活費」と規定しており，被相続人の扶養を受けていた相続人の生活費に限定していない。そのため，被相続人の扶養を受けていなかった相続人も，自己の生活費を支弁するために仮分割を求めることができると考えられる。

　　(c)　その他の事情　　C_1 は，A の葬儀費用支払を目的とする預貯金の払戻しについて仮分割の申立てをすることが考えられる。そこで，葬儀費用は仮分割の必要性判断にあたり，どの費目にあたるかが問題となる。

　葬儀費用の負担者が誰であるかについては争いがあり，遺言内容など具体的事情によっても異なると考えられるが，被相続人が自己の葬儀の準備・手配を行なっていた場合などは，葬儀費用の負担者は被相続人と考えられ，葬儀費用は「相続財産に属する債務」として必要性の審査が行われることが考えられる。

　一方，喪主が葬儀費用を負担する場合には「相続財産に属する債務」とはいえない。もっとも，葬儀費用は「実務上しばしば仮払いの必要性が高いと指摘される」費目であることから(部会資料18・24頁)，裁判所の裁量により「その他の事情」として必要性が認められ得ると考えられる。

　　(エ)　他の共同相続人の利益を害しない (相当性)
　家事新200条3項ただし書は，他の共同相続人の利益を害しないという相当性の要件を定めた。

　その審査基準について部会資料20・4頁は，「①原則として，遺産の総額に法定相続分を乗じた額の範囲内 (相手方から特別受益の主張がある場合には具体的相続分の範囲内) で仮払いを認める」としている。また，「②被相続人の債務の弁済を行う場合など事後的な精算も含めると相続人間の公平

が担保され得る場合には①の額を超えた仮払いを認めることもあり得る」とし，さらに，③預貯金債権以外の資産の大半が市場流通性が低い場合などには「当該預貯金債権の額に法定相続分を乗じた額の範囲内に限定」することもあり得ると指摘している。

したがって，原則として法定相続分（または具体的相続分）を基準としたうえで，家庭裁判所の裁量により法定相続分から算定された額と異なる額の仮分割をすることも許容されると考えられる。

なお，部会資料18・22頁は「遺産の対象となる預貯金債権に，性質の異なる複数のものがある場合には，まずは弁済期限等の特約が付されていない普通預金又は通常貯金から仮払いを認めるか否かを検討することになるものと思われる。」と指摘している。

（3）設問1の回答

C_1 の相当性判断の基準となる法定相続分は以下のとおりとなる。

（預金900万円＋不動産5100万円）×1/2

＝3000万円

C_2 が C_1 の特別受益について主張した場合に相当性判断の基準となり得る C_1 の具体的相続分は以下のとおりとなる。

（預金900万円＋不動産5100万円＋特別受益400万円）×1/2

－特別受益400万円

＝2800万円

したがって，葬儀費用120万円および C_1 の生活費120万円は C_1 の法定相続分および具体的相続分の範囲内であるから，その全額につき仮分割が認められると考えられる。

2　設問2について

（1）遺産分割における精算

上記Ⅰ2（1）（イ）に述べたとおり，遺産分割前に相続財産から逸出した財産については遺産分割の対象とはならないのが原則である。しかし，仮分割により払い戻された預貯金債権が遺産分割の対象とならないとすると，払戻しを受けた相続人は，遺産分割により得た財産に加えて払戻しを

受けた預貯金を取得することになり，仮分割がない場合よりも多くの利益を取得するという不公平な結果が生じることになる。

　この点，部会資料18・20頁は，「仮分割がされた場合における本案における遺産分割（以下「本分割」という。）については，民事事件における保全と本案訴訟との関係と同様に解することができるものと考えられ（最判昭和54年4月17日民集33巻3号366頁参照），原則として，仮分割により申立人に預貯金の一部が給付されたとしても，本分割においてはそれを考慮すべきではなく，改めて仮分割をされた預貯金債権を含めて遺産分割の調停又は審判をすべきものと考えられる。」と指摘している。

　そのため，仮分割により預貯金の払戻しがなされた場合，当該払戻しがあった預貯金債権が遺産分割時においてなお存在するものとし，遺産分割において精算すべきと考えられる。

　仮分割された預貯金が他の相続人の相続債務の弁済等に充てられた場合，当該払戻しを受けた者の遺産分割取得分額に充当するのは酷ではないかが問題となるが，当該相続人は，資金使途を立証することにより他の相続人に求償することができる。そして「資金使途の立証は，当該払戻しをした者が最も容易にすることができるところ，その資金使途が証拠上明らかではない場合に他の共同相続人が負担すべきという帰結は相当ではないと思われること」から許容されると考えられる。また，審判において「求償債務の精算も見据えて，公平な遺産分割ができるよう審判内容を工夫することもできると思われる。」(部会資料22-2・13頁)。

　なお，仮分割による預貯金の支払が行われた場合の第三債務者（金融機関）との関係について，部会資料18・21頁は「仮分割により，特定の相続人に預貯金の支払が行われた場合，第三債務者との関係では有効な弁済として扱われ，本分割において異なる判断が示されたとしても，第三債務者が行った弁済の有効性が事後的に問題となる余地はないものと考えられる。」と指摘している。

(2) 設問2の回答

　C_1が預金240万円の払戻しを受けたことにより，遺産分割時の預貯金債権は660万円となっているが，遺産分割において同預金債権は相続財

産に含めて算定されるため預貯金債権は900万円として遺産分割取得分額が算定される。

したがって，具体的相続分および遺産分割取得分額は，上記Ⅰ2(4)と同様，C_1が2800万円（仮分割分240万円を含む），C_2が3200万円となる。これにより，特別受益を含めた実質的利益は，C_1，C_2共に3200万円となり，実質的公平が実現される。

なお，葬儀費用がAの債務と評価し得る場合には，同債務をC_1およびC_2が法定相続分に従い負担するため，遺産分割において，C_1がC_2に対し葬儀費用の2分の1である60万円の求償債権を有するとして精算処理を行うことも考えられる。

（前田　昌代）

第3節 一部分割

CASE

Aは妻に先立たれていたが，長男C_1および次男C_2がいた。C_2は，Aが認知症になった後，数年間は自宅で面倒を見たうえ，有料老人ホームの入居費や施設費など合計1500万円を負担していた。C_1は自宅の建設資金として，Aから1500万円を贈与されていた。C_1には，自宅以外にめぼしい財産がなかった。Aは遺言を作成することなく死亡した。Aが死亡した後，C_1およびC_2が確認したところ，Aの遺産はP銀行の預金5000万円および土地甲（評価額1500万円）であった。C_1とC_2の間では，特別受益と寄与分について争いがあり，土地甲をいずれが相続するかについても争いがあった。

設問

1 C_1はC_1とC_2の間で争いのない預金についてのみ，先行して遺産分割協議を行うことはできるか。

2 1の協議が整わなかった場合，C_1は家庭裁判所に預金について遺産の一部分割の申立てをすることができるか。また，一部分割の請求はどのように申し立てればよいか。

3 Aの遺産に上記のほかにQ銀行の預金500万円があった。C_1は家庭裁判所にQ銀行の預金について遺産の一部分割の請求をすることができるか。また，C_1がQ銀行の預金につき一部分割の申立てをし，C_2がP銀行の預金について一部分割の申立てをした場合，遺産分割の対象はどうなるか。

4 Aの遺産に上記のほかに土地乙（評価額3000万円）があり，先行してC_1，C_2双方に弁護士がつき，土地乙につき，C_1の特別受益および寄与分も踏まえて一部分割の審判が行われた。その後，P銀行の預金について，C_2が一部分割の審判を求めた場合に，C_2は先行する審判では寄与分の考慮が不十分であったとして，再度，寄与分の主

張をすることができるか。

5 Aの遺産に上記のほかに土地丙（評価額100万円）があり，土地丙が人里離れた場所にあり，利用も売却もできないような土地で，C_1とC_2のいずれも遺産分割の対象から外したいと考えていた場合，C_1は土地丙を除いた遺産について，一部分割の申立てをすることができるか。

▶ 改正のポイント

❶共同相続人間の協議によりいつでも遺産の一部を分割することができることを明文化した（新907条1項）。

❷新907条1項の協議が調わない，または，協議することができないときは，遺産の一部を分割することにより他の共同相続人の利益を害するおそれがある場合を除き，家庭裁判所に遺産の一部を分割するよう請求することができるものとし（新907条2項），家庭裁判所に対する一部分割の請求について，明文化のうえ，要件を明確化した。

解説 》》》

1 設問1について

(1) 改正の趣旨

従前，遺産分割協議および遺産分割調停において一部分割が許されることもあることには実務上，ほとんど異論がないところであった（松原正明『全訂判例先例相続法II』〔日本加除出版株式会社，2006年〕488頁）。また，遺産分割の審判においても，一部分割の協議は，「一部分割をなすについて合理的理由があり，かつ民法906条所定の分割の基準に照らして遺産全体の総合的配分にそごを来さず，残余財産の分配によって相続人間の公平を図ることが可能であるかぎり」，有効であるとされていた（東京家審昭和47年11月15日家月25巻9号107頁，大阪家審昭和51年11月25日家月29巻6号27頁）。

もっとも，一部分割が許容されているかは法文上，明確ではなかった。

そこで，本改正では，遺言で禁止された場合を除き，共同相続人がいつでも協議による遺産の一部の分割をすることができることを明文化した。また，家庭裁判所に対する一部分割の請求について，明文化のうえ，要件を明確化した（追加試案補足・24頁）。

(2) 改正の経緯

法制審においては，当初，可分債権を遺産分割の対象とする改正案が議論されており，不法行為に基づく損害賠償請求権など存否および額について当事者間で争いがある可分債権がある場合に，遺産分割の長期化を避けるため，一部分割を活用することが検討されていた（部会資料9・4頁）。その後，最大決平成28年12月19日民集70巻8号2121頁において，形式的には可分であると考えられる権利についても，その権利の内容および性質や，その権利の発生原因となった契約内容を検討した上で，当該債権が遺産分割の対象となるか否かを判断し，「共同相続された普通預金債権，通常貯金債権及び定期貯金債権は，いずれも，相続開始と同時に当然に相続分に応じて分割されることはなく，遺産分割の対象となる」とされた。それを受けて，遺産分割の対象となる要件を一般化および抽象化して法律上の要件として定立することは困難であると考えられ（部会資料18・10～12頁），可分債権を遺産分割に含めるとする改正案は見送られることとなった。その結果，一部分割に関する規定の必要性は減少したものの，預貯金債権が法律上当然に分割されなくなったことにより，従前よりも早期に遺産分割を行う必要性が高まり（第3-2I【解説】1 (1) 参照），また，一部分割が許容されていることを明確化すべきであるとの要請から，本改正が行われた。

(3) 一部分割の意義

遺産分割は，相続財産全体を考慮しながら，906条の基準に則した実質的に平等な内容の配分をすることにより各相続人が遺産を専有支配できるようにするための手続である。たとえば，遺産全体の大部分を占める財産のみ先行して分割した場合，後に金銭補償をする約束がなされていたとしても約束が反故にされるおそれがある。それゆえ，遺産分割は全遺産を対象に一回的解決を図ることが原則とされる（新版注釈民法（27）388，399頁

［伊藤昌司］）。

　もっとも，預貯金を相続税の支払に充てる場合や遺産の範囲に争いがあり，確定に時間を要する場合など，遺産分割を一回的に行うことに支障がある場合は，共同相続人は，遺産についての処分権限があることから，遺産の一部を，残りの遺産から分離独立させて，確定的に分割をすることができると考えられる。そこで，新907条1項はその旨を明文化し（追加試案補足・26頁），被相続人が遺言で禁止した場合を除き，協議による一部分割をすることができるものとした。

(4) 設問1の回答

　本問では，遺産分割を禁止するAの遺言がないことから，C_1とC_2は預金についてのみ先行して遺産分割協議をすることができる。

2　設問2について

(1) 家庭裁判所に対する一部分割の請求の要件

　（ア）　新907条2項における一部分割の意義

　現在の実務上，一部分割とされている審判には，以下の2つがある。

①家事第73条第2項に規定する一部審判として行われる一部分割（残余遺産について審判事件が引き続き係属するもの）

②全部審判として行われている一部分割（残余遺産については審判事件が係属せず，事件が終了するもの）

②はさらに，以下の2つに分かれる。

　ⅰ　審判時点において，分割の対象となる残余遺産の存在が裁判所（および当事者）に判明していない場合

　ⅱ　残余遺産が存在するあるいは存在する可能性があるが，当事者が現時点では残余遺産の分割を希望していないこと等を理由としてその一部のみの分割が行われる場合

　①においては，家庭裁判所は遺産分割の一部について審判をするのに熟したときに，一部分割の審判をすることができるとするものであるが，成熟性の判断の中で，一部分割をする必要性と相当性の審査が行われるため，規律を別途定める必要性に乏しい。また，②ⅰについては，家庭裁判所は

他に分割の対象となる遺産はないものと認識して全部分割の審判をしていることから，このような場合に，規律を定めることは困難である。

それゆえ，新907条2項は，②ⅱ残余遺産が存在するあるいは存在する可能性があるが，当事者が現時点では残余遺産の分割を希望していないこと等を理由としてその一部のみの分割が行われる場合についての規律を定めたものである（追加試案補足・25頁）。

(イ)　「他の共同相続人の利益を害するおそれ」の意義

一部分割は，遺産全体についての適正な分割が不可能にならない場合には，「他の共同相続人の利益を害するおそれ」がないとされる。すなわち，「特別受益等について検討し，代償金，換価等の分割方法をも検討した上で，最終的に適正な分割を達成し得るという明確な見通しが得られた場合に許容されるものと考えられ」る（追加試案補足・27頁）。

「具体的相続分を超過する遺産を取得させることとなるおそれがある場合であっても，残部分割の際に当該遺産を取得する相続人が代償金を支払うことが確実視されるような場合であれば」（追加試案補足・27頁），「他の共同相続人の利益を害するおそれ」はないと考えられる。なお，最終的に適正な分割か否かについては，具体的相続分を基準として判断されるものと考えられる。

(2) 手続

(ア)　一部分割の申立ての方法

全部分割においては，申立ての趣旨に「遺産分割を求める」と記載すれば，家事審判を求める事項の特定として足りるとされている。

一部分割においては分割を求める遺産の範囲を特定する必要があることから，「別紙遺産全体目録中，〇番の遺産の分割を求める。」というように，分割を求める遺産の範囲を特定すべきということになるものと見込まれる（追加試案補足・29頁）。

(イ)　最終的に適正な分割を達成し得るという明確な見通しが立たない場合

一部分割をすることによって，最終的に適正な分割を達成し得るという明確な見通しが立たない場合には，当事者が遺産の一部について分割をすることを合意したとしても，家庭裁判所は当該一部分割の請求は不適法で

あるとして，却下する。

　これは，遺産分割の範囲について，一次的には当事者の処分権を認めつつも，それによって適正な遺産分割が実現できない場合には，家庭裁判所の後見的な役割を優先させ，当事者の処分権を認めないという考えに基づくものである。

　ただし，家庭裁判所としては，一部分割により最終的に適正な分割を達成し得るという明確な見通しが立たず，他の共同相続人の利益を害する場合には，申立ての範囲を拡張することにより最終的に適正な分割を達成し得ることもあり得ることから，ただちに却下するのではなく，釈明権を行使して，当事者に申立ての範囲を拡張しないかにつき確認する運用が見込まれている（追加試案補足・27 頁，28 頁，30 頁）。

(3) 設問 2 の回答

　本件では，C_1 は，申立ての趣旨に，「別紙遺産全体目録中，○番の遺産の分割を求める」と記載して申立てをすることとなる。

　本件では，特別受益が 1500 万円，寄与分が 1700 万円と認定されるのであれば，

　C_1 の具体的相続分は（P 銀行の預金 5000 万円＋土地甲 1500 万円＋特別受益 1500 万円 − 寄与分 1700 万円）×1/2 − 1500 万円＝1650 万円となる。

　C_2 の具体的相続分は（P 銀行の預金 5000 万円＋土地甲 1500 万円＋特別受益 1500 万円 − 寄与分 1700 万円）×1/2＋1700 万＝4850 万円となる。

　本件では，特別受益，寄与分の調整により 4850 万円 − 1650 万円＝3200 万円の差が生じ，また，残余財産である土地甲は 1500 万円の価値しかない。そのため，先行して遺産の大半を占める P 銀行の預金を分割してしまうと，C_1 は自宅以外にめぼしい財産がなく代償金を支払うこともできないことから，最終的に適正な分割を達成しうるという明確な見通しは得られない。そこで，裁判所は，C_1，C_2 に対し，申立ての範囲に土地甲を含めるよう釈明するものと考えられる。

3 設問3について

(1) 申立人以外の共同相続人による遺産の全部分割または一部分割請求

申立人以外の共同相続人が，遺産の全部分割または当初の申立てとは異なる範囲の一部分割を求めた場合には，遺産分割の対象は，遺産の全部または当初の申立部分に加え，追加された申立部分を含む一部の遺産となる（追加試案補足・26頁）。

なお，相続人C_1が遺産甲の分割を，相続人C_2が遺産乙の分割をそれぞれ求めた場合は，家庭裁判所は遺産甲および遺産乙の分割をそれぞれ行い，通常は併合審理になるものと考えられる（追加試案補足・29頁）。

(2) 設問3の回答

本件では，特別受益，寄与分が高額かつ争いがあるが，Q銀行の預金は500万円であり，残余財産であるP銀行の預金5000万円があれば，最終的に適正な分割は達成し得るという明確な見通しが得られることから，一部分割の請求は認められる。

C_1がQ銀行の預金につき一部分割の申立てをし，C_2がP銀行の預金について一部分割の申立てをした場合，遺産分割の対象は，P銀行の預金およびQ銀行の預金となる。

4 設問4について

(1) 残余の遺産の分割

中間試案では，一部分割の審判をしたときは，「残余の遺産分割においては，原則として特別受益及び寄与分に関する規定を適用しないこととする」提案（中間試案補足・34頁）がなされた。しかし，①「一部分割の段階では遺産全体の範囲や評価が未確定であるため，特別受益や寄与分による調整を一部分割の際に十分に行うことは困難であって，むしろこれらの調整は残部分割において行われることが多い」という意見や，②法律専門家が関与せず，「相続人間の協議によって一部分割が行われる場合には，将来の残部分割における特別受益および寄与分に配慮した協議をすることは事実上困難である」といった意見など反対する意見が多数出された（部会資料18・38頁，「民法（相続関係）等の改正に関する中間試案」に対して寄せられ

た意見の概要（詳細版）82〜85 頁）ことにより，かかる提案は採用されなかった。

そのため，残余の遺産の分割について制約はなく，共同相続人の請求によって，一部の遺産を分割する審判を繰り返すことも可能である。

一部の遺産を分割する審判のたびに，「特別受益や寄与分を含め，全部の遺産分割を行うのに必要な事項を全て審理・判断する必要が生じるところ，これらの判断に既判力が認められないことから，それぞれの遺産分割審判ごとに判断の食い違い，法律関係が複雑化するおそれ」が懸念されている（追加試案補足・28 頁）。

もっとも，①②の意見を踏まえれば，弁護士が関与して先行する一部分割の審判において特別受益や寄与分が十分に考慮されていた場合には，残部分割において信義則上特別受益や寄与分の主張をすることが認められないとされることもあり得ると考えられる。

（2）設問 4 の回答

先行する土地乙の一部分割の審判において双方に弁護士がつき，特別受益および寄与分につき十分に主張立証が尽くされていたのであれば，P 銀行の預金についての一部分割の審判において，再度，寄与分の主張をすることは信義則上認められない可能性がある。

5 設問 5 について
（1）経済的価値が低い不動産の放置

一部分割審判の請求が認められると，経済的価値の低い不動産などは未分割のまま放置されるおそれがある。

しかし，民法は，共同相続人はいつでも遺産の分割をすることができるとしていることから，分割をせず放置することも制度上，可能とされている（部会第 21 回会議議事録・27 頁［神吉関係官発言］）。また，新 907 条 1 項は，「遺産分割をするか否かを共同相続人の任意の判断に委ねられ，特に公益的な観点から遺産分割協議をすべき時的限界等は設けられていない」（追加試案補足・28 頁）こと，「他の共同相続人の利益を害するおそれ」という要件は「共同相続人の利益の保護ということだけが要件となっているの

で，ここに書かれてある公益的なことは組み込めない要件となっている」（部会第 21 回会議議事録・30 頁［山本（和）委員発言］）ことから，公益的な観点を考慮して，全部分割をすべきであると考えることは困難であると考えられる。

(2) 設問 5 の回答

C_1 と C_2 はいずれも経済的価値の低い土地丙を遺産分割の対象から外したいと考えている。一部分割をして経済的価値が低い不動産を放置する場合に，「他の共同相続人の利益を害するおそれ」があると考えることは困難である。もっとも，C_1 と C_2 は土地丙を未分割のまま放置しようとしているが，経済的価値の低い不動産を放置することは好ましいことではない。そのため，最終的に適正な分割を達成し得るという明確な見通しが立たないなどとして裁判所が釈明権を行使して遺産分割の対象に土地丙を含めるように促し，それでも C_1 と C_2 が土地丙を遺産分割の対象に含めない場合に，一部分割の請求が不適法であるとして却下される可能性は否定できない。

（淺井　健人）

第4節……遺産分割前の遺産に属する財産の処分

I 共同相続人の一部による被相続人名義の預金の払戻し

CASE

被相続人 A が 4 月 1 日に死亡した。A の遺産は，A 名義の普通預金口座に相続開始時に存在した預金 1500 万円およびマンション（相続開始当時および遺産分割時の時価が 1000 万円）で，相続人は A の子の C_1，C_2，C_3 の 3 名である。C_1 は被相続人から 500 万円の生前贈与を受けていた。

A の生前から A 名義の普通預金口座を事実上管理していた C_1 は，A の死後，A 名義のキャッシュカードを用いて以下のとおり複数回にわたり，合計 300 万円を払い戻した（以下，A の死後，預金合計 300 万円が払い戻されたことを「本件処分」という。）。

① 4月3日　50万円
② 4月5日　50万円
③ 4月8日　50万円
④ 4月9日　50万円
⑤ 4月11日　50万円
⑥ 4月12日　50万円

なお，遺産分割は，まだ終了していないものとする。

設問

1 C_3 が本件処分により処分された 300 万円を遺産に含めるべきだと主張したとき，C_1〜C_3 が相続する遺産の額はいくらか。

2 C_3 が遺産分割審判を申し立てた場合，審判の主文はどのようなものになるか。

3 上記の CASE とは異なり，C_1 が A の死後，銀行の窓口で，A の銀行届出印を用いて 900 万円を払い戻した場合（この払戻しは，準占有者への弁済（債権法改正前 478 条，債権法改正後 478 条では「受領権者としての外

観を有するもの」に対する弁済）として有効とする。），C_1〜C_3 が相続する遺産の額はいくらか。また，その場合の遺産分割審判の主文はどのようなものになるか。

4 C_1 は，自分が本件処分をしたのではないと主張した。この場合，C_3 は，本件処分によって遺産から逸出した 300 万円が遺産に含まれることを確認する遺産確認の訴えを提起することができるか。

　また，上記遺産確認の訴えにおいて，裁判所が（a）C_1 が①〜⑥のすべてを払い戻した，（b）C_1 が①と③のみを払い戻した，と認定した場合，それぞれ判決の主文はどのようなものになるか。

▶ 改正のポイント

❶相続開始後，遺産分割終了前に遺産に属する財産が共同相続人やそれ以外の者によって処分された場合，共同相続人（当該処分をした共同相続人を除く）の同意があれば，当該財産を遺産とみなし，遺産分割の対象とすることができる（新 906 条の 2 第 1 項）。これにより，具体的相続分に基づいた公平な遺産分割の実現が可能となる。

❷遺産に属する財産を処分した者が共同相続人の 1 人の場合，その共同相続人から新 906 条の 2 第 1 項の「同意」を取得する必要はない（新 906 条の 2 第 2 項）。

解説 ≫≫

1　設問 1 ── 新 906 条の 2 の趣旨とその適用結果

（1）相続法改正の経緯

　家庭裁判所における遺産分割の実務では，遺産分割の対象となる財産は，「相続開始時に存在」し，かつ，「遺産分割時にも存在」する未分割の遺産と考えられているので（片岡武＝菅野眞一『家庭裁判所における遺産分割・遺留分の実務（第 3 版）』〔日本加除出版，2017〕3 頁），旧法のもとでは，相続開始後，共同相続人の一部によって遺産に属する財産が処分された場合には，共同相続人全員の同意がない限り，遺産分割の対象とはならず，別途，処分者に対し不法行為や不当利得を理由に損害賠償ないし返還請求をするこ

とになるが，共同相続人は遺産分割前でも遺産を適法に処分できることから，結果的に処分者が他の相続人よりも利得を得ることがあった。

しかし，最大決平成28年12月19日民集70巻8号2121頁（以下「平成28年最大決」という。）が従来の判例を変更し，預貯金債権についても遺産分割の対象となることを認めると，共同相続人は相続により預貯金債権を準共有すると解する見解が有力となった。この判例変更を受けて，預貯金債権が遺産分割の対象とされ，これを含めた公平かつ公正な遺産分割の実現が法の要請といえるから，共同相続人の1人が，遺産分割前に預貯金を処分したことにより，処分がなかった場合と比べて利得をすることを正当化することは困難となった（追加試案補足・32頁）。また，この判例変更は今般の相続法改正の議論にも影響を与え，遺産分割前でも一定の範囲で，共同相続人は預貯金の払戻しができることとされ，その場合に，払い戻した預貯金債権は，当該共同相続人が遺産の一部の分割により取得したものとみなされることとなったところ（新909の2），こうした手続きを経ずに遺産の一部を処分した相続人が結果的に利得することは到底正当化することはできなくなる。

そこで，このような不公平感を是正するため，新906条の2は，遺産分割前に共同相続人の一部によって処分された財産を一定の要件のもとで遺産として存在するものとみなすことができるものとした。なお，この制度を「みなし遺産制度」と称することもある（潮見佳男ほか「改正相続法の金融実務への影響」金融法務事情2100号6頁〔2018〕）。

(2) 新906条の2の概要

新906条の2は，第1項において，遺産の分割前に遺産に属する財産が処分された場合，共同相続人は，その全員の同意により，当該処分された財産が遺産の分割時に遺産として存在するものとみなすことができると定めた。これは，相続開始後に処分された遺産の価額を「相続開始の時に有した財産の価額」に含め，かつ「遺産分割の対象財産の価額」にも含める見解に立つものであり，後述する「一部分割の理論」と同様の処理を規定したことになる。

ここにいう「処分」には，共同相続人の1人または数人が行った場合だ

けでなく，第三者が処分した場合も含まれる。追加試案における甲案までは，共同相続人の一部による処分のみを対象としていたが，部会資料24-3で示された別案から，共同相続人全員が同意すれば，第三者が処分した遺産に属する財産も遺産として存在するものとみなすことが可能となった。これは，第三者が相続財産を毀損，滅失させた場合など，遺産分割時に存在しない相続財産は遺産分割の対象とはならないものの，相続人全員がこれを遺産分割の対象に含める旨の合意をした場合には，遺産分割の対象となるという判例法理（最判昭和54年2月22日集民126号129頁など）を明文化したものといえる。

　他方で，遺産分割前に遺産に属する財産を処分した共同相続人については，同意を得ることを要しないとされている（新906条の2第2項）。このように，新906条の2第2項が当該処分をした共同相続人の同意を不要としたのは，遺産分割前の預貯金の払い戻し（新909条の2）といった正式な手続きを経ないで遺産の一部に属する財産を無断で処分した共同相続人に対し，当該財産を遺産とすることの同意をとる必要はないと考えられるからである。

　なお，いわゆる使途不明金の問題は，相続人の一部が無断で，①被相続人の死亡前に被相続人名義の預貯金を引き出してしまう場合や②被相続人の死亡後に被相続人名義の預貯金口座から金員を引き出してしまう場合に生じるが（片岡武＝管野眞一『家庭裁判所における遺産分割・遺留分の実務（第3版）』〔日本加除出版，2017〕62頁），新906条の2の適用があるのは，②被相続人の死亡後の財産処分であって，①被相続人の死亡前に生じた使途不明金の問題については，従前どおり，不法行為または不当利得の問題となり，訴訟事項となる。

(3) 共同相続人の一部が処分した財産を遺産とみなすための要件事実

　共同相続人の一部が相続開始後，遺産に属する財産を処分した場合に，当該財産を遺産とみなすための要件事実は以下のとおりである（部会資料25-2・11頁）。

　①　処分された財産（以下「処分財産」という。）が，相続開始時に被相続人の遺産に属していたこと。

②　処分財産を共同相続人の1人又は数人が処分をしたこと（処分要件）。

③　処分財産を処分した共同相続人（以下「処分者」という。）以外の共同相続人全員が，遺産分割時に当該処分された財産を遺産分割の対象に含めることに同意していること（同意要件）。

　前述のように，新906条の2第1項は，共同相続人以外の者による財産処分も対象としているが，第三者が遺産に属する財産を処分したことが紛争になるのはあまりないのではないか，という指摘もある（第24回法制審議会議事録・13頁［水野（有）委員発言］）。

　新906条の2の「同意」の対象は，処分された財産を遺産分割の対象に含めること（遺産の分割時に遺産として存在するものとみなすこと）についてであって，誰が当該財産を処分したか，は同意の対象とならない（部会資料25-2・13頁）。また，新906条の2第1項は，遺産から逸出した財産はもはや遺産ではないことを前提に，遺産分割時に共同相続人全員の同意があれば当該財産を遺産に含めることを認めるものであるから，③の同意は遺産分割時に存在しなければならず，既に遺産分割が終了している場合に，事後的に同意が成立したからといって遺産の分割を求めることができるわけではない（部会資料24-3・3頁（注3））。

　なお，③の同意の時点で処分財産を遺産としてみなす実体法上の効果が生じ，一度生じた実体法上の効果を共同相続人の一部の意思のみによって覆滅させることができるとするのは相当ではないから，③の同意は撤回することはできないと解されている（部会資料25-2・13頁（注1））。

(4) 新906条の2をCASEに適用した帰結

　被相続人Aの遺産として，預金1500万円，マンション1000万円がある一方で，相続人であるAの子C_1に特別受益500万円が認められているから，みなし相続財産は

　　預金1500万円＋マンション1000万円＋特別受益500万円＝3000万円

となる。そこで，各共同相続人の具体的相続分を計算すると，

　　C_1の具体的相続分　3000万円×1/3－500万円＝500万円

C_2 の具体的相続分　3000 万円×1/3＝1000 万円
　　C_3 の具体的相続分　3000 万円×1/3＝1000 万円
となる。

　新 906 条の 2 第 1 項は，2 (3) で検討した要件が満たされれば「当該処分された財産が遺産の分割時に遺産として存在するものとみなすことができる」と定めている。**CASE** では，払い戻された 300 万円は，相続開始時である 4 月 1 日には A 名義の預金口座に預金されていたところ，A の子である C_1 が 6 回にわたって合計 300 万円を払い戻している。そこで，C_1 以外の相続人である C_2 および C_3 が当該 300 万円を遺産分割の対象に含めることに同意すれば，300 万円は「遺産として存在するものとみな」され，遺産分割の対象となる。

　つまり，C_1〜C_3 は，相続開始時の財産を基準に算出した具体的相続分どおりの遺産分割が可能となるから，C_1〜C_3 の遺産分割取得分額は，

　C_1　　500 万円
　C_2　　1000 万円
　C_3　　1000 万円

となる。そして，C_1 は，特別受益として 500 万円を取得しているから，C_1 が最終的に取得した利益は，

　C_1　遺産分割取得分額 500 万円＋特別受益 500 万円＝1000 万円

となり，公平な遺産分割が実現されたことになる。

(5) 参考・旧法のもとでの分割債権の取り扱い

　(ア)　平成 28 年最大決以前の預貯金債権の取り扱い

　相続開始時から遺産分割時までに時間的隔たりがある場合，遺産を構成する財産の内容・評価額・権利義務関係等が変動していることも多い。そこで，実務では，法定相続分または指定相続分に特別受益および寄与分による修正を加えて相続開始時を基準として算定する相続分の割合を「具体的相続分率」と呼び，相続開始後に生じた相続財産の変動を考慮して算出した遺産分割時の遺産の合計の評価額に具体的相続分率を乗じて共同相続人が取得する取得額（これを「遺産分割取得分額」または「現実的取得分額」と呼ぶことがある。）を算出することが多い（田中壯太＝岡部喜代子＝橋本昇二＝

長秀之『遺産分割事件の処理をめぐる諸問題』〔法曹会，1994〕295 頁，片岡武＝管野眞一編著『家庭裁判所における遺産分割・遺留分の実務〔第 3 版〕』〔日本加除出版，2017〕389 頁）。

ここで，平成 28 年最大決が出される以前の判例は，分割債権は，「法律上当然分割され各共同相続人がその相続分に応じて権利を承継すると解するのを相当とする」と判示し（不法行為に基づく損害賠償請求権の共同相続の事案に関する最判昭和 29 年 4 月 8 日民集 8 巻 4 号 819 頁），預貯金債権は遺産分割の対象財産とはならないと解していた（最判平成 16 年 4 月 20 日集民 214 号 13 頁）。

この見解は，遺産の共同所有関係を共有と捉え，264 条ただし書の「特別の定め」として分割債権に関する 427 条の適用を認めると解される。そこで，従来の判例の立場からは，預貯金債権は，相続財産ではあるため，903 条の「相続開始の時において有した財産」には含まれるが，相続開始時に当然に分割承継され各相続人に帰属するため，遺産分割の対象とはならない結果，預金債権が遺産から相続開始後に逸出したと同様に考えられた。

たとえば，**CASE** で C_1 による本件処分がなかったとした場合，平成 28 年最大決以前の判例の立場からは，以下のようになる。

まず，各共同相続人の具体的相続分は，設問 **1** で検討したとおり

C_1 の具体的相続分　500 万円

C_2 の具体的相続分　1000 万円

C_3 の具体的相続分　1000 万円

となるから，各相続人の具体的相続分率は，

$C_1 : C_2 : C_3 = 1/5 : 2/5 : 2/5$

となる。

もっとも，預金については，相続開始時に相続分（その「相続分」は法定相続分と解されている。）に応じて当然に分割されるから，その時点で C_1 ～C_3 は，1500 万円×1/3＝500 万円を分割承継する。そうすると，遺産分割時には，すでに分割された預金 1500 万円を除いた残額を分割することになるから，遺産分割当時に存在する 1000 万円を具体的相続分率で割

り付けて算出される各相続人の遺産分割取得額は，

　　C_1　　1000 万円 × 1/5 ＝ 200 万円
　　C_2　　1000 万円 × 2/5 ＝ 400 万円
　　C_3　　1000 万円 × 2/5 ＝ 400 万円

となる。そこで，最終的に C_1〜C_3 が相続によって取得する金額は，

　　C_1　　預金 500 万円 ＋ 遺産分割取得分額 200 万円 ＝ 700 万円
　　C_2　　預金 500 万円 ＋ 遺産分割取得分額 400 万円 ＝ 900 万円
　　C_3　　預金 500 万円 ＋ 遺産分割取得分額 400 万円 ＝ 900 万円

となる。しかし，C_1 はすでに 500 万円の特別受益を得ているから，実質的には

　　C_1　　500 万円 ＋ 700 万円 ＝ 1200 万円

の経済的利益を得ていることになり，具体的相続分を前提として公平な遺産分割は実現されたとは言えないことになる。

　（イ）　学説の対応

① 合有説・準共有説

　以上のような判例・実務が不公平な結果をもたらすのは，遺産の共同所有関係につき共有説に立ちつつ，可分債権（分割債権）について当然分割承継の立場を採用しているからである。そこで，遺産共有の法的性質に関する合有説は，遺産を組合財産と同様の合有財産と捉え，遺産分割前の個別財産の持分処分や可分債権の当然分割承継自体を否定することで，共同相続人間の実質的公平が害される結果を防ごうとした。預貯金債権に関する共同所有形態を準共有としつつ，264 条ただし書の「特別の定め」は 427 条ではなく，898 条，906 条等の相続法の規定であると捉え，可分債権も遺産分割の対象となるという見解も同様の方向性を志向する。

② 一部分割の理論

　他方で，可分債権の共同相続における共有説・当然分割承継を前提としつつ，遺産分割前に共同相続人に分割帰属した相続財産を 903 条 1 項の「被相続人が相続開始の時において有した財産」に含めて具体的相続分を算出し，さらには，その後の財産の変動にかかわらず，分割すべき相続財産を「計数上」遺産分割の対象財産として計上する，という見解がある

（岡部喜代子「可分債権の遺産分割」法学研究 72 巻 12 号 484 頁〔1999〕）。この学説は，そうして算出した各共同相続人の具体的相続分率による取得分額から各相続人が分割承継した可分債権の額を控除して残額を現実の分割対象財産から与え，分割承継した可分債権の額が取得分額を超過している相続人には代償金を支払わせることで調整するのだが，論者は，可分債権の当然分割承継を遺産の一部分割になぞらえる。

　上記の例では，C_1〜C_3 の遺産分割取得分額は，具体的相続分の額と同じく，それぞれ 500 万円，1000 万円，1000 万円となるが，C_1 はすでに預金の当然分割承継により 500 万円を取得しているため，C_2 と C_3 が現実の遺産分割の対象財産を分割し，過不足分は代償金で調整することになる。たとえば，C_3 がマンションを取得した場合には，すでに取得した預金 500 万円を代償金として C_2 に支払うことで，具体的相続分による遺産分割が実現する。

　（ウ）　平成 28 年最大決による判例変更と残された問題

　ところが，平成 28 年最大決は，従来の判例を変更し，預貯金債権についても相続開始によって当然に分割承継されることなく，遺産分割の対象となることを認めたので（なお，平成 28 年最大決は分割債権に関する昭和 29 年最判を変更したのではない。），共同相続人は相続により預貯金債権を準共有すると解する見解が有力となった。

　もっとも，この判例変更によっても，相続開始後の相続財産の変動一般について実質的公平にかなう遺産分割が実現するわけではない。共同相続人の 1 人が相続開始後に遺産である預金の一部を払い戻した場合の取り扱いが，この判例変更によりどのような影響を受けるかはそもそも明らかではないのであって，平成 28 年最大決は，預貯金債権が現に存在する場合に遺産分割対象となることを判示したにすぎず，共同相続人の 1 人が遺産である預金の一部を払い戻した場合に発生する不当利得返還請求権や不法行為による損害賠償請求権については，本決定の射程外であるという指摘もある（片岡武＝管野眞一編著『家庭裁判所における遺産分割・遺留分の実務（第 3 版）』〔日本加除出版，2017〕148 頁）。

（エ）　旧法のもとでの共同相続人の1人による預金の払戻しの処理

旧法のもとでは，共同相続人の1人による遺産に属する預金の払戻しのように，相続開始後に遺産に属する財産の一部が処分された場合，相続開始後に処分された遺産の価額を「相続開始の時に有した財産の価額」には含めるが，「遺産分割の対象財産の価額」には含めないのが一般である（従来の判例のもとでこのように考えるからこそ，可分債権の遺産分割につき1(5)で論じたような問題が生じた。）。

そこで，CASE では，C_1〜C_3 の具体的相続分は1(2)で述べたとおりであるが，「遺産分割の対象財産の価額」には処分された預金の額は含めないから，

　　預金1200万円＋マンション1000万円＝2200万円

となる。そこで，遺産分割当時に存在する2200万円を具体的相続分率で割り付けて算出される各相続人の遺産分割取得額は，

　C_1　　2200万円×1/5＝440万円
　C_2　　2200万円×2/5＝880万円
　C_3　　2200万円×2/5＝880万円

となる。しかし，C_1 は，実際には特別受益500万円に加えて，本件処分により300万円を取得しているから，最終的には

　C_1　　遺産分割取得分額440万円＋特別受益500万円＋既に取得した預金300万円＝1240万円

を取得したことになり，預金を払い戻した C_1 が過大な利益を得るという不当な結果となってしまう。結局，C_2 および C_3 が，C_1 による預金300万円の払戻しに不満であれば，別途，民事訴訟において不当利得返還請求または不法行為に基づく損害賠償請求をするしかないことになる。

もっとも，旧法のもとでも，遺産分割時に存在しない相続財産であっても，相続人全員が遺産分割の対象に含める旨の合意をした場合には，遺産分割の対象となると解されている（最判昭和54年2月22日集民126号129頁）。そこで，C_1 を含む相続人全員が処分された300万円を遺産の範囲に入れることに合意すれば，C_1〜C_3 が，具体的相続分の額と同じく，それぞれ500万円，1000万円，1000万円を取得する，という公平な分割を実

現することが可能となる。しかし，Aの遺産を処分したC_1がこれに同意することはむしろ稀であろう。だからこそ，新906条の2が新設されたのだといえる。

2 設問2——遺産分割審判の主文

新906条の2が適用されると，遺産分割の時点で存在しない財産も含めて，遺産分割審判の主文で掲げることになるが，そのようなことが可能なのか，問題となる。

この点については，旧家事事件手続法200条2項の仮分割の仮処分がなされた場合の本分割において，仮払いにより仮に取得することとなった財産についても改めて分割する旨の審判をすることになるが，この理は，仮分割の仮処分により取得するものとされ，当該財産が遺産分割時には既に費消されていたとしても変わらないと考えられる（追加試案補足・40頁）。したがって，この種の問題は，旧法のもとでも存在するのであり，新906条の2のもとで，既に存在しない財産を審判の主文に掲げることは可能である。一例として

「C_1に，既に取得した預金300万円に加え，預金200万円を取得させる。

C_2に，預金1000万円を取得させる。

C_3に，マンションを取得させる。」

というような主文が考えられる。

3 設問3——（準）共有持分を超えた遺産の処分

CASEは，共同相続人の1人のC_1が，相続開始によって生じた暫定的な法定相続率による（準）共有持分の範囲で遺産に属する財産の一部を処分した事案であった。これに対し，共同相続人の一部が自己の（準）共有持分を超えて遺産に属する財産の一部を処分した場合はどうであろうか。

平成28年最大決による判例変更以降は，共同相続人は，預金も含めて遺産をその法定相続分において（準）共有していると考えられるところ，共同相続人の一部がその共有持分を超える財産処分をした場合，その超過

部分については無権限者による処分として権利移転の効力が生じないのが原則であるから（最判昭和 38 年 2 月 22 日民集 17 巻 1 号 235 頁），新 906 条の 2 を適用するまでもなく，なお遺産として存在することになる（松原正明『全訂　判例先例　相続法 II』〔日本加除出版，2006〕281 頁）。しかし，当該財産処分が即時取得（192 条）や準占有者に対する弁済（478 条，債権法改正後 478 条のもとでは「受領権者としての外観を有するもの」に対する弁済）等によって有効となる場合には，新 906 条の 2 を適用することによって初めて，処分された遺産が存在するものとされ，公平な遺産分割を実現することが可能となる（追加試案補足・46 頁）。

設問 3 では，新 906 条の 2 を適用しない限り，遺産分割時に存在する 600 万円の預金とマンションの価額 1000 万円の合計 1600 万円を具体的相続分率で割り付けるから，各相続人の遺産分割取得分額は

C_1　　1600 万円 × 1/5 ＝ 320 万円
C_2　　1600 万円 × 2/5 ＝ 640 万円
C_3　　1600 万円 × 2/5 ＝ 640 万円

となるが，C_1 は特別受益 500 万円を得ているうえに，払い戻した預金 900 万円を既に取得しているから，C_1 が取得する実質的な利益は，

　遺産分割取得分額 320 万円 ＋ 特別受益 500 万円 ＋ 既に取得した預金 900 万円 ＝ 1720 万円

となり，過大な利益を得たことになる。

これに対し，新 906 条の 2 を適用すると，遺産分割時に処分された 900 万円は存在するとみなされるから，

C_1　　500 万円（実質的には特別受益を含め，500 万円 ＋ 500 万円 ＝ 1000 万円）
C_2　　1000 万円
C_3　　1000 万円

という具体的相続分による公平な分割が実現する。

この場合，審判の主文としては，

「C_1 に，既に取得した預金 900 万円を取得させる。

　C_2 に，預金 600 万円を取得させる。

　C_3 に，マンションを取得させる。

C_1 は，C_2 に対し代償金として 400 万円を支払え。」
というものが考えられる。

4　設問4——遺産確認訴訟をめぐる諸問題
(1)　確認の利益の有無
　遺産確認訴訟は，一般に確認の利益が認められるから適法とされている（最判昭和 61 年 3 月 13 日民集 40 巻 2 号 389 頁）。もっとも，1 (2) で検討した処分要件（本設問では，C_1 が預金 300 万円を払い戻したこと）のみを確認することは，それが過去の一定の事実であるため確認の利益が認められるか問題となるが，現状では解釈に委ねられている（部会資料 24-3・4 頁，部会資料 25-2・12 頁）。
(2)　同意要件との関係
　ところで，新 906 条の 2 の「同意」の対象は，処分された財産を遺産分割の対象に含めること（遺産の分割時に遺産として存在するものとみなすこと）についてであるから，C_1 が本件処分をしたことを否認していても，当該 300 万円を遺産分割の対象に含めることに同意している場合には，C_3 は遺産確認訴訟を提起することはできない。

　結局，確認訴訟を提起する必要があるのは，遺産に属する財産の一部を処分したとされる者が，当該財産を遺産に含めることに同意していない場合である（第 24 回法制審議会議事録・16 頁［堂薗幹事発言］）。そこで，本設問では，C_1 が当該 300 万円を遺産分割の対象に含めること自体に反対している場合には，C_3 は確認訴訟を提起することができることになる。

　なお，誰が処分者であるか，ということは，遺産確認訴訟では判決理由中の判断にすぎないから，確認訴訟の判決の既判力で確定されるのは，処分された財産が遺産に含まれることである。そこで，後日行われる遺産分割において，その前提を誤認するなどして，真の処分者でない者に処分財産を帰属させることになったとしても，遺産分割自体の効力に影響を与えるものではなく，遺産分割審判が事後的に覆るおそれはないと言われている（部会資料 25-2・12 頁）。

(3) 確認訴訟の判決主文

　遺産確認訴訟が適法に提起されたとして，裁判所が，(a) すべてCが払い戻したものと認定した場合の主文は，
　「4月3日から4月12日までに払い戻された合計300万円の預金は，被相続人の遺産に属することを確認する。」
となり，他方，(b) ①，③はBが払い戻したものと認められるが，②，④〜⑥については認められないと認定した場合の主文は，
　「1　4月3日及び4月8日に払い戻された預金各50万円は，被相続人の遺産であることを確認する。
　2　原告のその余の請求を棄却する。」
となる（部会資料25-2・12頁）。

　なお，(b) の場合，残りの200万円は遺産とはみなされず，預金1300万円とマンションを遺産分割の対象とすることになる（部会資料24-3・4頁（注5））。

II　共同相続人の一部による不動産の共有持分の処分

CASE

　被相続人Aが死亡した。Aの遺産は，A名義の普通預金口座に相続開始時に存在した預金1000万円および甲土地（相続開始当時および遺産分割時の時価が4000万円）で，相続人はAの子のC_1，C_2の2名である。また，C_1は被相続人から1000万円の生前贈与を受けていた。

　C_1は，相続開始後，遺産分割前に，C_2に無断で甲土地の共有持分2分の1を時価よりも低い1600万円で第三者に売却した（以下，「本件処分」という。）。

設問

1　C_1およびC_2が取得する遺産の額はいくらか。C_2がC_1に対して遺産分割審判を申し立てた場合，審判の主文はどのようなものが考えられるか。

2 新906条の2を適用して、C_1 が共有持分を処分して得た現金1600万円を遺産分割の対象とすることはできるか。

▶ **改正のポイント**

❶遺産である不動産の共有持分が遺産分割前に処分された場合にも新906条の2は適用される。

❷新906条の2で「遺産として存在するとみなすことができる」のは、処分された財産そのもの（いわば処分された財産の価値）であって、いわゆる代償財産（相続人の一部が遺産分割前に処分した代価等）ではない。

解説 》》》

1 設問1——不動産の共有持分の処分

(1) 問題の所在——遺産共有からの逸出

共同相続人は、個別の相続財産において共有持分を有しており、判例によれば、法定相続分・指定相続分の範囲であれば、単独での共有持分の処分について、それが不動産であっても登記なくして第三者に対抗することができ（法定相続分につき前掲最判昭和38年2月22日民集17巻1号235頁）、このような処分を有効になすことができる。そして、この場合、第三者に売却された共有持分は遺産から逸出することになり（最判昭和50年11月7日民集29巻10号1525頁）、「その売却代金は、これを一括して共同相続人の1人に保管させて遺産分割の対象に含める合意をするなどの特別の事情のない限り、相続財産には加えられな」いとされているが（最判昭和54年2月22日集民126号129頁）、これでは共同相続人の全員の合意がない限り公平な遺産分割の結果は得られない。そこで、本件のような場合にも新906条の2が適用されることになる。

(2) 新906条の2を適用した結果

まず、みなし相続財産は、

預金1000万円 + 甲土地4000万円 + 生前贈与分1000万円 = 6000万円

となるから、C_1 および C_2 の具体的相続分は

C_1 の具体的相続分　　6000 万円×1/2−1000 万円＝2000 万円
　C_2 の具体的相続分　　6000 万円×1/2＝3000 万円
となる。そして，CASE に新 906 条の 2 を適用すると，遺産分割時に C_1 によって処分された土地の共有持分 2 分の 1（価値は 2000 万円）が存在するものとみなすことができる（その際，C_1 の同意は不要である。）。この場合，C_1 と C_2 は，具体的相続分による遺産分割が可能となり，

　C_1　　2000 万円
　C_2　　3000 万円

を取得する。この結果は，C_1 が甲土地を時価よりも安価で売却したことを前提とせず，甲土地の価値に基づいて遺産分割が実現されている点で公平にかなう結果といえる。

　この場合の審判の主文としては，
　「C_1 に，既に第三者に譲渡した土地の持分 2 分の 1（2000 万円分）を取得させる。
　C_2 に，土地の持分 2 分の 1（2000 万円分）および預金 1000 万円を取得させる。」
となると考えられる（追加試案補足・44 頁）。

(3) 参考・旧法のもとでの取り扱い

　まず，C_1 および C_2 の具体的相続分は
　C_1 の具体的相続分　　2000 万円
　C_2 の具体的相続分　　3000 万円
となり，各相続人の具体的相続分率は，
　$C_1 : C_2 = 2/5 : 3/5$
となる。もっとも，遺産分割時に存在する財産は，預金 1000 万円と土地の共有持分 2 分の 1（価値は 2000 万円）だから，その合計を具体的相続分率で割り付けると，各相続人の遺産分割取得分額は，
　C_1　　3000 万円×2/5＝1200 万円
　C_2　　3000 万円×3/5＝1800 万円
となる。しかし，C_1 は，特別受益 1000 万円に加え共有持分の売却代金 1600 万円を取得しているから，C_1 が得た実質的な利益は

C_1　　遺産分割取得分額1200万円＋特別受益1000万円＋売却代金1600万円＝3800万円

となり，C_1 は過大な利益を得たことになる。

2　設問2——代償財産の取り扱い
(1) 新906条の2と代償財産

　相続開始時において遺産に属していた財産が遺産分割までの間に他に譲渡され，収用され，滅失・損傷されることがあってもその対価等を遺産分割の対象とすることがある。このように，遺産売却の対価や遺産が滅失・損傷した場合に取得した損害賠償債権等を「代償財産」という。

　新906条の2を適用した場合，「遺産として存在するものとみなすことができる」のは，相続人の一部が財産を処分したことで得た対価（代償財産）ではなく，当該処分をした財産の価値である。なぜなら，当該処分が無償である場合や有償であるとしても相当な対価を得ていない場合があり，そのような場合にその損失を他の共同相続人が被る結果となるのは相当ではないからである（部会資料20・14頁，追加試案補足・43頁）。

　部会資料24-3で示された別案では，「共同相続人の1人又は数人が前項の処分をした場合には，当該処分をした者は，〔当該処分により得られた財産の限度で，〕同項の同意を拒むことができない。」とされており，「当該処分により得られた財産の限度で」と記載することで代償財産を問題とする可能性を残していたが，法制審議会において，判例は，代償財産は遺産ではないが，当事者の合意によって分割協議等に組み込んで遺産分割の対象にすることができるということを言ったにすぎず，相続開始時に遺産に属していた相続財産というものとはやや質が違うものであり（部会第24回会議議事録・10頁［潮見委員発言］），「従前の実務から離れており，これらを含める必要がないのではないか，という意見が複数示されたことから」（部会資料25-2・11頁），代償財産を含まないこととした。

　CASEにおいて，C_1 が甲土地の共有持分を売却して得た代金1600万円は代償財産であるが，新906条の2を適用した場合，「遺産として存在するものとみなすことができる」のは代償財産である1600万円ではない。

したがって，新906条の2を適用し，C_1 が得た代金1600万円を遺産分割の対象とすることはできない。

(2) 新法のもとで代償財産を遺産分割の対象とすることの可否

旧法のもとで，持分譲渡の対価を代償財産として遺産分割の対象とすべきとする見解があった。すなわち，共同相続人の1人が遺産に含まれていた不動産を売却し，共同相続人全員が代償財産としての売却代金を遺産分割の対象とする旨合意した場合には，当該合意の効果として，遺産分割の対象が当該不動産から売却代金に変更されたと解することができる（追加試案補足・44頁）。また，学説の中には，物上代位に関する民法304条を類推適用して，そのような合意なしに，代償財産を遺産分割の対象とすることを肯定する見解もある（髙木多喜男『遺産分割の法理』〔有斐閣，1992〕80頁）。

もちろん，新法のもとでも，相続人全員（CASEでは C_1 と C_2）が代償財産（CASEでは甲土地の売却代金1600万円）を遺産分割の対象とする旨の合意をすれば，代償財産である1600万円を遺産分割の対象とすることができる。すなわち，C_1 および C_2 が，遺産分割時に存在する財産として，預金1000万円と土地の共有持分2分の1（価値は2000万円）に加えて，代償財産としての売却代金1600万円を遺産分割の対象とすることに合意すれば，C_1 および C_2 は，

C_1　　4600万円×2/5＝1840万円

C_2　　4600万円×3/5＝2760万円

を取得することになろう。

この結果は，代償財産を遺産分割の対象としない場合に比べれば公平にかなう結果といえるが，C_1 が C_2 に無断で甲土地を時価よりも安価な価額で処分した不利益を C_2 にも負担させることになるという点で問題が残る。

（稲村　晃伸）

第4章 遺言制度に関する見直し

第1節 自筆証書遺言の方式の緩和

I 自筆証書遺言の財産目録の方式の緩和

CASE

Aは，P弁護士を訪問し，自筆証書遺言の作成とその保管を依頼した。P弁護士は，Q事務員に命じて，Aの財産目録をタイプのうえ印字させた。Aは，遺言本文を自書したうえ，Q事務員がタイプ印字した財産目録を遺言本文に添付して，自筆証書遺言を完成させた。

設問

1　Q事務員がタイプ印字した財産目録を自筆証書遺言に添付することに問題はないか。
2　Q事務員がタイプ印字した財産目録は全部で3枚となった。P弁護士の指示に基づき，Aは，次のように自筆証書遺言を作成した。P弁護士の指示に問題はないか。
　(1) Aは遺言本文に署名押印をしたが，財産目録の毎葉にはしなかった。
　(2) 財産目録を含めた遺言書の各葉の間に契印をしなかった。
　(3) 財産目録の1枚目に署名押印をしたが，残りの2枚にはしなかった。
3　P弁護士の指示で，Aは，Q事務員がタイプ印字した財産目録1枚目の上部の余白に，遺言書本文を記載した。P弁護士の指示に問題はないか。
4　P弁護士は，後日，タイプ印字された財産目録が添付されたAの

自筆証書遺言に，複数の異なる印影（いずれもA名義）が残されていることを発見した。方式違反はあるか。

▶ 改正のポイント

❶自筆証書遺言にこれと一体のものとして相続財産の全部又は一部の目録を添付する場合には，その目録について自書を求めないこととされた（新968条2項前段）。

❷財産目録を自書しない場合には，遺言者は，各目録（自書によらない記載がその両面にある場合にはその両面）に署名押印しなければならないこととされた（新968条2項後段）。

❸自書によらない財産目録は，遺言書本文に添付される場合のみに許され，たとえば，1枚からなる遺言書に，自書による部分と印刷による部分を混在させることは許されない（部会資料24-2・21頁）。

❹同一の印による押捺は求められていない（部会資料17・2頁）

解説 》》》

新法では，自筆証書遺言の方式が緩和された。高齢化の進展等の社会経済情勢の変化により，相続に関する被相続人の生前意思の尊重が，社会的により強く求められるようになったとの認識から，公正証書遺言よりも作成が容易な自筆証書遺言の利便性向上のための改正がなされたと思われる。

以下，本稿では，自筆証書遺言の方式緩和について，事例を用いて解説する。

1 設問1について
(1) 要式行為としての遺言

遺言は，効力発生時点で遺言者の意思を確認できないことから，厳格な要式行為とされており，自筆証書遺言については，旧法では，全文，日付及び氏名の自書と押印が求められていた（968条1項）。全文について自書が要件とされていたのは，筆跡によって遺言者本人が書いたものであることを保障することができる点にある（最判昭和62年10月8日民集41巻7号

1471頁）。

　そのため，現行 968 条 1 項の「自書」には，タイプ打ちやワープロによるものは含まれないと解されていた。機器を用いてタイプ印字すると，機器を用いた者が本人であると断定することは，筆跡の場合に比べて，困難を伴うためである（石黒清子「5 自筆証書遺言の要件」実務大系（4）71 頁以下）。

　過去の裁判例（東京高判昭和 59 年 3 月 22 日判時 1115 号 103 頁）では，自筆証書遺言の末尾に司法書士事務所の事務員がタイプ印字した不動産目録が添付されている自筆証書遺言につき，タイプ印字された不動産目録が遺言書中の最も重要な部分を構成し，かつ，それは遺言者自身がタイプ印字したものではないことを理由に，自筆証書遺言としての要式性を欠くとして無効とされた。

(2) 方式の緩和

　これに対し，新法では，自筆証書遺言の利便性向上のため，添付する財産目録については自書を要しないこととされた（新 968 条 2 項前段。なお，現行の同条 2 項は 3 項とされる。）。財産目録の自書は相当に煩雑であり，これを緩和することにより遺言者の負担を軽減することができ，遺言の作成促進につながることが期待されている。

　自筆証書遺言に添付する財産目録については本人による自書が要求されない結果，本人が機器を用いて作成してもよいし，遺言者以外の者（たとえば，行政機関や金融機関でもよい。）が機器を用いて作成してもよい。また，遺言者以外の者による代筆も許される（部会資料 24-2・21 頁）。具体例は，本書の自筆証書遺言の例を参考にしていただきたい。

(3) 設問 1 の回答

　Q 事務員がタイプ印字した財産目録を本文に添付することは，新 968 条 2 項前段により，自筆証書遺言の要式性に違反しない。

2　設問 2 について

(1) 偽造・変造の防止策

　自筆証書遺言に添付する財産目録の自書要件を緩和すると，偽造・変造

のおそれが増える。そこで，想定される偽造・変造の代表的な手段を防ぐため，自書によらない記載のある財産目録の毎葉に遺言者の署名押印を求め，自書によらない記載が両面にある場合にはその両面に署名押印を求めることとされた（新968条2項後段）。したがって，財産目録の一部の頁に署名または押印を欠く場合は方式違反となる。この場合，基本的には当該頁のみが方式違反により無効となるが，財産の特定に関する記載が当該頁のみにあるため，その頁がなければ遺贈等の対象財産を全く特定することができない場合などの例外的な場合には，遺言書全体が無効となると理解されている（部会資料17・2頁）。

一方で，遺言書が複数枚に及ぶ場合であっても，各葉の間の契印は要件とはされていない。公正証書遺言については毎葉の契印が法律上要求されている（公証人39条）が旧法は自筆証書遺言につきこれを要求していないこと，作成した自筆証書遺言は封筒に入れて保管するケースも相当数あること，新たに契印を要求することとした場合にはかえって混乱を招くことなどが懸念されたためである（部会資料17・1乃至2頁）。

もっとも，実務的には，自書によらない財産目録の差替えに対する疑いを残さないために，毎葉の契印をしたほうがトラブルを防ぐことができる。

(2) 設問2の回答

設問2の (1) については，Aが財産目録の毎葉に署名押印していない点が，新968条2項後段の要件に違反する。したがって，P弁護士は，Aに対し，財産目録の毎葉に署名押印するよう指示をしなければならない。

同 (2) については，毎葉の間の契印は不要であり，方式違反はない。もっとも，トラブル防止のために，各葉の契印を求めてもよいだろう。

同 (3) は，財産目録の毎葉に署名をしていないので，新968条2項後段の要件に反する。したがって，P弁護士はAに対し，財産目録の毎葉に署名押印するよう指示をしなければならない。

3 設問3について
(1) 自書と印字の混在の許否
　遺言書の本文部分が記載されるページには，自書による部分と印刷による部分とを混在させることは許されないと理解されている（部会資料24-2・21頁）。自書によらないで作成することが許される範囲が，本文に添付する財産目録に限定されているからである（新968条2項前段）。こうした限定が付されたのは，自書と印字の混在を認めると，遺言の要式性充足の判断が困難になること，また，具体的なニーズも見込まれないことなどが理由である（部会資料24-2・21頁）。
(2) 設問3の回答
　Q事務員がタイプ印字した財産目録1枚目の上部の余白にAが遺言書本文を記載すると，自書による部分と印刷による部分が1枚の中に混在するので，無効となる。P弁護士は，Aに，財産目録とは別葉に遺言書本文を記載するよう指示しなければならない。

4 設問4について
(1) 同一の印による押捺の要否
　自書によらない財産目録に押捺する印については，同一の印であることは要求されていない（新968条1項及び2項は印鑑の同一性を要件として定めていない）。仮に同一の印であることを求めると，財産目録に押捺した印鑑を後で紛失した場合には，その後に財産目録を追加することができなくなるからである（部会資料17・2頁）。また，遺言書本文の印と自書によらない財産目録の印が同一であることも要求されていない。
　したがって，自筆証書遺言全体について，同一の印であることは要求されていない。
(2) 設問4の回答
　財産目録がタイプ印字されたAの自筆削除証書遺言に複数の異なる印影が残されていても，方式違反はなく，有効である。

Ⅱ 方式緩和後の財産の特定方法

CASE

Aは，P弁護士を訪問し，自筆証書遺言の作成を依頼した。そのとき，Aは，不動産については不動産の全部事項証明書，預貯金については通帳，株式については会社から送付されてきた書面のコピーを持参した。P弁護士は，Aが持参した書類のうち，全部事項証明書については原本，その他の書類についてはそのコピーに，Aの署名押印をさせ，各書類を財産目録として添付することとした。

《 設問

1 不動産を特定するために，不動産の全部事項証明書を財産目録として添付することに問題はないか。

2 預貯金を特定するために，通帳の頁のコピーを財産目録として添付することに問題はないか。

3 株式を特定するために，会社から送付されてきた書面のコピーを財産目録として添付することに問題はないか。

4 預貯金や株式を特定するために，預貯金の金額や株式数が記載された書面のコピーを財産目録として添付することに問題はないか。

▶ 改正のポイント

○財産目録は自書を求めないこととされた（新968条2項前段）結果，金融機関などの第三者が作成した書類のコピーを添付することが許された。

解説 》》》

1 設問1について

(1) 自書・タイプ印字する場合の不動産の特定方法

財産目録を自書・タイプ印字する場合の不動産の特定方法としては，たとえば，以下のように，不動産登記事項の表題部の情報の一部を記載する方法によることが考えられる。

（ア）土地の場合
　　　所在・地番・地目・地積
　（イ）建物の場合（ただし区分所有建物を除く。）
　　　所在・家屋番号・種類・構造・床面積
　（ウ）区分所有建物の場合
　　（a）一棟の建物の表示
　　　　所在・建物の番号
　　（b）専有部分の建物の表示
　　　　家屋番号・建物の番号・種類・構造・床面積
　　（c）敷地権の表示
　　　　土地の符号・所在及び地番・地目・地積・敷地権の種類・敷地権の割合
　　（d）附属建物の表示
　　　　符号・種類・構造・床面積

(2) 設問1の回答：不動産の登記事項証明書を添付することの許否

　前述（1）の情報はいずれも不動産の登記事項証明書に記載されている。新法では，自書によらない財産目録については，遺言者による署名押印以外の要式性は要求されておらず（新968条2項），第三者が作成した書類の利用も許容されている。

　したがって，不動産の登記事項証明書に遺言者が署名押印をしたものを財産目録として添付する方法で，不動産を特定することは許される。

2　設問2について

(1) 自書・タイプ印字する場合の預貯金の特定方法

　財産目録を自書・タイプ印字する場合の預貯金の特定方法としては，たとえば，口座名義人で特定する方法や，口座名義人に加え金融機関名や支店名まで特定する方法，さらには，これらの情報に加えて口座の種類・口座番号まで特定する方法による。

(2) 設問2の回答：預貯金通帳を添付することの許否

　前述（1）の情報は，預貯金通帳の表紙やその裏面などに記載されてい

る情報である。前述のように，新968条2項は遺言者による署名押印以外の要式性を要求しておらず，第三者が作成した書類の利用も許容している。したがって，預貯金を特定するために，前述（1）の情報が記載された通帳の頁をコピーしたうえ，当該コピーに遺言者が署名押印をしたものを財産目録として添付することは許される。

3　設問3について
(1) 自書・タイプ印字する場合の株式の特定方法
　財産目録を自書・タイプ印字する場合の株式の特定方法としては，たとえば，会社の商号・名義人・株式数等で特定する方法による。
(2) 設問3の回答：会社から送付される書面を添付することの許否
　会社から送付される書面で，株式に関する情報が記載されているものとしては，たとえば，議決権行使書，期末配当金計算書，株式異動証明書等がある。

　前述（1）の情報のうち株式数は，通常，議決権行使書には記載されていない。議決権行使書には，所有株式数ではなく議決権行使個数が記載されているからである。一方，期末配当金計算書には，普通株式の場合，期末配当金計算時の所有株式数が記載されるのが一般的である。株式異動証明書には，証明書発行日の株式数やそれ以前の株式の異動状況が記載される。

　株式の場合も，不動産や預貯金同様に，遺言者の署名押印のある第三者発行の書面を添付することは許される。もっとも，株式の場合には，会社から送付される書面の種類により掲載情報が異なり，所有株式数も当該書面が発行された当時のものなので，添付する書面に記載された情報で，遺言者の意思どおりに株式が特定されているのかについては注意が必要である。

4　設問4について
(1) 財産目録への余事記載増加の可能性
　相続財産の特定は，遺言者が，相続発生後，誰にどの財産を譲り渡す意

思を有していたかがわかる程度になされていればよいと解される。

　新法が自書によらない財産目録の作成を認めた（新968条2項前段）結果，今後は，法務局や金融機関などの第三者が作成した書面を添付することが許される。そのため，財産目録の自書が要求されていた旧法に比べ，財産目録中に余事記載，つまり，相続財産の特定に不要な情報の記載が増えることが予想される。余事記載があるからといってただちに相続財産の特定に欠けると判断されることはないが，遺言者の意思が不明確になってしまう場合には，遺言の解釈が必要となる。

（2）遺言の解釈と余事記載

　遺言の解釈に臨む姿勢については，遺言者の最終意思をできるだけ尊重する傾向が強いとの指摘がある一方，こうした姿勢への疑問も呈されており（潮見佳男『詳解相続法』〔弘文堂，2018〕361頁以下），遺言の規範的・補充的解釈がどこまで認められるかについては注意を要する。したがって，遺言は，できる限り，解釈の余地を残さないよう明確にすることが望ましい。

　余事記載のうち最も注意すべきは，遺言作成時から死亡時までに相続財産の経済的価値が変動する場合に，その価値の数額が財産目録に記載されているときである。たとえば，預金の金額や株式の数が記載されている場合である。こうした場合には，実務的には，たとえば，「全て」との字句を付記する・金額や数量を削除するなどし，財産目録の加除訂正をすることが考えられる。

　自筆証書遺言の解釈が問題になる時点では，遺言者本人は亡くなっているので，その意思を確認することはできない。したがって，金融機関などが作成した書類のコピーを自書によらない財産目録として添付する場合には，財産目録の加除訂正をするなどして，相続開始後に遺言者の意思が不分明とならないよう十分注意を払う必要がある。

（3）設問4の回答

　預貯金や株式を特定するために金額や株式数が記載された書面のコピーを財産目録として添付することに問題はないが，自筆証書遺言作成後の数額の変動に対応することができない。その結果，遺言者の意思が不分明となり，遺言による相続が実現されないおそれがある。

したがって，預貯金の額や株式数が記載された書類を自書によらない財産目録として添付する場合には，以上のリスクに十分注意し，財産目録を加除訂正するなどの対処を検討する必要がある。

III 加除訂正の方式の緩和

CASE

Aは，配偶者Bに甲土地を相続させる旨の自筆証書遺言を作成し，P弁護士に内容の確認を依頼した。

設問

1 配偶者Bに相続させる甲土地は，タイプ印字した財産目録で特定されていた。P弁護士は，甲土地の「所在」の記載の一部に誤りがあることを発見した。P弁護士は，Aを呼び，手書きで，財産目録「二」の土地の「所在」欄の「千代田区」を「港区」に自書で訂正させることにしたが，どのような方法によるべきか。

2 Aは，Bに対し，甲土地ではなく乙建物を相続させることにした。自筆証書遺言では，甲土地は，登記事項証明書を「別紙1」として本文に添付する方法で特定されていた。また，本文では，別紙1の不動産をBに相続させる旨記載されていた。そこで，Aから遺言書修正の依頼を受けたP弁護士は，乙建物の登記事項証明書に「別紙1」と記載したうえ，甲土地の登記事項証明書を取り除き，乙建物のそれに差し替えたが，問題はないか。

3 P弁護士が後日確認したところ，自書によらない財産目録として添付した甲土地の登記事項証明書の発行日付が，本文に記載された作成日付よりも後であることが判明した。問題はないか。

▶ 改正のポイント

○自書によらない財産目録の加除訂正等は，自書による方法または新たな財産目録を追加する方法が認められている。

解説 》》》

1 設問1について
(1) 自筆証書遺言の変更の方式
　自筆証書遺言の加除その他の変更（自書によらない財産目録の変更も含まれる）は，遺言者がその場所を指示し，これを変更した旨を付記して，これに署名し，かつ，変更の場所に押印をする方法による（新968条3項）。改正前後を通じて，加除訂正の方法に変更はない。

　訂正の方式違反があった場合については，訂正の内容と全体に占める訂正部分の重要性によって遺言の効力についての判断が変わると理解されているが，単なる誤記の訂正を除き，もとの字句も含めて無効というべきであるとの見解も示されている（潮見佳男『詳解相続法』387頁以下）。

(2) 自書によらない財産目録の自書による訂正
　自書によらない財産目録の場合であっても，自書で訂正する場合には，従来と方法は変わらない。たとえば，訂正の範囲を明確にするため，修正対象の字句をかっこ書き等で明確にしたうえ，取り消し線で当該字句を消し，その代わりに挿入する字句を自書し，当該字句の横に押印する。そのうえで，財産目録の余白に，訂正箇所を特定したうえ，削除した文字数と追加した文字数を記載し，その傍に署名する（署名の横への押印は不要である。）。

(3) 設問1の回答
　たとえば，次のような方法が考えられる。P弁護士は，Aに対し，「千代田区」の字句をかっこで囲んだうえ，当該字句を取り消し線等で消し，新たに挿入する「港区」を自書させ，その字句の横に押印させる。そして，財産目録の余白に「上記二中，四字削除三字追加」と自書させ，その傍らに署名させる。

2　設問2について
(1) 新たな財産目録を追加する方法による訂正

財産目録を訂正する場合には，前述の自書による訂正にくわえ，新たな財産目録を追加する方法が認められている（法制審議会民法（相続関係部会）第23回提出「参考資料：財産の特定に必要な事項について自書によらない加除訂正を認める場合の例」参照）。財産目録を追加する場合も，自書によらない方法で作成してよい。たとえば，次のような方法が考えられる。

（ア）訂正前の財産目録については，目録全体に「×」の字を書き，「×」の傍らに押印する。

（イ）新たな財産目録は別の番号を付して加える。加除訂正等の要式性（新968条3項）を充たすため，遺言者の押印が必要である。

新たに加えられた財産目録が自書によらない方法による場合，不動産の登記事項証明書や預貯金通帳の写しを添付してもよい。ただし，自書によらない財産目録の要式性（新968条2項）を満たすため，加除訂正等の要式性を満たすためになされたものとは別に，Aの署名押印が必要である。

（ウ）本文については，訂正前の財産目録を引用している字句を取り消し線で消し，訂正箇所に押印をし，本文の余白に，新たな目録に改めた旨を記載する。

(2) 設問2の回答

P弁護士は，「別紙1」として添付された甲土地の登記事項証明書を除いているが，財産目録を差し替えたい場合であっても，訂正前の財産目録は残さなければならない（法制審議会民法（相続関係部会）第23回提出「参考資料：財産の特定に必要な事項について自書によらない加除訂正を認める場合の例」参照）。したがって，甲土地の登記事項証明書の紙面全体に「×」と大きく記載し，その傍らにAの押印をしたうえで，これを添付したままにする必要がある（新968条3項）。

次に，P弁護士は，乙建物の登記事項証明書を「別紙1」としているが，甲土地の登記事項証明書を残す必要があるため，本文で参照されている「別紙1」が甲土地か乙建物か見分けがつかなくなることから，乙建物の登記事項証明書はたとえば「別紙2」とすべきである。そこで，P弁護士

は，乙建物の登記事項証明書に「別紙2」と記載したうえ，財産目録を訂正したことがわかるようにAの押印をもらう必要がある（新968条3項）。そして，乙建物の登記事項証明書は自書によらない財産目録なので，Aの署名押印が必要である（新968条2項）。その結果，乙建物の登記事項証明書にはAの印影が2個残される。

続いて，P弁護士は，本文についても「別紙1の不動産」という字句を取り消し線で消したうえ，訂正箇所にAの押印をさせなければならない。その後，本文余白部分に「別紙1の不動産」を「別紙2の建物」に改めた旨Aに自書させ，その傍らにAの署名（押印は不要）を求める（新968条3項）。

3 設問3について
(1) 遺言本文に記載された日付の意義

自筆証書遺言の本文に日付の記載が要求される目的は，遺言能力の有無の判断基準や遺言の先後関係を決定するための基準などを明らかにするためである（新版注釈民法(28) 92頁［久貴忠彦］）。

こうした日付の意義から，日付として遺言書に記載されるべき日は，原則として，遺言書が実際に作成された日である。ただし，実際の作成日と遺言書記載の日付が異なる場合でも，日をまたがった行為が一連のものとしてなされたと評価できるときなどは，有効であると理解されている（新版注釈民法(28) 92頁［久貴忠彦］）。

(2) 自書によらない財産目録が後から添付された場合

自書によらない財産目録が後日作成され，後から添付された場合は，遺言者により日をまたがった行為がなされている。したがって，遺言書本文の記載と自書によらない財産目録を添付する行為の間に，遺言書の作成プロセスとしての一体性が認められないと有効とはならない（法制審議会—民法（相続関係）部会・第22回・22頁［倉重関係官発言］参照）。

自書によらない財産目録が後から添付された場合の遺言書の実際の作成日は，財産目録を添付した日となる。財産目録が添付されないと遺言の対象財産が特定されないからである。そのため，遺言書本文に記載された日

付と実際の作成日が異なることとなる。

したがって，自書によらない財産目録が後日添付された場合，本文の自書と財産目録を添付する行為の間に行為としての一体性が認められなければ，遺言書は全体として無効となる（部会第22回会議議事録・22頁における中田委員と倉重関係官の応答はこうした理解を前提になされている。）。

なお，遺言書本文に財産目録を添付する方法は法定されていないことから，どのような行為があると「添付」されたと認められるのか（たとえば，綴じられていない遺言書本文と財産目録が同じ机の引出しの中に置かれていた場合など）といった問題も指摘されている（部会第22回会議議事録・22頁［中田委員発言］参照）。

(3) 日付の記載のある財産目録の増加と方式違反のおそれ

これまでは遺言書全文の自書が要求されていたので，通常，財産目録に本文と異なる日付が記載されることはなかった。

新法により認められた自書によらない財産目録についても，署名押印のみが要件とされており（新968条2項），日付の記載は不要である。もっとも，不動産の登記事項証明書などの第三者が発行する書面を自書によらない財産目録として添付する場合には，当該書面に発行日付が付されていることがある。

そのため，自書によらない財産目録を添付した場合には，遺言書本文の作成日と財産目録の発行日が遺言書そのものから認定でき，遺言書の作成プロセスの一体性が疑われるケースの増加が見込まれる。そういったケースが増えることは法制審議会での検討段階ですでに懸念されており（部会第22回会議議事録・22頁［中田委員発言］），注意を要する。

自書によらない財産目録の差替えの容易性のため，自筆証書遺言が方式違反を理由に無効とされるリスクが増大したように思われる。こういったリスクの増大を考慮すれば，公証人によって作成プロセスの適式性が担保された公正証書遺言の重要性はかえって増したともいえるだろう。

(4) 設問3の回答

P弁護士が後日確認したところ，自書によらない財産目録として添付した甲土地の登記事項証明書の発行日が，遺言書本文に記載された作成日よ

りも後であることが判明した。そのため，自筆証書遺言の作成プロセスの一体性が認められなければ，後日無効と判断される。

　また，財産目録の変更が新968条3項の方式に従ってなされていれば，それ自体は適式の変更といえるが，登記事項証明書の作成日付が遺言書作成時から長年月経った日付であり，遺言書の内容が大きく変更されているような場合には，登記事項証明書の日付以降に新しい遺言が作成されたとして遺言能力を争われる余地も出てこよう。

　したがって，P弁護士としては，Aに対し，後日の紛争を避け，また，遺言能力を有していたことを立証しやすくするため，本文全体を自書して新たに遺言書を作成することを要請するとか，自書が困難な場合には公正証書遺言の利用を勧めることを検討するべきであろう。

（山崎　岳人）

［例１　基本：財産目録をタイプ印字する場合］

遺　言　書

1　妻花子に，別紙財産目録の1及び2記載の不動産を相続させる。

2　長男一郎に，別紙財産目録の3(1)記載の預金を相続させる。

3　長女幸子に，別紙財産目録の3(2)記載の預金を相続させる。

平成30年1月17日

東弁太郎[1]　㊞[2]

1　新968条1項の署名。
2　新968条1項の押印。

(別　紙)

　　　　　　　　財　産　目　録

1　土　地
　　　所　　在　　東京都千代田区日比谷一丁目
　　　地　　番　　●番●号
　　　地　　目　　宅地
　　　地　　積　　●平方メートル

2　建　物
　　　所　　在　　東京都千代田区日比谷一丁目●番●号
　　　家屋番号　　●番●号
　　　種　　類　　居宅
　　　構　　造　　木造瓦葺2階建
　　　床 面 積　　1階　●平方メートル
　　　　　　　　　2階　●平方メートル

3　預　金
　（1）　A銀行千代田支店・普通・口座番号●●●●●●
　（2）　B信用金庫霞が関支店・定期・口座番号●●●●

　　　　東弁太郎[3]　㊞[4]

---

[3]　新968条2項の署名。
[4]　新968条2項の押印。

［例2　基本：不動産につき登記事項証明書、預金につき預金通帳の写し、
　　　　その他の財産につきタイプ印字した財産目録を添付する場合］

遺言書

1　妻花子に，別紙1及び2の不動産を相続させる。
2　長男一郎に，別紙3の預金を相続させる。
3　長女幸子に，別紙4の預金を相続させる。

　　　　　　　　　平成30年1月17日
　　　　　　　　　東弁太郎[5]　㊞[6]

5　新968条1項の署名。
6　新968条1項の押印。

《別紙1》[7]

表　題　部　　（土地の表示）	調製	余白	不動産番号	0000000000000
地図番号	余白	筆界特定	余白	
所　在	特別区東都町一丁目		余白	
①　地　番	②　地　目	③　地　積　㎡	原因及びその日付〔登記の日付〕	
101番	宅地	300　00	不詳〔平成20年10月14日〕	
所　有　者　特別区南都町一丁目1番1号　甲　野　太　郎				

権　利　部　（甲　区）　　（所　有　権　に　関　す　る　事　項）			
順位番号	登　記　の　目　的	受付年月日・受付番号	権　利　者　そ　の　他　の　事　項
1	所有権移転	平成●年10月20日第●●●号	原因　平成●年10月19日売買所有者　特別区東都町一丁目2番3号　　　　東　弁　太　郎

権　利　部　（乙　区）　　（所　有　権　以　外　の　権　利　に　関　す　る　事　項）			
順位番号	登　記　の　目　的	受付年月日・受付番号	権　利　者　そ　の　他　の　事　項
1	抵当権設定	平成●年11月10日第●●●号	原因　平成20年11月5日金銭消費貸借同日設定債権額　金4,000万円利息　年2・60％（年365日日割計算）損害金　年14・5％（年365日日割計算）債務者　特別区東都町一丁目2番3号　　　　東　弁　太　郎抵当権者　特別区西都町三丁目3番3号　　　　株　式　会　社　西　北　銀　行　　　　（取扱店　東都支店）共同担保　目録（あ）第○○○○号

　　　　　　　　　　　　　　　　　　　　　　　　東 弁 太 郎[8]　[9]

　　これは登記記録に記録されている事項の全部を証明した書面である。

平成21年3月27日
関東法務局特別出張所　　　　　登記者　　　　　法　務　一　郎

7　本文との関連性を示すため手書きする。
8　新968条2項の署名。
9　新968条2項の押印。

(別紙 2)[10]

埼玉県　　　　　　　　　　　　　　　全部事項証明書　　　（建物）

表　題　部	（主である建物の表示）	調製	平成 11 年 9 月 22 日	不動産番号	
所在図番号	余白				
所　　在	市			余白	
家屋番号	1103 番			余白	
① 種　類	② 構　造	③ 床　面　積　㎡		原因及びその日付〔登記の日付〕	
居宅	木造スレート葺2階建	1 階　　47：20 2 階　　37：26		昭和 60 年 4 月 6 日新築	
余白	余白	余白		昭和 63 年法務省令第 37 号附則第 2 条第 2 項の規定により移記 平成 11 年 9 月 22 日	

権　利　部　（甲　区）	（所有権に関する事項）		
順位番号	登　記　の　目　的	受付年月日・受付番号	権　利　者　そ　の　他　の　事　項
1	所有権保存	昭和　年　月　日 第　　　号	所有者　　市 順位1番の登記を移記
	余白	余白	昭和 63 年法務省令第 37 号附則第 2 条第 2 項の規定により移記 平成●年〇月△△日
2	差押		
3	2番差押登記抹消	平成　年　月　日 第　　　号	原因　平成 12 年 7 月 7 日取下

権　利　部　（乙　区）	（所有権以外の権利に関する事項）		
順位番号	登　記　の　目　的	受付年月日・受付番号	権　利　者　そ　の　他　の　事　項
1	抵当権設定	平成　年　月　日 第　　　号	原因　平成●年〇月△△日保証委託契約による求償債権同日設定 債権額 損害金 債務者 抵当権者　東京都 共同担保　目録　第　　　号 順位5番の登記を移記
	余白	余白	
2	根抵当権設定仮登記		原因　平成 極度額　金 債権の範囲

＊　下線のあるものは抹消事項であることを示す。

東弁太郎[11]　㊞[12]　1/2

10　本文との関連性を示すため手書きする。
11　新968条2項の署名。
12　新968条2項の押印。

埼玉県　　　　　　　　　　　　　全部事項証明書　　　（建物）

順位番号	登　記　の　目　的	受付年月日・受付番号	権　利　者　そ　の　他　の　事　項
	余　白	余　白	余　白
3	根抵当権設定仮登記	平成　年　月　日 第　　　　号	
	余　白	余　白	余　白

東弁太郎[13] [14]

これは登記記録に記録されている事項の全部を証明した書面である。
（〇〇地方法務局　　　　　　　　）
平成●年〇月△△日
〇〇法務局　　　　　　　登記官　　　　　法　務　一　郎

＊　下線のあるものは抹消事項であることを示す。　　整理番号

13　新968条2項の署名。
14　新968条2項の押印。

(別紙3)[15]

普通預金通帳	Ａ銀行
	千代田支店

　お名前
　　東　弁　太　郎　様

　店番　　　　　　　口座番号
　　〇〇　　　　　　　〇〇〇

※　通帳のコピー

東弁太郎[16]　㊞[17]

15　本文との関連性を示すため手書きする。
16　新968条2項の署名。
17　新968条2項の押印。

(別紙4)[18]

```
┌─────────────────────────────────────────────────┐
│  定期預金通帳              B信用金庫            │
│                              霞が関支店          │
│   お名前                                        │
│      東 弁 太 郎 様                             │
│                                                 │
│   店番              口座番号                    │
│    ○○              ○○○                      │
│                                                 │
├─────────────────────────────────────────────────┤
│                                                 │
│                                                 │
│         ※  通帳のコピー                        │
│                                                 │
│                                                 │
└─────────────────────────────────────────────────┘
```

東 弁 太 郎 [19]　㊞[20]

18　本文との関連性を示すため手書きする。
19　新968条2項の署名。
20　新968条2項の押印。

第1節　自筆証書遺言の方式の緩和

［例３　修正：財産目録をタイプ印字で作成したが、記載事項に誤りがあり、手書きで訂正した場合］

遺言書

1　妻花子に、別紙財産目録１及び２記載の不動産を相続させる。

2　長男一郎に、別紙財産目録３(1)記載の預金を相続させる。

3　長女幸子に、別紙財産目録３(2)記載の預金を相続させる。

平成30年1月17日

東弁太郎[21]　㊞[22]

21　新968条1項の署名。
22　新968条1項の押印。

(別　紙)

財　産　目　録

1　土　　地　　　　　　　日比谷 ㊞[23]
　　所　　在　　東京都千代田区響谷一丁目
　　地　　番　　●番●号
　　地　　目　　宅地
　　地　　積　　●平方メートル

2　建　　物　　　　　　　日比谷 ㊞[24]
　　所　　在　　東京都千代田区響谷一丁目●番●号
　　家屋番号　　●番●号
　　種　　類　　居宅
　　構　　造　　木造瓦葺2階建
　　床面積　　1階　●平方メートル
　　　　　　　　2階　●平方メートル

3　預　金
　　C ㊞[25]
　（1）A銀行千代田支店・普通・口座番号●●●●●●
　（2）B信用金庫霞が関支店・定期・口座番号●●●●

東弁太郎[26] ㊞[27]

上記1, 2 及び3中, 5字削除7字追加[28]

東弁太郎[29]

23　新968条3項の変更場所の押印。
24　新968条3項の変更場所の押印。
25　新968条3項の変更場所の押印。
26　訂正前に記載された新968条2項の署名。
27　訂正前に記載された新968条2項の押印。
28　新968条3項の変更の付記。
29　新968条3項の署名。

[例4 修正：添付した不動産登記事項証明書を差し替える場合]

遺言書

1 私は、妻花子に、別紙1及び2の不動産を相続させる。

2 長男一郎に、別紙3の預金を相続させる。

3 長女幸子に、別紙4の預金を相続させる。

平成30年1月17日

東 弁 太 郎[31] ㊞[32]

上記1中の「別紙1及び2の不動産」を「別紙5の不動産」と改める。[33]

東 弁 太 郎[34]

---

30 新968条3項の変更場所の押印。
31 新968条1項の署名。
32 新968条1項の押印。
33 新968条3項の変更の付記。
34 新968条3項の署名。

（別紙1）[35]

様式例・1

表　題　部	（土地の表示）	調製	余白	不動産番号	0000000000000
地図番号	余白		筆界特定	余白	
所　在	特別区東都町一丁目			余白	

① 地　番	② 地　目	③ 地　積　㎡	原因及びその日付〔登記の日付〕
101番	宅地	300 | 00	不詳 〔平成20年10月14日〕

所　有　者　特別区南都町一丁目1番1号　甲野太郎

権　利　部（甲　区）	（所　有　権　に　関　す　る　事　項）		
順位番号	登　記　の　目　的	受付年月日・受付番号	権　利　者　そ　の　他　の　事　項
1	所有権移転	平成●年10月20日 第●●●号	原因　平成●年10月19日売買 所有者　特別区東都町一丁目2番3号 　　　　東弁太郎

権　利　部（乙　区）[36]	（所　有　権　以　外　の　権　利　に　関　す　る　事　項）		
順位番号	登　記　の　目　的	受付年月日・受付番号	権　利　者　そ　の　他　の　事　項
1	抵当権設定	平成●年11月10日 第●●●号	原因　平成20年11月5日金銭消費貸借同日設定 債権額　金4,000万円 利息　年2・60％（年365日日割計算） 損害金　年14・5％（年365日日割計算） 債務者　特別区東都町一丁目2番3号 　　　　東弁太郎 抵当権者　特別区西都町三丁目3番3号 　　　　株式会社西北銀行 　　　　（取扱店　東都支店） 共同担保　目録（あ）第○○○○号

東弁太郎[37]　㊞[38]

これは登記記録に記録されている事項の全部を証明した書面である。

平成21年3月27日
関東法務局特別出張所　　　　　登記者　　　　法務一郎

みほん
電子
公印

---

[35] 本文との関連性を示すため手書きする。
[36] 新968条3項の押印。×印は訂正場所の指示。
[37] 変更前の新968条2項の署名。
[38] 変更前の新968条2項の押印。

(別紙2)[39]

| 埼玉県 | | | | 全部事項証明書 | （建物） |

表 題 部	(主である建物の表示)	調製	平成11年9月22日	不動産番号	
所在図番号	余白				
所　　在	市			余白	
家屋番号	1103番			余白	
① 種　類	② 構　造	③ 床　面　積　㎡		原因及びその日付〔登記の日付〕	
居宅	木造スレート葺2階建	1階　　47　20 2階　　37　26		昭和60年4月6日新築	
余白	余白	余白		昭和63年法務省令第37号附則第2条第2項の規定により移記 平成11年9月22日	

権　利　部　（甲　区）　（所　有　権　に　関　す　る　事　項）			
順位番号	登　記　の　目　的	受付年月日・受付番号	権　利　者　そ　の　他　の　事　項
1	所有権保存	昭和　　年　　月　　日 第　　　　号	所有者　　市 順位1番の登記を移記
	余白	余白	昭和63年法務省令第37号附則第2条第2項の規定により移記 平成●年〇月△△日
2	差押	㊞[40]	
3	2番差押登記抹消	平成　　年　　月　　日 第　　　　号	原因　平成12年7月7日取下

権　利　部　（乙　区）　（所　有　権　以　外　の　権　利　に　関　す　る　事　項）			
順位番号	登　記　の　目　的	受付年月日・受付番号	権　利　者　そ　の　他　の　事　項
1	抵当権設定	平成　　年　　月　　日 第　　　　号	原因　平成●年〇月△△日保証委託契約による求償債権同日設定 債権額 損害金 債務者 抵当権者　東京都 共同担保　目録　第　　　号 順位5番の登記を移記
	余白	余白	
2	根抵当権設定仮登記		原因　平成 極度額　金 債権の範囲

＊　下線のあるものは抹消事項であることを示す。

東弁太郎[41]　㊞[42]　1/2

39　本文との関連性を示すため手書きする。
40　新968条3項の押印。×印は訂正場所の指示。
41　変更前の新968条2項の署名。
42　変更前の新968条2項の押印。

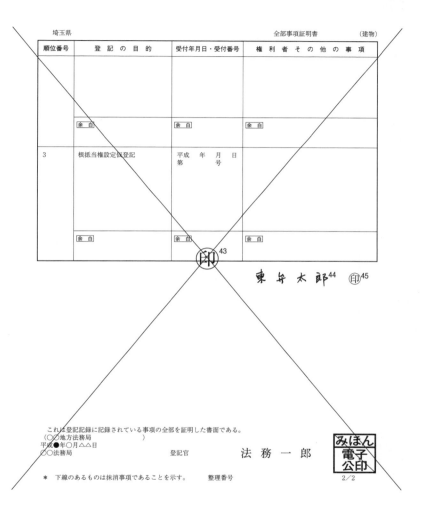

43 新968条3項の押印。×印は訂正箇所の指示。
44 変更前の新968条2項の署名。
45 変更前の新968条2項の押印。

第1節 自筆証書遺言の方式の緩和

(別紙3)[46]

普通預金通帳	Ａ銀行
	千代田支店

お名前
　東　弁　太　郎　様

店番　　　　　　　　口座番号
　〇〇　　　　　　　　〇〇〇

※　通帳のコピー

東弁太郎[47]　㊞[48]

46　本文との関連性を示すため手書きする。
47　新968条2項の署名。
48　新968条2項の押印。

(別紙4)[49]

定期預金通帳	B信用金庫
	霞が関支店

お名前
　東　弁　太　郎　様

店番　　　　　　　　口座番号
○○　　　　　　　　○○○

※　通帳のコピー

東弁太郎[50]　㊞[51]

49　本文との関連性を示すため手書きする。
50　新968条2項の署名。
51　新968条2項の押印。

(別紙5)⁵² ㊞⁵³

東京都　　　　　　　　　　　　　　　全部事項証明書　　　（建物）

専有部分の家屋番号					

表　題　部	（一棟の建物の表示）	調製	平成6年6月23日	所在図番号	余白
所　　在	○○区				余白
	○○区				錯誤 平成●年○月△△日登記
建物の名称	ハイライズ				余白

① 構　造	② 床　面　積　㎡	原因及びその日付〔登記の日付〕
鉄骨鉄筋コンクリート・鉄筋コンクリート造陸屋根11階建	1階　4008：58 2階　4008：34 3階　3757：58 4階　3494：29 5階　3494：29 6階　3494：29 7階　3494：29 8階　3007：87 9階　3007：87 10階　3007：87 11階　2278：76	余白
余白	余白	昭和63年法務省令第37号附則第2条第2項の規定により移記 平成●年○月△△日

表　題　部	（敷地権の目的である土地の表示）				
①土地の符号	② 所　在　及　び　地　番	③地目	④ 地積　㎡	登　記　の　日　付	
1	横浜市	宅地	17300：43	昭和59年3月26日	

表　題　部	（専有部分の建物の表示）	不動産番号	0208000020390
家屋番号		余白	
建物の名称	635	余白	

① 種　類	② 構　造	③ 床　面　積　㎡	原因及びその日付〔登記の日付〕
居宅	鉄骨鉄筋コンクリート造1階建	6階部分　70：27	昭和●年○月△△日新築
余白	余白	余白	昭和63年法務省令第37号附則第2条第2項により移記 平成●年○月△△日

1/2

東弁太郎⁵⁴　㊞⁵⁵

整理番号

＊　下線のあるものは抹消事項であることを示す。

52　本文との関連性を示すため手書きする。
53　新968条3項の変更場所の押印。
54　新968条2項の署名。
55　新968条2項の押印。

[印]56

神奈川県　　　　　　　　　　　　　　　　全部事項証明書　　　　（建物）

表　題　部	（敷地権の表示）		
①土地の符号	②敷地権の種類	③　敷　地　権　の　割　合	原因及びその日付〔登記の日付〕
1	所有権	320万7535分の7384	昭和●年○月△△日敷地権 〔昭和●年○月△△日〕

権　利　部　（甲　区）	（所有権に関する事項）		
順位番号	登　記　の　目　的	受付年月日・受付番号	権　利　者　そ　の　他　の　事　項
1	所有権保存	昭和●年○月△△日 第　　　号	原因　昭和●年○月△△日売買 共有者
	余白	余白	
2 付記1号			

権　利　部　（乙　区）	（所有権以外の権利に関する事項）		
順位番号	登　記　の　目　的	受付年月日・受付番号	権　利　者　そ　の　他　の　事　項
1			
付記1号			

＊　下線のあるものは抹消事項であることを示す。　　　整理番号　　　東弁太郎[57]　[印][58]　2/2

56　新968条3項の変更場所の押印。
57　新968条2項の署名。
58　新968条2項の押印。

第1節　自筆証書遺言の方式の緩和　　179

[印]59

神奈川県		全部事項証明書	（建物）
順位番号	登　記　の　目　的	受付年月日・受付番号	権　利　者　そ　の　他　の　事　項
2			
	余　白	余　白	昭和63年法務省令第37号附則第2条第2項の規定により移記 平成6年6月23日

東　弁　太　郎 [60]　[印]61

これは登記記録に記録されている事項の全部を証明した書面である。

平成21年3月27日
関東法務局特別出張所　　　　　登記者　　　　法　務　一　郎　

＊　下線のあるものは抹消事項であることを示す。　　　整理番号

59　新968条3項の変更場所の押印。
60　新968条2項の署名。
61　新968条2項の押印。

第2節 遺言書の保管制度

CASE

遺言者Aには，子のC_1とC_2がいる。C_1はAと共に家業を営んでいる一方，C_2は大学卒業後，家を飛び出し，Aの亡妻B（C_1，C_2の母親）の看護にも一切協力しなかった。Aの主な財産は，自宅兼事業所の土地建物（4000万円相当）と，預貯金2000万円である。

Aは，「すべての財産をC_1に相続させる」，「この遺言書の遺言執行者としてPを指名する。」と記載した自筆による遺言書を作成した。

Aは郊外に居住しているため，自宅近所に法務局はあるものの，公証役場までは自動車で1時間以上かかる所に住んでいる。そのため，Aの体力等に鑑み，長距離の移動は負担と考え，自筆証書遺言の保管制度を利用しようと考えた。

◆ 設問

1 遺言書の保管制度とは，どのようなものか。遺言書の保管を申請する先はどこになるか，保管方法や，その効力はどのようなものか。
2 遺言者Aが遺言書の保管制度を利用した後，A本人は，当該法務局に対し，どのようなことを請求できるか。また，推定相続人であるC_1，またはC_2，および遺言執行者Pは，遺言書の保管制度に関連して，法務局にどのようなことを請求できるか。
3 遺言者Aは，保管制度を利用した後，遺言書の保管を撤回したり，返還を求めたりすることができるか。
4 遺言者Aの死亡による相続開始後，相続人C_1，C_2，および遺言執行者Pは，法務局に対し，どのようなことを請求できるか。

▶ 改正のポイント

❶自筆証書遺言の保管制度が新設された。
❷自筆証書遺言書の保管を申請するときには，遺言者本人が，遺言書保管所として指定された法務局に出頭する必要がある。

❸保管申請した遺言書の返還・撤回を申請する際にも，遺言者本人が，その遺言書が保管されている遺言書保管所に出頭する必要がある。
❹この保管制度で保管された遺言書については，遺言者死亡後の検認は不要である。

解説 》》》

1 設問1について
(1) 概説

　今回の民法改正において，自筆証書遺言の保管制度の設立が検討され，法務局における遺言書の保管等に関する法律（以下，本稿では「法」という。）が制定された。

　自筆証書遺言は，遺言書のなかでは一番簡便な方式であり，作成費用は特にかからず，遺言者が文字さえ書けるのであれば作成でき，遺言書作成の事実も内容も一応秘密にできる遺言形式である（裁判所職員総合研修所監修『親族法相続法講義案（七訂補訂版）』〔一般財団法人司法協会，2017〕336頁））。そのため自筆証書遺言は，「費用をかけずに，人に知られずに遺言書を書きたいと思っている」（部会第17回会議議事録・34頁［金澄幹事発言］）という遺言作成者のニーズに応えることができる。その一方で，自筆証書遺言には，「作成後に遺言書が紛失したり，あるいは相続人によって隠匿，変造されるおそれ」や，「相続人が遺言書の存在を把握できなかったり，あるいは複数の遺言書の作成の真正をめぐっての深刻な紛争が生じ」る可能性などが存在する（部会第6回会議議事録・31頁［大塚関係官発言］）。

　他方，公正証書遺言は，遺言書の存在及び内容が明確であり，証拠力が高く，滅失・毀滅・隠匿・改変のおそれもなく，遺言者が自筆できない場合にもでき，かつ検認手続も必要でないというメリットがある。その一方で，その手続が煩雑で費用もかかるというデメリットも有する（裁判所職員総合研修所監修『親族法相続法講義案（七訂補訂版）』〔一般財団法人司法協会，2017〕336頁）。

このように，公正証書遺言は自筆証書遺言のリスクを軽減できる方法ではあるが，費用削減・手続の簡便さ等を求める遺言作成者の希望に答えきれない面もある。また，行政的コストはかかるものの，自筆証書遺言を保管する制度が新設されれば，自筆証書遺言の紛失，隠匿，変造のおそれはほぼ無くなり，遺言書が保管されている旨，相続人等へ告知する制度が設置されれば相続人が遺言書の存在を把握できないという可能性を軽減させることもできる。そこで，自筆証書遺言の利便性向上のため，自筆証書遺言の保管制度が設立されることとなった。

なお，法務局における遺言書の保管等に関する法律は平成 32 年 7 月 10 日に施行されることとなっている。

(2) 遺言書の保管の申請先について

遺言書の保管に関する事務は，法務大臣の指定する法務局が，遺言書保管所としてつかさどる（法 2 条 1 項）（以下，本稿では法務大臣の指定する法務局を「遺言書保管所」という。）。なお，遺言書の保管機関として法務局が選ばれた理由は，「全国に相当数存在し，利便性がある一方で，市区町村役場ほど国民が頻繁に訪問する機関でもないため遺言者のプライバシー保護も確保できる」（部会資料 14・13 頁）ところだと考えられたためである。

遺言者は，以下の遺言書保管所に対し，遺言書の保管の申請をすることができる（法 4 条 3 項）。

① 遺言者の住所地を管轄する遺言書保管所
② 本籍地を管轄する遺言書保管所
③ 遺言者が所有する不動産の所在地を管轄する遺言書保管所

なお，すでに遺言者の作成した他の遺言書が現に保管されている場合には，当該他の遺言書が保管されている遺言書保管所に対し，遺言書の保管を請求しなければならない（法 4 条 3 項括弧書き）。

本問では，A の住所地，本籍地，又は所有する土地建物の所在地を管轄する遺言書保管所に対し，A は自筆証書遺言の保管を申請することができる。ただし，今回の遺言書保管申請に先立ち，既に異なる遺言書保管所に遺言書が保管されている場合には，当該遺言書保管所に対して，今回の遺言書の保管を申請することとなる。

(3) 遺言書の保管の申請方法

(ア) 遺言者本人による出頭

遺言者は，遺言書保管所に自ら出頭して，遺言書の保管の申請をしなければならない（法4条6項）。

遺言者本人が遺言書保管所に自ら出頭することを求める趣旨は，「遺言者が自ら遺言の保管手続きを行ったことが遺言の真正な成立を基礎付ける間接事実となり，遺言の有効性を巡る紛争の抑止にもつながるものと考えられる」（部会資料9・12頁）からである。そのため，本人以外の者による遺言書保管の申請，すなわち，代理人や使者による遺言書保管の申請は認められない。

よって，病気等のため遺言者自らが遺言書保管所へ出頭できない場合や，遺言者が遺言書保管所への出頭を希望しない場合は，遺言書保管制度の利用はできない。そのため，かかる者が遺言書原本の保管や検認の回避を希望するときには，公証人に出張を求めての公正証書遺言の活用を検討することになる。

(イ) 遺言保管申請を行う際の申請書・添付資料について

遺言の保管を申請する際には，遺言書に添えて，以下の事項を記載した申請書を提出する必要がある（法4条4項各号）。

① 遺言書に記載されている作成の年月日
② 遺言者の氏名，出生の年月日，住所，及び本籍（外国人である場合には，国籍）
③ 遺言書に次に掲げる者の記載があるときには，その者の氏名または名称および住所
　　ア　受遺者
　　イ　民法1006条1項の規定により指定された遺言執行者
④ その他，法務省令で定める事項

また，遺言者は上記②を証明する書類（たとえば，住民票（戸籍の表示のあるもの）などが考えられる）及びその他法務省令で定める書類を，申請書に添付する必要がある（法4条5項）。さらに，遺言者は，遺言書保管所に対し，本人確認のための書類の提示・提出等を行う必要がある（法5条）。

本問では，Aは，上記①～④の事項を記載した申請書に，上記②を証明する書類（住民票等）等を添付して，身分証明書，および遺言書を持参して，遺言書保管所に遺言書の保管を申請することとなる。

（4）保管できる遺言書の種類

　遺言書保管所にて保管できる遺言書は，無封の遺言書で，かつ法務省令で定める様式にて作成されたものに限られる（法4条2項）。

　では，遺言者が封をした遺言書を遺言書保管所に持参した場合，「無封の遺言書」でないことを理由に，保管を拒絶されるのであろうか。この点につき，「仮に遺言書が封緘されていた場合であっても，遺言者本人の了解を得てこれを開封した上，画像データを作成することを想定している」（部会資料17・16～17頁）ため，遺言者が開封して遺言書の保管を申請することになる。

　また，「遺言者から保管申出がされた遺言書が方式違背により無効であることが明らかな場合には，これを保管する必要性は認められないのであるから，むしろ遺言者に方式違背を伝えてその補正を促す方が遺言者の利益になるものと考えられる。また，自筆証書遺言の方式として民法968条に定められたもののうち，①日付及び氏名の自書並びに②押印については，方式違背の有無を確認することが比較的容易であるものと考えられる。そこで，法務局の担当官において，保管申出に係る遺言書について前記①及び②の方式違背の有無を審査し，不備がある場合には遺言者に対して補正を促した上で，補正がされないときは保管申出を却下すべきものと考えられる。」（部会資料17・15～16頁）という検討を経て，「遺言書の保管の申請がされた際には，法務局の事務官が，当該遺言の民法第968条の定める方式への適合性を審査」（部会資料24-1・10頁）するとの運用を予定している。

　本問では，Aは，自筆証書遺言を作成したら，封をせずに，遺言書保管所に遺言書を持っていく必要がある。ただし，遺言書に封をしてしまったとしても，A自ら遺言書保管所で開封することで保管制度の利用をうけることができる。

(5) 遺言書保管所での遺言書の保管方法

　遺言保管の申請がなされた遺言書の原本は，遺言書保管所の施設内で保管される（法6条1項）。

　あわせて，保管されている遺言書に記載の情報等は，電子データでも保管される（法7条1項・2項）。電子データで管理・保管される情報の内容は，以下のとおりである（法7条2項各号・4条4項1号〜3号）。

① 　遺言書の画像情報
② 　遺言書に記載されている作成の年月日
③ 　遺言者の氏名，出生の年月日，住所および本籍（外国人である場合には，国籍）
④ 　遺言書に次に掲げる者の記載があるときには，その者の氏名または名称および住所
　ア　受遺者
　イ　民法1006条1項の規定により指定された遺言執行者
⑤ 　遺言書の保管が開始された年月日
⑥ 　遺言書の保管されている遺言書保管所の名称，および遺言書の保管番号

　また，遺言書保管所は，遺言者の死亡した日から相続に関する紛争を防止する必要があると認められる期間が経過した後は，遺言書を破棄できる（電子データとして管理されている遺言書の情報も消去できる）。遺言者の生死が明らかでない場合にあっては，これに相当する日（として政令で定める日）から相続に関する紛争を防止する必要があると認められる期間が経過した後に，遺言書の破棄・データの消去ができる。これら「必要があると認められる期間」は政令で定められる（法6条5項・7条3項）。

　本問では，遺言書保管所がA作成の遺言書を保管した場合，その原本は遺言書保管所の施設内で保管され，遺言書の画像や申請書記載の各情報等がデータで管理される。そして，Aが死亡し相続に関する紛争を防止する必要があると認められる期間が経過するまで，当該遺言書は破棄等されずに保管される。

（6）遺言保管制度の効果

　相続人が遺言書を発見したときは，相続の開始後，遅滞なく，これを家庭裁判所に提出して，その検認を請求しなければならないのが，原則である（1004条1項）。しかし，公正証書遺言の場合（1004条2項）と同様に，遺言書保管所に保管されている遺言書については，検認手続を経る必要がない（法11条）。その趣旨は次のとおりである。

　遺言書の検認は，遺言書の偽造・変造を防ぎ，かつ遺言書を確実に保存する（証拠保全）ための検閲・認証手続である。検認が証拠保全のための手続である以上，検認を経たからといって，当該遺言が有効に成立したと推認されるものではない（東京高判昭和32年11月15日下民集8巻11号2102頁）。また，検認後の訴訟で遺言が無効とされることもありうる（大決大正5年6月1日民録22輯1127頁）。このように，検認が証拠保全手続であるとされていることから，公正証書遺言については検認が不要とされている（1004条2項）。公正証書遺言は公証人役場に保存されているため，証拠保全が確実となっており，あらためて証拠保全手続を取る必要がないという趣旨である（新版注釈民法（28）286頁［泉久雄］）。そして，遺言保管制度で保管されている自筆証書遺言についても，「この点については，現在，家庭裁判所による検認手続で行われているのは，遺言の現状の記録，発見時の状況の聴取，保管状況の聴取等が中心であると思われるところ，遺言保管の対象となっている遺言については，これらはいずれも自明であると考えられる。そうすると，保管者や相続人らに負担を掛けてまで，検認を義務付ける必要はないものと考えられる。」とされた（部会資料22-2・20頁）。

　また，検認手続きには，遺言の存在を利害関係人に確知させるという機能もある。この点についても，「相続人等から正本の交付申請等があった場合には，他の相続人等に対しても遺言書の保管事実を通知するものとしており，相続人等が遺言書の存在及び内容を知る機会を確保している。」（法9条5項）（部会資料17・19頁）ため，遺言書の保管制度を利用した場合，検認手続が担っていた，遺言書の存在を利害関係人に確知させるという機能も充足することとなる。

　そこで，遺言書の保管制度を利用した場合，検認手続を経る必要がない

と定められた。

本問では，遺言書保管所がA作成の遺言書を保管した場合，Aが死亡した後にC_1やC_2が当該遺言書の写しの交付をうけても，当該相続人は家庭裁判所に検認手続を申し立てる必要はない。

2 設問2について
(1) 遺言者Aが遺言書保管所に請求できる事項（保管した遺言書の閲覧請求）

遺言者は，自らが保管を依頼した当該遺言書が保管されている遺言書保管所に出頭して，保管を申請した遺言書の閲覧を請求することができる（法6条2項）。この閲覧請求を行う際，遺言者は本人確認に必要な書類の提示等を行い，閲覧についての請求書に必要事項を記入し，添付資料を添えたうえで，提出する（法6条34項・5条）。

本問では，Aは，A作成の遺言書の保管を申請した遺言書保管所に赴き，閲覧請求書に所定の事項を記入し，必要事項を証する書類や身分証明書など添付資料を添えたうえで，遺言書保管所に遺言書の閲覧を請求することとなる。

(2) 遺言者Aが生存中に，推定相続人C_1，C_2，遺言執行者Pが遺言書保管所に請求できる事項

遺言者の存命中には，遺言者以外の者の閲覧や，照会への回答は認められていない。法令上の根拠として，法9条1項は「その遺言者が死亡している場合に限る」としている。また，法10条1項は，何人も「遺言書保管所における関係遺言書の保管の有無」等の事項を証明した書面（遺言書保管事実証明書）の交付を請求することができる旨，定めているが，その前提として，法9条2項において「関係遺言書」につき，「自己が関係相続人等に該当する遺言書（以下この条及び次条第一項において「関係遺言書」という。）」と定義し，「関係相続人等」につき，法9条1項にて，同項各号に定める者を指すと規定している。そして，法9条1項各号に定める者は，遺言者が既に死亡していることを前提とする者が列挙されている。よって，照会への回答についても，遺言者が死亡している場合を想定して

いるといえる（以下，本稿では自己が関係相続人等に該当する遺言書保管所に保管されている遺言書を「関係遺言書」という。）。

「遺言者のプライバシーを保護する必要性がある（遺言の存在を他者に知らせるか否かは遺言者自身の意思に委ねられるべきである）ことと，現行法上，遺言は遺言者の死亡の時からその効力を生ずるもので，かつ，遺言者においていつでも撤回することができるとされている（民法第985条第1項）ため，相続開始前に遺言者以外の者（推定相続人等）にその存否を把握させる必要性は認められないことを理由とするものである。」（部会資料17・18頁。なお，引用文中の条文につき，原文記載の通りに引用）。

本問では，遺言者Aが存命中であるため，C_1，C_2，Pはいずれも，遺言書保管所に保管中の遺言書の閲覧はできず，遺言書保管所へ照会を行っても，回答を得ることはできない。

3　設問3について
(1) 保管申請の撤回，保管した遺言書の返還請求

遺言者は，自らが保管を依頼した当該遺言書が保管されている遺言書保管所に出頭して，申請した遺言書の保管申請を撤回することができる（法8条1項）。この保管申請の撤回を行う際にも，前述の閲覧申請と同様，遺言者は本人確認に必要な書類の提示等を行い，撤回書に必要事項を記入し，添付資料を添えたうえで，提出する（法8条2項3項・5条）。

この点につき，遺言書保管申請を撤回した後も当該遺言書を破棄等するまでは有効な遺言であることから，撤回のときも「申請のときと同じように，これも本人が出頭するようにしておかないと，改変，紛失のリスクがあることになります。特に改変が問題になります。」（部会第22回会議議事録・37頁［上西委員発言］）との意見もあり，遺言者本人の出頭主義が貫かれることとなった。

よって，遺言書保管制度を利用した後に病気等のため遺言者自らが遺言書保管所への出頭できなくなった者等は，遺言書保管所に保管した遺言書の保管申請撤回や返還請求を行うことはできない。そのため，遺言書保管制度を利用した遺言者が，保管した遺言書と異なる遺言内容を希望する場

合には，遺言の撤回（1022条）や保管申請した遺言書の遺言内容と抵触する遺言内容の遺言書を新たに作成する（1023条）こととなる。

(2) 保管した遺言書の保管申請撤回がなされた際の処理について

遺言者から，遺言書の保管申請の撤回がなされたとき，当該遺言書保管所は，遅滞なく，遺言者に対し保管している遺言書を返還するとともに，当該遺言書にかかる情報を消去する（法8条4項）。

本問では，Aは，A作成の遺言書の保管を申請した遺言書保管所に赴き，撤回書に所定の事項を記入のうえ，必要事項を証する書類や身分証明書を持参して，この撤回書を遺言書保管所に提出すると，Aは遺言書の返還を受けることができるとともに，遺言書保管所にて管理されていた遺言に関する情報が消去される。

4 設問4について

(1) 遺言者死亡後における遺言書の有無についての照会（法10条）

遺言書の保管申請を行った遺言者が死亡している場合に限り，何人も，遺言書保管所に対し，関係遺言書が遺言書保管所に保管されているかどうか，関係遺言書が保管されている場合には遺言書保管ファイルに記録されている保管場所や保管番号，遺言書の作成年月日が記載された書面の交付を請求することができる（法10条1項）。この照会請求先は，実際に当該遺言書が保管されている遺言書保管所である必要はなく，どの遺言書保管所に対しても請求することができる（法10条2項・9条2項）。

本問では，C_1もC_2もPも，遺言書保管所（Aが実際に遺言の保管を申請した遺言書保管所に限らない）に対し，請求書に所定の事項を記入の上，遺言書の有無等についての証明書の交付を請求することとなる。

(2) 保管した遺言書の写し等の交付請求（法9条1項），閲覧請求（法9条3項）

遺言書の保管申請を行った遺言者が死亡している場合に限り，相続人や受遺者，遺言執行者等は，遺言書保管所に対し，遺言書保管ファイルに記録されている事項（遺言書の写しを含む）が記載されている書面の交付を請求できる（当該遺言書の保管を申請した遺言者の相続人については法9条1項1

号，当該遺言書において遺言執行者に指定された者については同項3号ニ）。この交付請求先は，実際に当該遺言書が保管されている遺言書保管所である必要はなく，どの遺言書保管所に対しても請求することができる（法9条2項）。

　また，遺言書が保管されている遺言書保管所に対し，相続人や受遺者，遺言執行者等は，当該保管されている遺言書の閲覧を請求することができる（法9条3項）。

　なお，遺言書保管所は，相続人や受遺者，遺言執行者等に対し，この遺言書情報証明書を交付したり，遺言書の閲覧をさせたりしたときには，速やかに，遺言書の相続人等の当該遺言書の関係者に対し，遺言書を保管している旨，通知する（法9条5項本文）。ただし，それらの者が遺言書保管所に遺言書が保管されていることを既に知っている場合には，この通知はなされない（法9条5項ただし書）。

　本問では，C_1 も C_2 も P も，遺言書保管所と指定された法務局（A が遺言書の保管を申請した遺言書保管所に限らない）に対し，遺言書情報証明書の交付請求書を提出して，遺言書情報証明書の交付を請求することができる。また，C_1 も C_2 も P も，A の遺言書が保管されている遺言書保管所に対し請求書を提出して，閲覧を請求することができる。C_1，C_2，P のいずれかが，かかる請求を遺言書保管所に行ったとき，遺言書保管所から残りの者に対し，遺言書保管所に A の遺言書が保管されていることの通知がなされる。

（横山　宗祐）

第3節 遺贈の担保責任等

> **CASE**
> 遺言者Aは次のような遺言を作成した後，死亡した。Aの相続人は配偶者Bであり，唯一の遺贈義務者である。

設問

1. Aは「P市に対し，児童公園設営のため甲土地を遺贈する。」との遺言を遺して死亡した。BはP市に甲土地を引き渡し，所有権移転登記も済ませたが，その1か月後，甲土地は化学物質に汚染されていて，除染しなければ公園として利用に堪えないことが判明した。Bは甲土地を除染しなければならないか。

2. 米穀店を経営していたAは，日頃からQ子ども食堂の活動を支援しており，「私が死んだ後も子どもたちに美味しいお米を食べてもらいたい。店内にある米100キロをQ子ども食堂に遺贈する。」との遺言を遺して死亡した。BはAの米穀店内にあった米のうち100キロを取り分けて，Q子ども食堂に引き渡した。その翌日，Q子ども食堂が米袋を開封したところ，虫が湧いていて食べられなかった。Bは改めて米を引き渡さなければならないか。

3. Aは，「友人Rに対し，世界的に有名なX画伯の乙絵画を遺贈する。」との遺言を遺して死亡した。Bが乙絵画をRに引き渡そうとしたところ，Aの別の友人Sが「乙絵画は自分の所有物だ。Aに預けていただけである。」と述べて，Aの預かり証を提示した。預かり証の筆跡は間違いなくAである。乙絵画がSの所有物であってもBはこれをRに引き渡さなければならないか。

4. Aは，「T法人に対し，自己の所有する丙マンションを遺贈する。」との遺言を遺して死亡した。丙マンションにはU銀行の抵当権が付されている。T法人はBに対し，U銀行の抵当権の抹消を要請している。BはT法人の要請に従わなければならないか。

▶ 改正のポイント

❶ 2020年4月1日から施行される改正民法（債権関係）（いわゆる債権法改正）では，売買の担保責任に関する規律について見直しが行われた。たとえば，いわゆる法定責任説の考え方を否定し，売主は，目的物が特定物であるか，不特定物であるかを問わず，その種類及び品質等に関して契約内容に適合する物を引き渡す義務を負い，引き渡した物が契約内容に適合しない場合，買主は売主に追完請求等ができることになった（新562条）。

❷ また，無償行為である贈与の担保責任についても，贈与者は，契約内容に適合する目的物を引き渡す義務を負い，その契約において，贈与の目的として特定した時の状態で引き渡し，又は移転することを約したものと推定するとされた（新551条1項）。

❸ このような債権法改正における見直しの内容を踏まえ，遺贈の担保責任についても見直しが行われた。具体的には，遺贈義務者の引渡義務，及び遺言者による別段の意思表示がある場合の規律である（新998条）。

❹ 新998条本文は遺贈義務者の引渡義務を定める。すなわち，債権法改正における贈与の担保責任に関する規律を踏まえ，遺贈の無償性を考慮し，遺贈義務者は原則として，遺贈の目的となる物又は権利を，相続開始時（その後に当該物又は権利について遺贈の目的として特定した場合にあっては，その特定の時）の状態で引き渡し，又は移転する義務を負うとする。ただし，この規律は，あくまでも遺言者の通常の意思を前提としたものにすぎないから，遺言でこれと異なる意思が表示されていた場合には，遺贈義務者はその意思に従った履行をすべき義務を負うことになる（同条ただし書）。これに併せて，不特定物の遺贈義務者の担保責任を定めていた旧998条は削除されることになった。なお，新998条の改正に伴い，旧1000条も削除された。

解説 》》》

1 設問1について

遺贈の目的たる甲土地は特定物であり，遺贈後に土壌汚染が判明したケースである。

(1) この点，旧法には直接の規定がない。しかしながら，贈与と同様の担保責任が生じるものの，債権法改正前551条1項ただし書の類推適用はないと考えられていた（潮見佳男『相続法（第5版）』〔弘文堂，2014〕291頁）。

したがって，旧法のもとでは，Bは甲土地をP市に引き渡せば足り，甲土地の除染については担保責任を負わないと考えられる。

(2) これに対し，改正後，Bはどのような義務を負うか。この点，新998条本文は，特定物，不特定物を問わず，遺贈義務者の負う引渡義務の内容は，遺言の趣旨に照らして確定されることになるが，遺贈の無償性に鑑み，原則として，遺贈の目的である物を相続開始の時の状態で引き渡し，又は移転する義務を負うと規定する。

本問のように，BがP市に甲土地を引き渡した後，土壌汚染が判明したようなケースでは，Aの遺言において「万が一，土壌汚染が判明した場合には，Bの責任で甲土地を除染する。」といった特段の定めがない限り，Bは相続開始の時の状態で甲土地をP市に引き渡せば足りる。

したがって，Bは甲土地の土壌汚染について何らの義務を負わないと考えられる。なお，受遺者であるP市のリスク回避手段としては，遺贈を受けるに先立ち目的物たる甲土地の地質検査等を経る，又は遺贈を放棄するといった方法がとられることになろう。

2 設問2について

遺贈の目的たる米100キロは不特定物であり，遺贈後に虫が湧いていて食べられないことが判明したケースである。

(1) 本問のような不特定物の遺贈について，改正前には旧998条2項が

適用されていた。

　したがって，遺贈の目的物に瑕疵があった場合，B は瑕疵のない物をもってこれに代えなければならないから，B は，A の米穀店にある別の米を特定して引き渡す必要がある。ただし，一般的に，遺言者は自己所有のものの中から一定量を遺贈する意思であることが多いから（限定種類物の遺贈），当該種類物が相続財産の中になければ，遺贈は 996 条及び 997 条によって原則として効力を失うことになる（新版注釈民法（28）256 頁［上野雅和］）。

　したがって，仮に A の店内に食用に適した米が残っていなければ当該遺贈すべてが，また，食用に適した米が 10 キロしか残っていなければ，残りの 90 キロについての遺贈はその限度で効力を失う（996 条本文）。

　よって，食用に適した米が 100 キロ以上残っていた場合には 100 キロ，仮に食用に適した米が 10 キロしか残っていなかった場合には 10 キロについてのみ，B は引渡義務を負う。また，A の店内の米すべてが食用に適さなければ，B は引渡義務を負わない。

(2)　改正後における B の引渡義務はどうなるか。

　この点，A の意思は「子どもたちに美味しいお米を食べてもらいたい」というものであり，そのことが遺言に記載されている。したがって，B は遺言の内容に適合するよう，店内にある食用に適した別の米 100 キロを Q 子ども食堂に引き渡す義務を負うと考えられる。

　それでは，A の店内にあった全ての米が A の相続開始前から虫に喰われていたような場合にも，B は新 998 条による引渡義務を負うのだろうか。

　この点，贈与の引渡義務について，債権法改正の立法担当者は「種類物については，契約の内容に適合しないものでは特定を生じないとの立場を前提とすると，そもそも契約の内容に適合した目的物をなお調達し，引き渡す義務を負うことになる。」と解説する（筒井健夫ほか『一問一答民法（債権関係）改正』〔商事法務，2018〕266 頁）。遺贈においても同様に解釈すれば，食べられる米を特定しなければ特定は生じないと考えられるから，B は食用に適した米を別に調達するか，調達が不能な場合には不完全履行に基づ

く損害賠償責任を負うことになるとも考えられる。

　しかしながら，贈与の場合，贈与者は自らの意思によって不特定物を贈与するのであるからそのリスクを甘受すべきと考えられるのに対し，遺贈は遺言者の意思によるのであるから，遺贈義務者の負担において相続財産の価額の限度を超える遺贈を有効と認める必要はないと考えられる（新版注釈民法（28）247頁［阿部徹］）。

　今般の相続法改正によっても，相続財産に属しない権利の遺贈を原則として無効と定める996条及び997条が改正されないことを勘案すると，Bの引渡義務はAの店内に残された米の限度で負うに過ぎないと考えられる。

　したがって，Aの相続開始前から店内の米がすべて虫が湧いていて食べられない場合には，Aの遺言は無効と考えられるから（996条本文），Bは他から米を調達して引き渡す義務を負わない。一方，店内に食用に適した米が残っていればBは100キロの範囲で引渡義務を負う。

3　設問3について

(1)　他人物遺贈について，民法は，原則として無効であるが，遺言者が，その権利が相続財産に属するかどうかにかかわらず遺贈の目的としたと認められるときはこの限りでないと規定する（996条）。また，996条ただし書により他人物遺贈が有効とされる場合には，遺贈義務者は，その権利を取得して受遺者に移転する義務を負い（997条1項），これを取得できないとき，又は取得するのに過分の費用を要するときは，原則として遺贈義務者はその価額を弁償しなければならないが，遺言に別段の定めがあるときはこの限りではないと規定する（同条2項）。改正後も上記規律は維持されるから，他人物遺贈が原則として無効であることに変わりがない。

(2)　本問においては，乙絵画をRに遺贈するというAの遺言は存在するが，Sから「乙絵画は自分の所有物である。」と申し述べられた。Sの主張が事実であると認定されるのであれば，Aの遺贈は他人物遺贈となるから原則として無効である（996条本文）。

　これに対し，Aが遺言で「Aの相続財産であるかどうかに関わらず（又

は，Sから取得して），乙絵画をRに遺贈する」と記載していた場合（996条ただし書），Bは乙絵画をSから取得してRに引き渡す義務を負い（997条1項），乙絵画を取得できないとき又は取得に過分の費用を要するとき，Bは原則としてRに対し，その価額を弁償する義務を負うことになる（同条2項）。

なお，996条ただし書により他人物売買が例外的に有効となる場合においても，新998条が適用されることに変わりないから，仮に乙絵画が贋作であっても，Bは相続開始時の状態で乙絵画をRに引き渡すことで足りると考えられる。

4 設問4について
（1） 新998条の改正に伴い，旧1000条は削除された。

旧1000条は，遺贈の目的である物又は権利が遺言者の死亡時に第三者の権利の目的であるとき，原則として，受遺者は遺贈義務者に対してその権利を消滅させるよう請求することができないと定めていた。改正後は，新998条により，遺贈義務者は相続開始時の状態で遺贈の目的物を引き渡し又は移転すれば足りることになるから，旧1000条を残す必要はないと考えられたためである（部会資料24-2・25頁）。

（2） したがって，本問では，旧法同様，BはT法人に対し，U銀行の抵当権が付された丙マンションを引き渡し，所有権移転登記を経由すれば足り，T法人はBに対し，上記抵当権の抹消を請求することはできない。

（荒木　理江）

第4節……遺言執行者の権限

I 遺言執行者の権限

CASE

遺言者Aは，遺言執行者Pを指定した次の内容の公正証書遺言を作成した上，死亡した。

《 設問

1 Aの遺言は，「Aの財産である不動産甲をQに譲る」という内容であった。しかし，唯一の法定相続人である配偶者Bが，甲について，相続を原因とする所有権移転登記をしてBの所有名義としたため，Qは，遺贈を原因とする所有権移転登記手続訴訟の提起を考えている。Qは，誰を被告として訴訟を提起することができるか。

2 Aの遺言は，「Aの財産である不動産甲を配偶者Bに，宝石乙を子Cに，それぞれ相続させる」という内容であった。Pは，遺言執行として，どのような行為ができるか。

3 Aの遺言は，「Aの財産である預金丙について，配偶者Bに相続させる」という内容であった。Pは，遺言執行として，どのような行為ができるか。

また，「預金丙の1/2を相続させる」という内容であった場合は，どうか。

▶ 改正のポイント

❶「遺言の内容の実現」が遺言執行者の責務であることが明確化された（新1012条1項）。

❷遺贈の履行は，遺言執行者があるときは，遺言執行者のみが行うことができるものとされた（新1012条2項）。

❸遺贈ではない，特定財産承継遺言（いわゆる「相続させる」遺言）の場合においても，遺言執行者は以下の行為ができるものとされた（ただし，被相続人が遺言で別段の意思を表示したときは，その意思に従うことに

なる〔新1014条4項〕)。
・対抗要件具備に必要な行為（新1014条2項）
・預貯金債権に係る預貯金の払戻しの請求（新1014条3項）
・預貯金債権全部が特定財産承継遺言の目的となっている場合は，当該預貯金に係る契約の解約申入れ（新1014条3項）。
❹遺言執行者は，任務開始後，遅滞なく，遺言の内容を相続人に通知する義務があるものとされた（新1007条2項）。

解説 》》》

1 総論
(1) 改正の目的
　遺言執行者制度の趣旨は，遺言の執行を遺言執行者に委ねることにより，遺言の適正かつ迅速な執行の実現を可能とすることにある。遺言執行者は，遺言者の意思を実現することを任務とする者である。したがって，たとえば，遺言者の意思と相続人の利益とが対立する場面では，遺言執行者としては，遺言者の意思を実現するために任務を行えば足りるものと考えられる（最判昭和30年5月10日民集9巻6号657頁参照）。
　この点，旧法上，遺言執行者の法的地位については，「相続人の代理人とみなす」とする規定（旧1015条）があるのみであり，その法的地位が明確でない。遺言執行者と相続人のいずれに当事者適格が認められるかという紛争も生じており，この紛争に関する裁判例も存在する（最判昭和31年9月18日民集10巻9号1160頁など）。
　そこで，遺言執行者の法的地位および一般的な権限を明確にする目的で，以下の改正がなされた（以上について，中間試案補足・46頁～47頁）。

(2) 一般的な権限等
(ア) 遺言執行者の法的地位の明確化
　遺言執行者の法的地位を明確にする観点から，「遺言執行者は，相続財産の管理その他遺言の執行に必要な一切の行為をする権利義務を有する」と規定する旧1012条1項について，「遺言執行者は」の次に，「遺言の内

容を実現するため」を加える改正がされた（新1012条1項）。

なお，この点について，中間試案では，「遺言執行者は，遺言の内容を実現することを職務とし」とされていたが，「職務」という文言は具体的な権利義務の内容を指すものとして用いられており（688条等），遺言の内容を実現することという抽象的な権限について「職務」という文言を使用するのは相当でないという理由から，「職務」という文言は用いられていない（部会資料24-2・27頁）。

　(イ)　遺言執行者の権限の内容の法定化

遺言執行者の権限の内容は，遺言の内容によることになるが（1012条1項），遺言の記載内容からだけでは，遺言執行者に付与する権限に関する意思が明確でない場合もあり，その権限の内容をめぐって争いになる場合がある。また，特に取引行為に係る場合は，第三者の取引の安全の観点からも，遺言執行者の権限の内容を明確にする必要があることから，遺贈および遺産分割方法の指定（いわゆる「相続させる」遺言）について，その原則的な権限の内容が法定された（新1012条2項・1014条）。

　(ウ)　遺言執行者の行為の効果（旧1015条関係）

旧1015条は，遺言執行者の地位として，「遺言執行者は，相続人の代理人とみなす」と規定していたことから，一見，遺言執行者が相続人の指示や利益に従うべきことを定めたようにも見える。しかし，遺言執行者は，遺言内容の実現を責務として行為する者であり，その地位や行為は，相続人の利益に反する場合があるので，そのような読み方はなしえない。むしろ，旧1015条は，遺言執行者の行為の効果が相続人に帰属することを明らかにしたものと考えるべきことになる（新版注釈民法（28）339頁［泉久雄］）。

そこで，新1015条は，上記条文について，「遺言執行者がその権限内において遺言執行者であることを示してした行為は，相続人に対して直接にその効果が生じる」と改め，旧1015条の解釈内容を明確にした。なお，「遺言執行者であることを示して」という要件は，中間試案にはなかったが，代理に関する99条と同様に規定するのが相当であると考えられることから付加されたものである（部会資料25-2・15頁）。

(エ) 遺言執行者の通知義務

遺言内容の実現は，遺言執行者がない場合には相続人が，遺言執行者がある場合には遺言執行者がすべきことになるため，相続人としては，遺言内容および遺言執行者の有無について，重大な利害関係を有することになる。しかし，旧法上，遺言執行者がいる場合に，相続人がこれを知る手段が確保されていないため，遺言執行者が，遅滞なく，遺言の内容を相続人に通知する内容の規律を設ける必要がある（中間試案補足・48頁）。

そこで，「遺言執行者は，その任務を開始したときは，遅滞なく，遺言の内容を相続人に通知しなければならない」という規定が設けられた（新1007条）。

なお，上記趣旨にかんがみて，遺言執行者がいない場合には自ら遺贈等を履行する義務のない受遺者は，通知の対象とされないと解される（部会資料17・22～23頁）。

2 設問1について

(1) 遺贈に関する遺言執行者の権限（新1012条2項）

(ア) 遺贈に関する遺言執行者の権限について，「遺贈の履行は，遺言執行者のみが行うことができる」（新1012条）と規定された。

このような規律が設けられた趣旨は，旧法上，受遺者による遺贈の履行請求の相手方が明確でなかったことから，その相手方を明確にする点にあり，これによって，受遺者は，遺言執行者がある場合には遺言執行者を相手方として，遺言執行者がない場合には相続人を相手方として，それぞれ遺贈の履行請求をすべきことが明らかとなった（部会資料26-2・5頁）。

なお，旧法上も，裁判例としては，相続人と遺言執行者のいずれを被告とすべきかという点が争いとなった事案において，受遺者が遺贈の目的たる不動産につき所有権移転登記手続を求める場合には，遺言執行者に対してのみ訴えを提起すべきであって，相続人に対しては直接請求できないとしたものがある（最判昭和43年5月31日民集22巻5号1137頁）。

(イ) 遺贈に関する遺言執行者の権限の範囲については，前記の遺言執行者制度の趣旨より，遺贈の履行をするのに必要な行為全般に及ぶものと

いえる。

　しかし，その具体的内容は，遺贈義務者が負う履行義務の内容によって定まるものである

　そこで，「遺贈の履行は，遺言執行者のみが行うことができる」（新1012条）というように，遺贈の履行権限は遺言執行者にあることを明らかにするが，その具体的内容は示さない内容で規定されている。

　（ウ）　なお，新法は，遺言執行者の権限について，遺産の分割の方法の指定として遺産に属する特定の財産を共同相続人の1人または数人に承継させる旨の遺言を「特定財産承継遺言」としたうえで，特定財産承継遺言がなされた場合は，「被相続人が遺言で別段の意思を表示したときは，その意思に従う」（新1014条4項）という規定（規律）を設けているのに対し，特定遺贈がされた場合は，このような規定（規律）を設けていない。

　これは，特定遺贈がされた場合，義務の内容について遺言者がなんらかの意思を表示したときにその内容に従うことは当然であると考えられることから，特定財産承継遺言がされた場合のようにデフォルト・ルールとして規定する必要はないという考えに基づくものと解される（部会資料26-2補足説明・5～6頁参照）。

(2) 設問1について

　不動産が遺贈されたケースである。

　遺贈については，遺言者の死亡の時から効力が発生するので（985条1項），Aが死亡した時にQに甲の所有権が移転する。

　そこで，遺贈義務者の履行義務は，Qに対する所有権移転登記義務になるが，遺言執行者がある場合には遺言執行者がその義務を負い，相続人はその義務を負わない。よって，本件では，Pのみがその義務を負うことになる。

　以上より，受遺者Qは，相続人であるBではなく，遺言執行者であるPにのみ請求できることとなる（新1012条2項）。

　なお，現行法上も，同様の結論になるものと解される（前掲最判昭和43年5月31日民集22巻5号1137頁）。

3 設問2について

遺産の分割の方法の指定として遺産に属する特定の財産を共同相続人の1人または数人に承継させる旨の遺言（特定財産承継遺言）がなされたケースである。

(1) 特定財産承継遺言における、対抗要件具備に関する遺言執行者の権限（新1014条2項）

遺産分割方法の指定（特定財産承継遺言）については、旧法上は908条に根拠規定があるのみで、その効果についても学説上争いがあること等に照らすと、遺言執行者の権限の内容を明確化すべき必要性が高いと考えられる。このような観点から、遺産分割方法の指定がされた場合の遺言執行者の権限の内容を明らかにする方向で改正が検討された（中間試案補足・50頁）。

この点、旧法下の裁判例では、遺産分割方法の指定の場合、遺言書に記載された遺産は何らの行為を要せずして、被相続人の死亡の時に直ちに相続人が確定的に取得することとなると解されている（最判平成3年4月19日民集45巻4号477頁）。

そこで、新法も、遺言執行者に対象財産の引渡義務まで負わせるものではないことを前提としている（部会資料20・28頁参照）。

他方で、下記(2)で説明する趣旨にかんがみ、第三者に対する対抗要件具備については、遺言執行者は、当該共同相続人が、法定相続分を超える部分について、第三者に対抗する登記、登録その他の対抗要件（新899条の2）を備えるために必要な行為をすることができるものと規定した（新1014条2項）。なお、同規定は、その文言上、遺言執行者に対して、第三者対抗要件具備の義務まで負わせるものではないことから、権限として明文化されている行為をしなかった場合の責任については、明らかでない。遺言執行者は、上記の対抗要件具備の権限に基づき、不動産の物権変動に関する登記（177条）、動産の物権変動に関する引渡し（178条・182条ないし184条）、指名債権の譲渡に関する通知（467条）、不動産賃借権の登記（605条）及び自動車の登録（道路運送車両5条1項）等をすることができることになる。

(2) 設問 2 について
　(ア)　不動産甲について
　(a) 遺産分割方法の指定の対象が不動産であった場合，これは相続による権利の承継（包括承継）であることから，相続人による単独の登記申請が認められている（不登 63 条 2 項）。
　そこで，遺言執行者についても，不動産登記手続に関する権限が認められるかが問題となる。
　(b) この点，旧法下の判例では，遺言執行者の権限について，①「不動産取引における登記の重要性に鑑み，受益相続人に登記を取得させることは遺言執行者の職務権限に属する」としたうえで，②登記実務上，相続させる遺言については不動産登記法 63 条 2 項により受益相続人が単独で登記申請することができるとされているから，当該不動産が被相続人名義である限りは，遺言執行者の職務が顕在化せず，遺言執行者は登記手続きをすべき権利も義務も有しないとしたうえで，③相続開始後に当該不動産について自己への所有権移転登記をした無権利者の相続人に対し，遺言執行者が，その登記抹消を請求し，真正な相続人への移転登記申請手続を行うことは「遺言の執行に必要な一切の行為」に当たり，遺言執行者の職務権限に属するとした判例がある（最判平成 11 年 12 月 16 日民集 53 巻 9 号 1989 頁）。
　よって，旧法上，甲が被相続人 A 名義であれば，所有権移転登記手続は P の職務として顕在化せず，P が当該手続きを行うことはできない。
　(c) これに対し，新 1014 条 2 項は，不動産を除外せず，対抗要件具備行為をする権限を一般的に認めた。
　これは，前記判例による登記実務を変更するものといえるが，この点について，中間試案補足説明・51 頁では，「前記判例が指摘するとおり，受益相続人が単独で対抗要件を具備することができるため，遺言執行者にその権限を付与する必要はないとも考えられるが，近時，相続時に相続財産に属する不動産について登記がされないために，その所有者が不明確になっている不動産が多数存在することが社会問題となっていること等に鑑みると，遺産分割方法の指定がされた場合に，遺言執行者による単独申請に

よって登記を認めることができないかについても検討の余地があるものと考えられる」という指摘がなされている。

そこで，甲が被相続人A名義であった場合でも，Pは，Bへの所有権移転登記手続を行うことができると考えられる。

(イ)　動産乙について

(a)　遺産分割方法の指定の対象が動産であった場合，対抗要件はその引渡しとなる。ただし，ここで問題となるのは，対抗要件具備行為であるから，必ずしも現実の引渡しを要するものではなく，占有改定（183条）や指図による占有移転（184条）の方法によることでも足りる。

この点，新法は，特定財産承継遺言があったとき一般について，「遺言執行者は，当該共同相続人が第899条の2第1項に規定する対抗要件を備えるために必要な行為をすることができる」と規定しており（新1014条2項），動産について例外とはしていない。

そこで，引渡しを対抗要件とする動産についても，遺言執行者に対抗要件具備権限があるかが問題となる。

(b)　この点法制審議会民法（相続関係）部会の審議では，遺産分割方法の指定がなされた場合の遺言執行者の権限の内容について，引渡しを対抗要件とする動産については，例外的に，遺言執行者に対抗要件具備権限を付与しないという規律を設ける案が出された（部会資料23-1・12頁）。そして，その是非について，以下の①および②の議論があることが示されたが（部会資料23-2・13～15頁），その帰結は明確でない。

① （引渡しを対抗要件とする動産について，遺言執行者に対抗要件具備権限を付与すべきでない理由として）「動産の引渡しの迅速な実現のためには，占有者の任意の協力が必要であり，これが望めない場合には，遺言執行者は訴訟を提起しなければならず，同人に相当の負担をかけることになるが，動産の場合には，公示制度が必ずしも十分でなく，遺言執行者にそれだけの負担をかけるだけの意義があるか疑問もある」，「動産の引渡しについては，これを遺言執行者の権限としなくても受益相続人が自ら引渡しを求めることができる」（部会資料23-2・13～14頁）。

② （①に対して）「他方で，遺言執行者について，一般的に対抗要件具備権限を認めることとしながら，上記のような理由だけで，動産についてはその例外とすることができるかについては疑問もある。また，遺言執行者の負担については，遺言執行者には就職するにあたっての諾否の自由があり（民法第1007条），動産の引渡権限が加重〔筆者注：原文ママ〕である場合には就職を拒絶することが可能であること（また，遺言書において指定される遺言執行者は，遺言書の作成段階から関与していることも多く，そのような場合には，権限の範囲について遺言者と事前に調整できること）等からすると，遺言執行者の一般的な権限として，動産も含めた対抗要件具備権限を付与したとしても，必ずしも遺言執行者に過重な負担を負わせることにはならないと思われる」（部会資料23-2・14～15頁）。

そこで，新法は，前記のとおり，引渡しを対抗要件とする動産について例外規定（規律）を設けていないものの，上記議論の帰結が明確でないことから，引渡しを対抗要件とする動産についても遺言執行者に対抗要件具備権限があるかは，なお解釈に委ねられていると考えられる。

（ウ）　以上より，まず，被相続人が対象動産を現に占有していた場合については，相続の開始により被相続人が有していた占有は，原則として受益相続人に移転することになるものと解される（最判昭和44年10月30日民集23巻10号1881頁参照）。したがって，この場合には，受益相続人は，相続の開始により対象動産の対抗要件を具備することになるため，遺言執行者が現実の引渡しをする必要はないものと考えられる（中間試案補足・51～52頁）。

よって，宝石乙が被相続人Aの占有下にあった場合は，すでに受益相続人Cについて対抗要件は具備されており，また，遺言執行者は対象財産の引渡義務を負わないので，Pは，その引渡しを求める必要はない。

他方で，宝石乙が，受益相続人Cの意思に基づかずに他の相続人や第三者に占有されている場合は，Pが，その引渡しを求めて，これを受領した上でCに引き渡すことができるかは，なお，解釈に委ねられていると

考えられる。

4 設問3について
(1) 預貯金債権に関する遺言執行者の権限（新1014条3項）

（ア）　預貯金債権が遺産である場合について，現行の銀行実務においては，遺言執行者が預金の解約およびその払戻しを求めてきた場合，これに応じている金融機関が多いと言われている（ただし，受遺者等に名義変更した上で，その預金口座を維持する取扱いはほとんどされていないともいわれている）。

そこで，遺言執行者がいる場合，遺産である預貯金債権については，受遺者等に当該預金債権の対抗要件を具備させた上で，受遺者等が自ら預金債権を行使することとするよりは，遺言執行者に預金債権の払戻権限を認め，遺言執行者に引き出した預金の分配まで委ねる方が手続きとして簡便であり，また，遺言者の通常の意思にも合致する場合が多いと考えられるのではないかという意見があった（中間試案補足・51～52頁）。

（イ）　また，預貯金債権については，平成28年12月19日最高裁大法廷決定において，相続開始後においても，預貯金契約を解約しない限り，同一性を保持しながら常に残高が変動するという性質を有するものと解されるところ，この点は遺言による権利の移転であっても異ならないものと考えられるから，普通預金債権等を相続人または第三者に取得させる旨の遺言がされた場合でも，これにより複数の者が当該債権を取得することになるときには，預貯金契約を解約しない限り，これらの者に確定額の債権として分割されることはないものと考えられる。

預貯金債権がこのような特殊性を有することにかんがみると，遺贈又は遺産分割方法の指定により預金債権等を複数の者に取得させる旨の遺言があった場合には，当該預貯金契約を解約しない限り，遺言の内容を実現することはできず，遺言執行者の任務も終了しないことになってしまう。

（ウ）　そこで，上記（ア）（イ）の事情にかんがみ，遺言執行者について，対抗要件具備行為のほか，預貯金債権の払戻しおよび解約の申入れをする権限が付与されることとなった（新1014条3項本文）。

なお，払戻しや解約の「申入れ」をする権限を有するとしたのは，遺言

執行者に金融機関に対する強制的な解約権限まで認めるものではないことを明確にする趣旨であるとされている（部会資料22-2・21〜22頁）。

（エ）　もっとも，預貯金の一部のみについて遺産分割方法の指定がされた場合には，このような場合にまで預貯金契約の全部を解約することができることとすると，遺言執行者に，遺言の執行に必要な権限を越えて，相続財産の処分権限を認めることにもなりうる。また，仮にこれを認めると，遺言執行者は，解約により取得した預貯金（現金）を遺産分割が終了するまで保管すべき義務を負うことになって相当でないと考えられる。そこで，遺言執行者に預貯金契約の解約権限が付与されるのは，預貯金債権の全部について遺産分割方法の指定がされた場合に限ることとされた（新1014条3項ただし書）。

また，預貯金の一部のみについて遺産分割方法の指定がされた場合でも，預貯金の払戻しについては，解約における上記のような問題が発生しないことから，禁止されていない（新1014条3項ただし書参照）。

他方で，遺言の内容が遺贈である場合について，遺言執行者の権限の内容は，遺贈義務者が負う履行義務の内容によって定まると考えられることから，預貯金の一部のみについて遺贈された場合には，遺産分割方法の指定の場合と同様に預貯金契約の全部を解約することはできないものと解される。

（オ）　なお，預貯金債権以外の債権についても同様の規律を設けることが検討されたが，色々な契約類型を網羅的に検討した上で，適切な要件を定めることは困難であることから，預貯金債以外の債権は対象とされなかった。

(2) 設問3について

（ア）　前段は，預金丙の全部が特定財産承継遺言の対象となっているケースである。

遺産である預金が特定財産承継遺言の対象となっている場合，旧法上は被相続人の死亡の時（遺言の効力が生じた時）に直ちに当該相続人に相続により承継されると解されていることから，被相続人名義の預金である限り遺言執行の余地はないというのが論理的帰結といえる。もっとも，現行の

銀行実務においては，遺言執行者が預金の解約及びその払戻しを求めてきた場合，これに応じている金融機関が多いといわれている。

改正法上は，新1014条3項に基づき，遺言執行者の権限として同様の請求をすることができることとなる。

（イ） 後段は，預金丙の一部が特定財産承継遺言の対象となっているケースである。

前記のとおり，旧法上は，被相続人名義の預金である限り遺言執行の余地はないというのが論理的帰結といえる。

新法上は，新1014条3項において，預金の解約権限は認められていないものの，払戻権限は認められていることから，Pは，預金丙の解約はできないが，2分の1の金員の払戻しを請求することができる。

II 遺言執行者の復任権

CASE

遺言者Aは，遺言執行者としてPを指定した公正証書遺言を作成したのち，死亡した。Pは，遺言執行者に就職したが，自分の仕事が忙しくなり，また，この遺言執行の職務が広範かつ専門的であるため，第三者に事務処理を任せたいと考えている。

▓ 設問

遺言執行者Pは，第三者Qに対し，遺言執行を委任することはできるか。

遺言の中に，第三者に遺言執行者の任務を行わせてはならないという記載があった場合はどうか。

▶ 改正のポイント

○遺言執行者について，他の法定代理人と同様の要件の下で，復任権が認められた。

解説 》》》

1 改正内容

　旧法上，遺言執行者は，遺言者がその遺言に反対の意思を表示した場合を除き，やむを得ない事由がなければ第三者にその任務を行わせることができないとされていた（旧1016条）。

　しかし，一般に，遺言における遺言執行者の指定について，相続人など必ずしも十分な法律知識を有していない者が指定される場合も多く，遺言執行者の職務が広範に及ぶ場合や難しい法律問題を含むような場合には，その遺言執行者において適切に遺言を執行することが困難な場合もあり得る。また，遺言者が死亡しており，復代理を許諾すべき本人もない状況にあるため，遺言執行者の復任権の要件は，任意代理人による復代理人選任の要件（104条）よりもさらに狭く，このことが遺言執行者の任務の遂行を困難にしている面があると考えられる（中間試案補足・53～54頁）。

　また，旧法下の裁判例において，旧1016条は，遺言執行者が全面的に第三者に遺言執行者としての地位に就かせたり，包括的に第三者に事務処理をさせることを禁じているに過ぎないので，遺言執行者が自ら事務処理をする上で，自己の責任において，その手足として履行補助者を使用することは特に問題がなく，遺言執行上の事務の一部ないし個々の行為について，代理権を授与したり，事務を代行させたりすることは許されているものと解されている（大決昭和2年9月17日民集6巻501頁）。そして，遺言執行者は法律上包括的な権限が付与されている者ではなく，遺言の執行をするのに必要な範囲で権限が付与されているにすぎないことなどに照らすと，やむを得ない事由がなくても任務の一部について委任することはできるが，任務の全部を委任することはできないとするのは，合理性に欠けるものとも考えられる（中間試案補足・55頁）。

　そこで，新法は遺言執行者について，他の法定代理人（債権法改正前106条，債権法改正後105条）と同様の要件の下で，復任権を認めることとした。すなわち，遺言執行者は，自己の責任で第三者にその任務を行わせることができ（ただし，遺言者がその遺言に別段の意思を表示したときは，その意思に従

う。)（新1047条1項），第三者に任務を行わせることについてやむを得ない事由があるときは，遺言執行者は，相続人に対してその選任および監督についての責任のみ負うとされた（同2項。ただし，改正債権法との関係については，序章第2節Ⅱ1(2)「遺言執行者の復任権」参照)。

なお，中間試案では，遺言執行者が対抗要件具備行為に関する事務を懈怠ないし遅延することにより受益相続人が不利益を受けることを防止する観点から，遺言執行者の一部辞任および一部権限喪失に関する規律が提案されていた。しかし，この点については，受益相続人による対抗要件具備を可能とする方策によりその必要性は相当程度低減すること，遺言執行者の権限の範囲が不明確となり取引の安全を害するおそれがあること，申立てが濫用的にされるおそれがあることなどから，このような規律を設けるには至らなかった（部会資料17・27～28頁)。

2　設問について

(1)　旧法下では，旧1016条1項に規定する「やむを得ない事由」とは，「復代理人の行為によって生じた責任が相続人に帰属しても「やむを得ない」と考えられる事情がある場合」と解されている（新版注釈民法(28) 342頁[泉久雄]以下)。

単に仕事が忙しいという事情では，「復代理人の行為によって生じた責任が相続人に帰属してもやむをえないと考えられる事情がある場合」とはいえないと思われることから，PはQに委任することはできないと解される。

(2)　新法では，Pは，自己の責任でQにその任務を行わせることができる（新1047条1項本文)。

ただし，後段の場合は，遺言者Aの意思に従い，Qにその任務を行わせることはできない（同項ただし書)。

（五島　丈裕）

第5章 相続の効力等（権利および義務の承継等）に関する見直し

第1節 遺言執行者がある場合における相続人の行為の効果等

CASE

　Aには実子Cがいるが，両親はすでに他界しており配偶者もいない。

　Aは，自己名義の土地建物（時価3000万円　以下，「甲不動産」という。）について，Cとは20年前に大喧嘩をしてから関係が悪化したままであったこと，何ら親族関係にはないがDに非常に世話になったことから，「甲不動産をDに遺贈し，その余の財産はCに相続させる」旨の条項を置き，弁護士Qを遺言執行者に指定する公正証書遺言を作成し，その後死亡した。

　なお，AはRから500万円を借りていたが特に理由もなく支払を怠って数年経過していたため，Rから貸金請求訴訟を提起され，全面敗訴し判決が確定していた。

設問

1　QがA死亡後遺言執行者に就任し，その旨CとDに通知をして必要な調査をしたところ，Aの相続財産は，甲不動産のほかはわずかな預貯金のみであることがわかった。

　Cは，自身が遺言によって取得できる財産がほとんどないことを知り，甲不動産につき勝手に相続登記を済ませて第三者Sに売却してしまった。

　このようなCの処分行為は有効か。

2 Rは，貸金回収のため，上記確定判決に基づき，強制競売開始を申し立てて甲不動産を差し押えることができるか。

3 CはTから100万円を借り入れており，この借入金100万円について貸金請求訴訟を提起されたが，Aの生前の時点ですでにCの全面敗訴の判決が確定していた。Aが死亡してCに対する相続登記がされたことを知ったTは，Cに対する債権を請求債権として強制競売開始を申し立てて甲不動産を差し押えることができるか。

▶ 改正のポイント

❶旧1013条は，遺言執行者がある場合の，相続人による遺言と異なる相続財産処分について定めるが，第三者保護に関する規定を欠いており，同条違反の処分行為の効力はいわゆる絶対的無効と解されていた。しかし，新法は，かかる取扱いを改め，遺言執行者がいる場合は相続人の処分権限を制約することは維持し，違反した行為を無効としつつ（新1013条1項・2項本文），第三者保護に関する定めを設けた（同条2項ただし書）。

❷遺言による相続財産処分と被相続人の債権者（以下，本章では「相続債権者」という。）や相続人の債権者との関係につき，従来明文がなく確たる判例も存しなかったところ，遺言執行者の有無にかかわらず，相続債権者や相続人の債権者による権利行使は妨げられない旨の明文を置いた（新1013条3項）。

解説 ⟫

1 設問1について
(1) 遺言執行者がある場合の遺言に反する相続人の処分行為の効果
（ア） 旧法の取扱いと新法の内容

旧法において，遺言による財産処分につき遺言執行者がある場合，相続人は，相続財産の処分その他遺言の執行を妨げるべき行為をすることができない（旧1013条）。遺言による相続財産の処分を認め，その実現のため遺言執行者に相続財産の管理処分権限を与える以上，遺言執行者の権限と

矛盾衝突する相続人の処分権を否定するのは当然であるとの趣旨によるものである。そして，判例は，1013条に違反して相続人が相続財産を処分した場合につき，その処分は絶対的に無効であるとしている（大判昭和5年6月16日民集9巻550頁）。それゆえ，旧法においては，遺言執行者Qが就任している以上，遺言の内容に反するCの処分は無効となる。

　しかし，旧法においても，遺言執行者がいない場合については，被相続人が不動産を第三者に遺贈して死亡した後に相続人の債権者が当該不動産を差し押さえた場合，判例は受遺者と相続人の債権者とは対抗関係に立つと解しており（最判昭和39年3月6日民集18巻3号437頁），改正にあたり，遺言執行者の有無により結論の差異を生ずることを許容できるか問題となった。

　この点について，新法は，遺言内容に反する相続人の処分行為に関し第三者保護のための規定を欠いていた旧法を改め，「遺言執行者がある場合には，相続人は，相続財産の処分その他遺言の執行を妨げるべき行為をすることができない。」と旧法と同様の文言を用いつつ（新1013条1項），併せて「前項の規定に違反した行為は無効とする。ただし，これをもって善意の第三者に対抗することができない。」とした（新1013条2項）。

　　（イ）　1013条改正の趣旨
　前述のとおり，旧法によると，遺言執行者が付されているか否かで相続人が遺言に反する処分行為をした場合の取扱いが異なるが，相続人と取引関係に立つ相手方は，通常，遺言の内容を知り得る立場にないことを考えると，取引の安全の観点からは問題があるといえる。ただ，その一方で，遺言執行者は，「遺言の内容を実現するため，相続財産の管理その他遺言の執行に必要な行為をする権利義務を有する」（新1012条1項）とされ，就任後，遺言の内容を実現するため職務を行わなければならない立場にある。そうであるのに，相続人が遺言に反する処分行為等を現実にしてしまった場合にその行為の効力には一律に影響がないとすると，遺言執行者による円滑な遺言の執行を損ないかねない。

　そこで，新法は，遺言執行者による円滑な遺言の執行を確保するため，相続人によってなされた遺言内容と異なる処分行為を無効としつつ，取引

の安全を考慮して善意の第三者に対して無効を対抗できないこととしたものである。

なお，第三者に対し，遺言の有無やその内容の調査義務を負担させるのは現実的ではなく，第三者保護要件としては善意であれば足り，無過失であることを要しない。また，「この善意者保護規定によって治癒されるのが前主である相続人の無権限であるとすると，善意の内容も，遺言執行者がいることを知らないことを意味することになるものと考えられる」（部会資料17・25頁）とされており，第三者の認識の対象は，遺言執行者の有無ということになる。

（ウ）対抗要件主義との関係

本設問はDに対する特定遺贈の事例であり，その場合は旧法においてもDの権利取得については対抗要件を備えなければ第三者に対抗できないと解されていたが，新法は，相続を原因とする権利承継について，法定相続分を超えて権利を取得する場合には，遺産分割によるものであるかどうかにかかわらず，対抗要件を備えなければ超過部分の権利取得を第三者に対抗できないこととした（新899条の2第1項）。これによって，対抗要件がなくとも相続分指定や遺産分割方法の指定等による権利取得を対抗できるとする判例の取扱いを改めている（→第5章第2節参照）。

このように，新法において，遺言により法定相続分を超える権利承継がなされる場合について対抗問題として処理されることと新1013条との関係は，以下のとおり理解される。

すなわち，遺言が法定相続分を超える権利承継を定める場合であって遺言執行者が付されていない場合，法定相続分を超過する部分につき，これを取得する相続人（以下「受益相続人」という。）と第三者とは対抗関係に立つこととなるが，遺言執行者がいる場合には，相続人は，遺言に反する処分行為をすることができず，遺産の処分権限を欠くため，その相続人からの譲受人も無権利者であるということになって受益相続人は対抗要件を備えなくとも当該譲受人に超過部分の取得を対抗できる（新1013条2項本文）。ただし，当該譲受人が遺言執行者の存在を知らなかった場合には，処分を行った相続人に「処分権限がない」ことが治癒される結果，法律上処分権

限があったのと同様に取り扱われることになるが、その結果として法定相続分超過部分につき受益相続人と当該譲受人との関係が二重譲渡類似の状態にあるため、やはり対抗関係に立つことになる。新1013条2項ただし書に該当する場合であっても、当該第三者は、受益相続人との関係で対抗要件を備える必要がある（部会資料17・24頁参照）。

(2) 設問1に対する解答

遺言執行者Qが就任している以上、Cは、遺言に反する処分行為をすることができず、Cのした処分行為は原則として無効である（新1013条2項本文）。ただし、その相手方Sが遺言執行者の存在を知らなかった場合には、処分行為の無効をSに対抗することができない。

2 設問2について

(1) 被相続人の債権者との関係

旧法において、遺言執行者がある場合について、相続債権者や相続人の債権者による相続財産に対する権利行使の可否につき明文の規定がなく、また、確たる判例も存しない状況であった。

この点について、旧1013条が遺言執行者のある場合に相続人による相続財産処分に制限を設けるのは、遺言執行者による円滑な遺言内容実現を確保するためであるところ、前述のとおり、新法も同様に遺言執行者がいる場合に相続人の処分権限に制限を設け、違反の効果を原則として無効としている（新1013条1項・2項本文）。新法は、遺言執行者がいることについて善意の第三者には無効であることを対抗できないとして取引の安全の考慮はしているものの（新1013条2項ただし書）、いずれにしても、遺言執行者がいない場合といる場合とで、相続人による相続財産処分の効力に差異があることとなる。

しかし、上記の規律を相続債権者との関係についても同様に及ぼすのは相当ではない。すなわち、被相続人の法的地位を包括的に承継するという相続の法的性質からすれば、相続の開始によって被相続人の相手方当事者の法的地位に著しい変動を生じさせるのは相当ではなく、遺言執行者が付されているか否かで取扱いの差異を設ける合理性があるとは言いがたい。

そこで，新法は，遺言執行者がいる場合であっても，相続財産に対する相続債権者の権利行使は妨げられないものとした（新1013条3項）。なお，受益相続人や受遺者との関係では対抗関係に立つこととなり，受益相続人や受遺者が対抗要件を備える前に差押えをする必要がある点は注意が必要である。
　なお，ここでいう「権利」には，「相殺や強制執行が含まれるのはもちろんのこと，被相続人名義の不動産について差押え等をする前提として代位による相続登記をすること等も含まれるものと考えられる。」とされている（部会資料25-2・19頁）。

(2) 設問2の解答
　相続債権者であるRは，遺言執行者Qがいたとしても，Aに対する確定判決に基づいて，強制競売を申し立てて甲不動産を差し押えることができる。

3　設問3について
(1) 相続人の債権者との関係
　Tは，被相続人Aの債権者ではなく，相続人の1人であるCの債権者である。このような相続人の債権者も，相続債権者の場合と同様，遺言執行者の有無にかかわらず，相続財産について，相続人の法定相続分を前提とした権利行使を行うことが可能である（新1013条3項）。
　この点，相続人の債権者は，相続開始前に被相続人との間の法律関係があるわけではなく，相続開始前後での法的地位の変動の問題は生じないといえるが，部会資料によれば，「現行法の下では，限定承認や財産分離のように，債務と責任との分離を認める場面では，相続債権者と相続人の債権者とを区別して取り扱うことが制度上不可欠であるため，そのような取扱いがされているものの，それ以外の場面では，相続債権者と相続人の債権者とを同列に取り扱っているところ，上記のような事情もないのに，この場合のみ両者を区別して取り扱うことを法制的観点から合理的に説明することには困難な面があること，両者を区別して取り扱うことについては法律関係を複雑にするなどの懸念が示されていること等を踏まえ，」相続

債権者と相続人の債権者を同列に取り扱うこととしている旨の説明がある（部会資料 24-2・39 頁）。

(2) 設問 3 の解答

　相続人 C の債権者である T は，自己の債権に基づいて，強制競売を申し立てて甲不動産を差し押えることができる。

（廣畑　牧人）

第2節 相続による権利の承継に関する規律

I 相続による不動産等の承継

CASE

Aは，Bと婚姻して，実子C_1及びC_2をもうけた。Aに兄弟姉妹はなく，実親D_1及びD_2がいたが，相次いで他界したため，Aが唯一の相続人として，父D_1の所有していた土地甲及びその上に建築された建物乙を相続し，登記を経由した。建物乙は老朽化が進んでいたこともあり，Aは，建物乙を取り壊して，土地甲の上に新たに建物丙を建築した。建物丙は，婚姻期間中に建築したこともあったので，AとBの共有として，各2分の1の持分で保存登記した。

C_1は大学卒業後，Aの事業を手伝うため実家に残り，C_2は大学卒業とともに実家を出て1人暮らしを始めた。C_1は，Aの事業を手伝いながら，A及びBの面倒をみて同居を続けていた。

その後，Aは老衰により，家族に看取られながら息を引き取った。

⦅ 設問

被相続人Aの相続人は，Aの妻Bと子C_1及びC_2である。これを前提に以下の場合，どのように考えるか。

1 (1) 被相続人Aの債権者Pは，Aの生前に債務名義を取得していたが，Aが死亡したため，土地甲につき，代位により法定相続分に従った登記をした後，相続人の共有持分全部を差し押さえた。しかしAは，遺言により，Bにつき4分の3，C_1及びC_2につき各8分の1の割合の相続分の指定をしていた。このとき，Pの行った差押えはどうなるか。

(2) Aは上記と同様の遺言をしていたが，C_2の債権者Qが法定相続分に従って差し押さえた場合はどう考えるか。また，これとは別にC_2が法定相続分に従った登記がされているのを利用して，第三者Rに持分を譲渡して登記を経由したとき，BはRに対し，どの

ような主張ができるか。
2　被相続人Aは，遺言を残していなかったため，相続人同士で話し合った結果，土地甲と建物乙の持分をすべてBが取得することとし，預貯金についてはC₁とC₂が均等に取得する旨の遺産分割協議が成立した。しかし，Bが遺産分割の内容に基づいて登記を経由する前に，C₂の債権者Qが，土地甲について，法定相続分に従った相続登記をしてC₂の持分を差し押さえた。このときBはQに対し，差押えが無効であると主張できるか。
3　被相続人Aの死亡後にAの遺言書が発見された。C₁が家業を継いだこともあり，そこには「土地甲及び建物丙は，C₁に相続させる。」と書かれていた。しかし，C₁が遺言に従った登記をする前に，C₂の債権者Qが土地甲を差し押さえてしまった。C₁はQに対し，各不動産の権利を主張できるか。主張できるとすれば，その範囲はどうなるか。
4　Aの両親はともに他界しており，兄弟もいなかったことから，C₁及びC₂はBにAの遺産を全部相続させることにして，相続放棄をした。その後，Bが登記を備える前に，C₂の債権者Qが法定相続分に従った相続登記をしてC₂の持分を差し押さえた。このときBはQに対し，差押えが無効であると主張できるか。

▶ 改正のポイント

○遺産分割によるものかどうかにかかわらず，法定相続分を超える部分の権利の承継は，対抗要件を備えなければ第三者に対抗できない（新899条の2第1項）。

解説 》》》

1　設問1
（1）総論
（ア）対抗要件主義の採用
新法においては，相続による権利の承継は，遺産分割によるものかどう

かにかかわらず，法定相続分を超えて権利を取得する共同相続人は，対抗要件を備えなければ，第三者に対して権利を主張することができない。

　遺産分割を経た場合には，物権変動があったものと考えて，権利を取得した者と第三者は対抗関係に立つと考えられている。これに対して，遺言によって相続分が指定され，または遺産分割方法が指定された場合には，判例法理により，権利を取得した者は，登記なくして第三者に権利を主張することができた。新899条の2第1項は，「遺産の分割によるものかどうかにかかわらず」と規定しており，相続分の指定や遺産分割方法の指定の場合においても，登記なくしては第三者に自己の権利を主張することができないとして，判例法理を変更することとなった。この点において，実務への影響は大きいと考えられる。

　また，新法899条の2は「登記，登録その他の対抗要件」と規定しており，登記に限らず，対抗要件を要する全ての場合に妥当する。

　(イ)　旧法における問題点を受けた改正の議論

　　(a)　**権利変動と第三者との関係**　　判例法理を前提とすると，「相続させる」旨の遺言や相続分を指定されて法定相続分を超えて権利を取得した相続人は，登記なくして第三者に自己の権利を対抗することができる。しかし，登記なくして対抗できるとすると，登記をしなくても良いとの契機を与えることになりかねない。そうすると，法定相続分に従った権利の承継があったものと信頼した第三者に不測の損害を与えるなど取引の安全を害するおそれもあるため，登記制度に対する信頼を害することにも繋がりかねない（部会資料5・7〜8頁，中間試案補足39頁）。また，土地について，このような状況が放置されると，登記を参照しただけでは現在の所有者が誰であるのか分からなくなってしまい，結果として所有者不明土地問題の一因となると考えられる。

　そこで，相続分の指定や遺産分割方法の指定などによって，法定相続分を超える権利を取得するのも，被相続人の遺言という意思表示があったことに起因するものであることを考慮して，これらの場合にも，対抗要件を備えなければ，法定相続分を超えて自己の権利を主張できないこととした（中間試案補足40頁，部会資料17・5〜7頁）。

(b) **相続債権者による差押え**　また，法制審では，相続債権者との関係についても検討された。被相続人の債権者である相続債権者は，相続登記がなされていない場合であっても，代位により法定相続分に従った登記をした上で，相続人の共有持分を差し押さえることが可能である。

しかし，被相続人が遺言により相続分を指定していた場合には事情が異なる。法定相続分を下回る相続分を指定された共同相続人は，これを超える持分を処分したとしても，当該部分につき無権利であるから，第三者が権利を取得することはあり得ない。そして，この点は代位により法定相続分に従った登記がなされた場合にも同様である。すなわち，相続分が指定されているにもかかわらず，法定相続分に従った登記がなされるとすれば，それは実体に沿わない登記であるため，遺言の内容と異なる部分の差押えは無効となる。これを回避するには，債権者代位権を行使して所有権移転登記手続請求訴訟を提起するなどの措置が必要になる。しかし，あらかじめ債務名義を得ていた相続債権者からすれば，被相続人の死亡と遺言による相続分の指定がされているという偶然の事情によって，全く異なる対応を迫られることになる。(部会資料19-1・13～14頁)。さらに遺言の効力が争われているような場合には，問題はより複雑化，長期化の様相を呈する。

相続債権者は自己の関知しない事情によって，不利益を受けるいわれはないから，法定相続分による権利の承継があったことを前提とした権利行使を認める必要性が高い。したがって，相続債権者との関係においても，対抗要件主義を採用するのが妥当である(部会資料19-1・14頁)。

(c) **相続人の債権者による差押え**　では，相続債権者と異なり，相続人の債権者との関係はどのように考えるべきか。相続人の債権者は，元来，相続財産を引き当てとすべき立場にはない。したがって，相続開始の前後を通じて，相続人に対して差押えが可能であれば，被相続人の死亡の前後で直ちに不利な立場になるわけではない。

また，相続人に対して，法定相続分を下回る相続分が指定された場合，それが相続人の債権者の期待と異なることは当然考えられる。しかし，遺言による相続分の指定という偶然の事情によって，登記なくして対抗される可能性が出てくる点では相続債権者の場合と異ならない(部会資料19-

1・14～15頁)。

　　(ウ)　改正の要点

　以上のとおり，今回の改正では，第三者との関係や登記制度への信頼などに対する関係に対応するために対抗要件主義を採用する。判例法理を変更する改正であることから，実務への影響は大きいものと考えられるが，対抗要件主義を採用することで，分かりやすいものとなったのではないか。

(2) 本問検討の前提として

　本件における各人の法定相続分はBにつき2分の1，C_1及びC_2につき各4分の1であるが，Aが遺言により相続分を指定していることから，Bにつき4分の3，C_1及びC_2につき各8分の1の相続分となっている（902条1項）。そのため，本件では，Aの特有財産である土地甲については，上記の割合で各人が持分を有することになる。

(3) 共同相続と登記に関する判例

　　(ア)　法定相続分（900条）

　共同相続人が複数いるにもかかわらず，共同相続人の1人の単独所有として登記がされ，その後第三者がこの不動産を取得した場合について考えてみる。相続財産は法定相続分に従って共同相続人間の共有となる（898条・899条）。当該不動産を処分した共同相続人についても，法定相続分に従った持分しか有しないのであるから，これを超えて持分を処分することはできず，結果として，第三者は当該法定相続分の持分しか取得できない。持分を超えた処分は無権利であり，登記に公信力がないため，他の共同相続人は登記なくして第三者に自己の共有持分を対抗できる（最判昭和38年2月22日民集17巻1号235頁）。

　　(イ)　指定相続分（902条）

　また，この点は遺言により相続分が指定された場合にも異ならないとするのが従前の判例である。法定相続分を下回る相続分を指定された共同相続人が，法定相続分に従って持分を処分したとしても，指定相続分を超える持分は無権利であるから，他の相続人は登記なくして指定相続分を第三者に対抗することができるとしていた（最判平成5年7月19日集民169号243頁）。

なお，判例法理が変更されることは先に述べたとおりである。
(4) 旧法を前提とした差押えや譲渡について
　(ア)　相続債権者による差押え

　旧法を前提とすると，Pは，遺言により相続分の指定がなければ，有効な差押えとして，自らの債権の満足を得ることが比較的早期に実現できたが，相続分が指定されている本件では，指定相続分を超える持分の差押えは無効となる。そのため，改めて，債権者代位権を行使して所有権移転登記手続請求訴訟を提起するなどして，遺言の内容に即した相続登記を経てから，差し押さえる必要が出てくる。

　(イ)　相続人の債権者による差押え

　旧法を前提とすると，C_2の債権者Qが土地甲につき，C_2の法定相続分に基づく持分を差し押さえた場合，自己の持分を侵害されているBは，登記なくしてQに法定相続分を超えて指定された相続分を対抗することができる。

　(ウ)　第三者への譲渡

　C_2からRへの法定相続分を前提とした持分の譲渡は，指定相続分を超える部分につき，他の共有者の持分は無権利者による財産の処分であるから，Bは，自己の持分を侵害されている部分について，登記なくしてRに対抗することができる。

(5) 新法による解決
　(ア)　第三者との関係について

　先に述べたように，相続債権者との関係では，被相続人の死亡の先後や相続分の指定の有無によって，全く異なる対応が必要となるため，その不都合を取り除く必要がある。

　相続人は，被相続人に属した一切の権利義務を承継し（896条），相続開始によって，不動産につき，法定相続分に従った共有持分を有することとなる。法定相続分を下回る相続分を指定されたとしても，第三者との関係では，法定相続分に従った共有持分について処分権限を有するかのような外観が認められる。この点からすれば，相続が包括承継だとしても，法定相続分を下回る相続分を指定された共同相続人を起点とする二重譲渡類似

の関係が形成されていると考えることができる（部会資料17・5～7頁）。

これを前提とすれば，相続債権者との関係では，相続分の指定に従った相続登記がなされていないことを理由として，差押えが無効であると主張できないということになろう。また，相続人の債権者や譲渡を受けた第三者との関係では，法定相続分に従って差押えないし譲り受けた権利を取得することができることになる。

そこで新法においては，相続分の指定がなされたとしても，対抗要件を備えない限り，これを第三者に対抗できないこととなった。相続分の指定や後に述べる「相続させる」旨の遺言のような場合に，第三者との関係で無権利者と扱われていた実務を見直して，対抗要件主義が適用される範囲を明らかにしたものである（部会資料24-2・36頁）。

なお，相続分の指定がなされたとしても，その後に遺産分割が控えているから，相続人に対抗要件の具備を要求するのは酷であるとの指摘もある（部会資料19-1・14頁）が，これに比して相続債権者保護の要請は高いから，均衡を失するとまでは評価できない。相続人の債権者や譲渡を受けた第三者との関係では，保護の必要性が低いとも考えられるが，相続債権者に対する取り扱いを考えれば，同様に扱うべきである。

（イ）　本件の解決

新法を前提とすれば，Pの行った差押えは依然として有効となる。

Qの差押えについて，旧法ではBの持分を侵害した部分があるため，C_2の指定相続分を超えた差押えは無効となる。新法ではBは遺言に従った登記を経由していないため，依然としてQの差押えは全部有効なものとなる。

C_2からRへの譲渡について，新法ではC_2の法定相続分に従った持分の譲渡は有効として，Bは，法定相続分を超える相続分の指定を受けたことをRに対して主張することはできない。

2　設問2

(1) 遺産分割前の第三者

設問の主題ではないが，念のため，遺産分割前の第三者について確認し

ておく。

　C_1 または C_2 が法定相続分に従った相続登記を経由して，第三者 R に持分を譲渡し，その後，設問のとおりの遺産分割協議が整ったとする。そうすると，遺産分割には遡及効が認められることから，相続開始時から C_1 または C_2 は持分を有していなかったこととなり，R は無権利者からの譲受人として，何ら権利を取得することができなくなってしまう。そこで，909 条ただし書は，「第三者の権利を害することはできない。」として，R の保護を図っている。もっとも，この場合であっても，R は権利保護要件としての登記を備える必要がある（最判昭和 46 年 1 月 26 日民集 25 巻 1 号 90 頁参照）。

(2) 遺産分割後の第三者

　(ア)　177 条による処理

　先に述べたように，遺産分割には遡及効が認められるため，相続開始時から効力を生じるものである。そのため，遺産分割後に利害関係を持つに至った第三者は，本来，無権利者からの譲受人として権利を取得できない。しかし，判例は，遺産分割を被相続人の死亡により一旦取得した権利を，その後に変動させるものとして，物権変動と同視する（最判昭和 46 年 1 月 26 日民集 25 巻 1 号 90 頁参照）。したがって，遺産分割後に利害関係を持つに至った第三者との関係は，物権の得喪変更として，177 条の適用がある。

　(イ)　判例による処理

　判例を前提とすれば，本件において Q は，B が遺産分割による登記を備える前に差押えをしているから，B が Q に対して差押えが無効であると主張することはできない。

(3) 新法による解決

　相続分の指定の場合には，これまでの判例を変更するものであった。しかし，遺産分割と登記の場面においては，むしろこれまでの判例を追認して明文化するものとなっている。

　新 899 条の 2 第 1 項が新設され，「遺産の分割によるものかどうかにかかわらず」，対抗要件を備えなければ，当該相続人は，法定相続分を超える権利を取得したことを第三者に主張することができない。これまでの実

務においても，対抗要件を備えなければ不動産の全部の権利を取得した相続人は，第三者に自己の権利を主張できなかったのであるから，新法の規律による実務への影響はないものと考えられる。なお，遺産分割前の第三者との関係は，従前どおり909条ただし書によって処理される。

したがって，本件では，Bが遺産分割に従った登記を備える前に，Qが土地甲につき遺産分割後にC_2の法定相続分に従った持分を差し押さえているから，Bは，遺産分割によって土地甲の全部を取得したことを理由として，差押えの無効を主張することはできない。

3 設問3
(1) 「相続させる」旨の遺言
(ア) 判例の解釈

「相続させる」旨の遺言の解釈については，確立した判例が存在する。すなわち，特定の財産を特定の相続人に「相続させる」旨の遺言は，遺贈と解すべき特段の事情のない限り，遺産分割の方法を定めたものとして取り扱われる。そして，被相続人の死亡時，すなわち遺言の効力の生じた時に，直ちに特定の財産の承継が生じることになる（最判平成3年4月19日民集45巻4号477頁）。また，この場合において，「相続させる」旨の遺言により特定の財産を取得した特定の相続人は，単独で登記を経由することができる（最判平成7年1月24日集民174号67頁）。

したがって，本件においてC_1は，土地甲及び建物丙につき，遺言に基づいて単独で登記を備えることができることになる。

(イ) 第三者との関係

「相続させる」旨の遺言が遺産分割方法の指定であり，受益相続人が単独で登記ができたとしても，それが第三者との関係でどう影響するかは別途検討する必要がある。この点，判例は，特定の財産を特定の相続人に「相続させる」旨の遺言は，何らの行為を要せずに，承継されることから，他の共同相続人の債権者が特定の財産を差し押さえたとしても，登記なくして第三者に対抗できると解していた（最判平成14年6月10日家月55巻1号77頁）。

したがって，旧法を前提とする限り，本件においてC_1は，土地甲の全部，建物丙のAの有していた持分2分の1について，登記なくしてQに所有権を主張することができるから，C_1の権利が保護されることになる。

(2) 新法における取り扱い

(ア) 判例の問題点

前述のとおり，「相続させる」旨の遺言がある場合にC_1は，Qに対し，登記なくして対抗できるため，遺言の内容と異なる差押えは無効ということになる。そのため，Qのような共同相続人の債権者は，C_2が法定相続分どおりの権利を取得したと考えて権利行使をしようとしても，それが奏功するとは限らないこととなり，被相続人名義の登記であるというだけで，極めて不安定な地位に置かれることになる（部会資料21・28頁）。場合によっては，権利行使を断念することも考えられる。また，登記なくして対抗できる状況が生じることで，実体的な権利と登記などの公示の不一致が生ずる場面が多く存在することとなり，結果として，相続人の債権者による適切な権利行使もなされず，実体と公示との不一致という歪みが放置される結果となる。さらに，「相続させる」旨の遺言によって，登記なくして自己の権利を第三者に対抗できるとすれば，わざわざ費用を掛けてまで登記を備える必要もないのであるから，ますます歪みが大きくなっていく。このような不都合を解消するため，新899条の2では，相続による権利の承継は，遺産分割によるものかどうかにかかわらず，法定相続分を超える権利については登記なくして第三者に対抗できないこととした（部会資料24-2・36頁参照）。

(イ) 新法による解決

以上を前提として本件を考えると，特定の財産を特定の相続人に「相続させる」旨の遺言がなされ，C_1は土地乙と建物丙に対する権利を，Aの死亡時に承継したことになる。これを第三者であるQに対抗するためには，Qによる差押えの前に登記を備える必要がある。しかし，本件において，Qの差押えより前にC_1が土地甲及び建物丙の登記を備えていないから，C_1は，Qに対し，法定相続分を超えて自己の権利を主張することはできないことになる。

したがって，C_1 は，土地甲につき，法定相続分である4分の1，建物丙につき，Aの共有持分である2分の1のうち法定相続分である4分の1についてのみ，登記なくしてQに対抗できるにすぎない。結果として，C_2 の債権者として差し押さえた分については，C_1 は差し押さえの無効を主張できない。

4　設問4
(1) 相続放棄の効力

相続放棄は，相続開始のあったことを知った時から3か月以内にしなければならず（915条1項本文），相続放棄をした者は，初めから相続人とならなかったものとみなされる（939条）。そして，遺産分割の場合と異なり，相続放棄前に利害関係を持つに至った第三者を保護する規定はないから，相続放棄の効力は絶対的なものである。判例も相続放棄をした者の債権者が相続財産を差し押さえた事例について，相続放棄の効力は何人に対しても生ずるものであり，差押えは無効であると解した（最判昭和42年1月20日民集21巻1号16頁）。

したがって，本件においても，Qの差押えは無効であり，Bは登記なくして自己の権利を主張することができる。

(2) 新法との関係

これまでも述べたとおり，新899条の2は，遺産分割によるものかどうかにかかわらず，法定相続分を超える権利の取得は，登記なくして第三者に対抗できないとするものである。しかし，相続放棄の効力は絶対的なものであり，相続放棄をした者は当初から相続人でない以上，この者の法定相続分を観念することはできない。また，相続放棄によって利益を受ける他の相続人は，相続によって相続財産に対し，直接権利を取得するものであって，相続放棄をした者から権利が移転したわけではないから，この点でも，相続放棄をした者は権利者であったことが一度もない状況にある（鈴木重信・最判解説昭和42年度26頁参照）。

新899条の2は，観念的であるにせよ，相続財産に対して，一度は権利を有したことを根拠とするものであるから，一度も権利を有したことの

ない相続放棄の場面に適用できるものではない。

したがって，相続放棄と登記の場面に関しては，従前と異なるところがなく，実務への影響はないものと考えられる。

II 相続による債権の承継

CASE

Aは，Bと婚姻し，その間に子Cがいる。Aは，建物甲と分譲マンション乙を単独所有し，マンション乙はPに賃貸していた。その他の財産として，Aは，銀行に預金1000万円を有していた。

その後，Aが死亡したことから，BとCがAを相続した。そこでBとCは協議の上，Bの老後に備えて，建物甲と預金1000万円はBが取得し，マンション乙はCが取得することで遺産分割が成立した。

設問

被相続人Aの相続人は，Aの妻Bと子Cである。これを前提に以下の場合，どのように考えるか。

1 Bは，取得した預金1000万円の払戻しに際し，どのような手続を踏む必要があるか。

2 Bは，Aが死亡してから遺産分割が成立するまでの賃料をすべて受け取っていた。そこでCは，マンション乙を単独所有することになったので，Bの受け取った賃料すべての引渡しを求めた。Cの請求は認められるか。

3 遺産分割後，Cは，Pに対し，今後は賃料の全部をCに支払うように求めた。しかし，Pは，Cがマンション乙の登記を備えていないことを理由に，これを拒んだ。Pの主張に理由はあるか。

▶ 改正のポイント

❶債権の承継についても，対抗要件を備えなければ第三者に対抗できない（新899条の2第1項）。

❷共同相続人の1人が遺言ないし遺産分割の内容を明らかにして債

務者に承継の通知をすると，共同相続人全員が債務者に通知したものとみなされる（新899条の2第2項）。

解説 》》》

1 設問1
(1) 総論
（ア）債権の対抗要件主義の採用

新899条の2第1項「相続による権利の承継」には，当然のことながら，債権の取得も含まれる。債権の取得も「登記，登録その他の対抗要件」にあたる以上，法定相続分を超えて債権を取得する場合にも対抗要件を具備する必要がある。そのため，467条による通知または承諾が必要となる。遺言の内容を知り得ない第三者の取引の安全を図る観点から対抗要件主義を採用した（部会資料5・8頁）。

（イ）権利取得者による通知

新899条の2第2項は，法定相続分を超えて権利を取得した者が，遺言または遺産分割の内容を明らかにして，債務者に通知したときは，共同相続人全員で通知したものとみなして，対抗要件具備を認めるものである。

債権譲渡の対抗要件は，譲渡人による通知または債務者による承諾である（467条）。しかし，「相続による権利の承継の場合には，他の共同相続人は通知義務を負わない結果特段の措置を講じなければ対抗要件具備義務を負う者がいなくなるため」，この点の手当が必要となる（部会資料24-2・38頁）。そこで単独での通知方法として，新899条の2第2項を設けた。

(2) 判例の検討
（ア）金銭債権一般について

金銭債権一般については，後に述べる一部の例外を除いて，被相続人が金銭その他の可分債権を有して相続が開始した場合については，法律上当然に分割されて，各共同相続人が相続分に応じて権利を取得することになる（最判昭和29年4月8日民集8巻4号819頁，以下「昭和29年判決」という。）。そのため，金銭その他の可分債権は，遺産分割を経ることなく，当然に各

共同相続人に帰属する。

　（イ）　預貯金債権に関する判例

　（a）平成 16 年判決　　昭和 29 年判決を前提とすれば，預貯金債権も可分債権であるから，相続開始により法律上当然に分割され，各共同相続人が相続分に応じて取得することとなって，遺産分割の対象にならないものと考えられる。

　共同相続人の 1 人が貯金の全てを払い戻したため，不当利得返還を求めた事件につき，最判平成 16 年 4 月 20 日集民 214 号 13 頁（以下「平成 16 年判決」という。）は，昭和 29 年判決を前提として，「相続財産中に可分債権があるときは，その債権は，相続開始と同時に当然に相続分に応じて分割されて各共同相続人の分割単独債権となり，共有関係に立つものではない」と判断した。平成 16 年判決は，貯金に関する判断を示したものであるが，預金についても同様であると考えられるため，預貯金は，遺産分割の対象とならないことが確立し，実務にも定着した。

　（b）平成 28 年決定　　しかし，その後，最大決平成 28 年 12 月 19 日民集 70 巻 8 号 2121 頁（以下「平成 28 年決定」という。）により，平成 16 年判決は判例変更された。

　事案は以下のとおりである。申立人が，被相続人の遺産である評価額約 258 万円の不動産と預貯金合計 4000 万円について，遺産分割の申立てをしたというものである。もっとも，預貯金を遺産分割の対象とする合意はなく，また，相手方が生前に 5500 万円程度の贈与を受けていた。なお，法定相続人は申立人と相手方のみであり，法定相続分は各 2 分の 1 である。平成 16 年判決を前提とすれば，預貯金は法定相続分に従って当然分割されるから，遺産分割の対象となるのは，不動産のみとなる。原審は，預貯金債権は法定相続分に従って当然分割されるとして，平成 16 年判決の立場を維持した。

　これに対し，最高裁は，遺産分割によって共同相続人間の実質的公平を確保すること，具体的な遺産分割の方法を定めるにあたっての調整を容易にする財産を遺産分割の対象とすることの要請が存在すること，そして，預貯金に関する事務の内容，預貯金の決済手段としての性格や現金との類

似性等について詳細に検討した上で,「共同相続された普通預金債権,通常貯金債権及び定期貯金債権は,いずれも,相続開始と同時に相続分に応じて分割されることはなく,遺産分割の対象となるものと解するのが相当である。」として,平成16年判決を変更した。

平成28年決定は,普通預金債権,通常貯金債権及び定期貯金債権についての判断であって,その他の預貯金債権についての判断はしていなかったが,その後,共同相続された定期預金債権及び定期積金債権についても,相続開始と同時に当然分割されるものではないとの判断がなされている(最判平成29年4月6日集民255号129頁)。したがって,これらの判例により預貯金債権は遺産分割の対象になることとなった。

なお,先にも述べたが,平成28年決定は,預貯金債権は遺産分割の対象になると判断したのみであって,昭和29年判決を変更するものではないから,可分債権一般が遺産分割の対象になったわけではないことに注意を要する。

(3) 法制審における議論

金銭その他の可分債権の扱いについては,法制審でも多くの議論がされた。平成28年7月に公表された中間試案においても,複数案が提示されていたが,可分債権を遺産分割の対象とすること自体は賛成の意見が多数を占めた(部会資料14・7頁以下参照)。しかし,可分債権の全てを遺産分割の対象とするのか,それとも一部のみに限るのか,または遺産分割中の権利行使を認めるか否かなど論点が多岐にわたった。また,法制審で議論された当時は,預貯金債権に関する事件が最高裁に係属中であったこともあり,議論の進みも芳しくなかった。

その後,平成28年決定が出されたことで,預貯金債権については遺産分割の対象となることになったが,その他の可分債権についての判断はなされていない。これを踏まえて法制審でも議論がされた。しかし,可分債権を遺産分割の対象とするためには,権利の内容や性質,権利の発生原因となった契約内容等を詳細に検討する必要があり,これらを一般化及び抽象化して要件を定立することは困難であるとして,今回の改正においても,可分債権一般を遺産分割の対象とすることは見送られた(部会資料18・11

頁以下参照）。
（4）実務の扱い
（ア）家裁実務
　平成 28 年決定前の家裁実務においては，共同相続人間で預貯金債権を遺産分割の対象とすることに合意している場合，または，明確に合意の意思を表示していなくともおよそ異論のない場合に，預貯金債権を遺産分割の対象にしていた。したがって，これらの合意が認められないときは，遺産分割の対象とすることはできなかった。

　平成 28 年決定後は，共同相続人間の合意を前提とせずとも預貯金債権を遺産分割の対象とすることになったが，係属中の事件への影響が懸念された。そこで，平成 28 年決定が既に確定している審判等に影響を与えるものではないことを前提に，調停または審判が係属中の場合には遺産の範囲についての中間合意調書を取り，審判前の事件については審理のやり直しをするなどの対応を行った（平成 28 年決定前後の家裁実務の取扱いについては，金融法務事情 2065 号 16 頁以下（2017），自由と正義 68 巻 7 号 16 頁以下（2017）が参考になる）。

　以上からも明らかなように平成 28 年決定によって，家裁実務は大きく変更されることになった。

（イ）銀行実務
　平成 28 年決定前は，平成 16 年判決により，預貯金債権は相続分に従って当然分割となっていたが，銀行がこれを前提に対応していたわけではない。すなわち，銀行側からすれば，誰が相続人であるか知る術がなく，それにもかかわらず二重払いのリスクがあるため，相続人全員の署名，押印を求める取り扱いとなっていた。預貯金債権は現金との類似性が認められるなど汎用性の高いものであったにもかかわらず，相続の開始によって扱いの難しいものとなっていた。

　もっとも，平成 28 年決定後においても，これらの取り扱いが変更されるわけではない。預貯金債権が遺産分割の対象となるのであれば，銀行側からすれば払戻しに応じにくい状況になったといえ，二重払いのリスクなどを勘案すれば，相続人全員の署名，押印を求めるのは当然である。これ

に代わるものとして，遺産分割の成立を証する書面や「相続させる」旨の遺言などの差し入れが考えられるが，以前の取り扱いを変更するものではない。したがって，平成 28 年決定によって，銀行実務の取り扱いに大きな影響を与えるものではないと考えられる（銀行実務の扱いの詳細は浅田隆「決定を受けた金融実務と弁護士の方々への期待」自由と正義 68 巻 7 号 28 頁以下（2017）参照）。

　以上を前提とすれば，旧法上，B が預金 1000 万円の払戻しを受けるには，遺産分割の成立を証する書面を差し入れる必要がある。

(5) 新法による対応

　(ア)　預貯金債権の遺産分割について

　平成 28 年決定によって，預貯金債権も遺産分割の対象となり，家裁実務も変更された。しかし，この点について，新法では明文化されていない。その理由の 1 つは既に述べたが，遺産分割の対象となる可分債権かどうかについて，一般化及び抽象化して要件を定立することが困難であり，可分債権一般を遺産分割の対象とすることは見送られたことがある。また，預貯金債権のみを遺産分割の対象とする規定を設けることも検討されたが，遺産分割の対象とならない可分債権が他にもあるにもかかわらず，このような規定を設けると解釈上の問題が生じるおそれがあることなどから，預貯金債権を遺産分割の対象とする旨の明文化も見送られることになった（部会資料 18・13 頁）。

　したがって，原則として金銭その他の可分債権は相続の開始によって法律上当然に相続分に従って分割されること，預貯金債権は遺産分割の対象になることは，依然として解釈に基づいた判例によっている。

　(イ)　銀行への対応

　法定相続分を超える債権を取得した相続人は，対抗要件を備えなければ債務者その他の第三者に対抗することができない（新 899 条の 2 第 1 項・467 条 1 項）。そのため，本件では，譲渡人にあたる C が銀行に対して通知することによって，B が預金全部を取得したことを銀行に対抗でき，全額の払戻しを受けることができる。

　もっとも，C にとっては通知が煩雑であるし，通知義務を負うわけでは

ない（部会資料24-2・38頁参照）から，Bは，遺産分割の内容を明らかにして，承継の通知をすることで，共同相続人全員が銀行に通知をしたものとみなされ，対抗要件を備えることができる。また，債務者以外の第三者に対抗するためには，確定日付のある証書によって通知しなければならないことに注意を要する（467条2項，部会資料25-2・18頁）。

よって，Bは，遺産分割の内容を明らかにして確定日付のある証書をもって銀行に通知することで，払戻しを受けることができる（なお，遺産分割前の払戻しについては第3章第2節を参照）。

2　設問2
(1)　賃料債権の帰属
　不動産を賃貸していれば，賃貸人は賃借人に対する賃料債権を有するが，不動産の帰属と賃料に関する債権関係は，分けて考える必要がある。相続開始前の賃料債権は，既に現実化した金銭債権なので，遺産分割を経ることなく，当然に各共同相続人に帰属することになる。

　相続開始後の賃料債権は，相続開始と同時に各共同相続人が相続分に従って権利を取得することになる。最判平成17年9月8日民集59巻7号1931頁は，「遺産は，相続人が数人あるときは，相続開始から遺産分割までの間，共同相続人の共有に属するものであるから，この間に遺産である賃貸不動産を使用管理した結果生ずる金銭債権たる賃料債権は，遺産とは別個の財産というべきであって，各共同相続人がその相続分に応じて分割単独債権として確定的に取得するものと解するのが相当である。」とした。さらに，確定的に取得した賃料債権については，後に遺産分割が行われ，賃貸不動産の帰属が確定したとしても，それまでの賃料債権の帰属に影響を与えないとした。

　したがって，被相続人が不動産を賃貸していた場合，遺産分割が確定するまでの間は，各共同相続人が賃料債権を相続分に応じて取得することになる。

(2)　本件の解決
　金銭その他の可分債権が相続開始によって，法律上当然に相続分に従っ

て各共同相続人に分割されるとすると，本件において，Bが遺産分割成立までの賃料を全て受け取っていたことからすれば，Bが本来的に取得できたのは，法定相続分である賃料の2分の1にすぎない。そのため，残り2分の1については，Cが取得すべきであった賃料となる。逆にCの立場から考えれば，遺産分割成立までの賃料については，Bにも受領権限があるのであるから，これの全部の引渡しを求めることはできない。

したがって，CがBに対して請求できるのは，Cの法定相続分に相当する賃料の2分の1に限られる。

3　設問3
(1)　不動産賃貸借における対抗要件
(ア)　不動産賃貸借一般

建物の賃借人は，当該建物の引渡しを受けることで，建物賃借権の存在を第三者に対抗することができる（借地借家31条1項）。これに対し，建物の譲受人は，第三者に対して自己が建物所有者であることを主張するために，登記を備えなければならず，これは建物賃借人との関係においても異ならない（最判昭和49年3月19日民集28巻2号325頁）。また，建物の旧所有者である譲渡人と新所有者である譲受人との契約によって，譲渡人と賃借人との賃貸借関係も当然に承継されることになる（最判昭和33年9月18日民集12巻13号2040頁）。このとき，賃借人に対する承継の通知は不要であって，また，賃貸人たる地位の移転につき，賃借人の承諾を必要とするものでもない（最判昭和46年4月23日民集25巻3号388頁）。

(イ)　賃借人との関係

不動産の帰属と債権関係たる賃料債権は分けて考える必要があることは先に述べたとおりである。相続開始後の賃料債権については，各相続人が単独分割債権としてこれを取得するものであるため（最判平成17年9月8日民集59巻7号1931頁），共同相続人の1人が賃借人に対して請求できるのは，法定相続分に限られる。したがって，賃貸不動産を取得した共同相続人が対抗要件を備えるまでは，賃借人からすればその帰属が明らかでないから，法定相続分を超えて全額の支払を拒んだとしても，理由がないと

はいえない。

　また，先に述べた判例のとおり，建物賃借人との関係においても登記を備えるまでは，建物譲受人は自己の権利を主張できる立場にないから，賃貸不動産を取得した共同相続人は，対抗要件を備える必要がある。そして，賃貸不動産を取得した共同相続人は，取得した不動産を基礎として賃料債権を全額取得するに至ったと考えられるのであって，賃借人との関係においては，法定相続分を超える賃料債権を取得した場合と考えられるから，登記を備えることによって，賃借に対して全額の賃料を請求できることになる。

　したがって，Cは登記を備えるまでは，法定相続分を超える賃料の全額については請求できないから，Pの主張には理由がある。

(2) 承継の通知との関係

(ア) 賃貸不動産の単独所有と賃料債権の帰属

　先に述べたように，新法により，相続によって取得した権利が債権である場合，遺言ないし遺産分割の内容を明らかにして債務者に承継の通知をすることで，共同相続人の全員が債務者に通知をしたものとみなされる。債権の取得についても当然に第三者対抗要件を備える必要があるため，譲渡人による通知が必要だからである（467条2項）。しかし，賃貸不動産を単独所有することになって，賃料債権の全額を取得する場合についてまで，承継の通知によって対抗要件の具備がなされるとの趣旨ではない。賃貸不動産については登記が第三者対抗要件であるから，依然として，登記を要する。承継の通知で足りるのは，譲渡人による通知等を債権譲渡の対抗要件としている債権のみである（部会資料25-2・18頁，605条の2第1項参照）。したがって，賃貸不動産の取得の場合にも承継の通知で足りると変更するものではないが，注意的に指摘する。

(イ) 承継の通知が必要な場合

　賃貸不動産の所有者と賃料債権の取得者とが同一の場合には承継の通知（新899条の2第2項）の適用はないものの，両者の帰属が異なる場合（605条の2第2項参照）については，一考の余地がある。遺言ないし遺産分割の結果，賃貸不動産の所有者と賃料債権の取得者が異なることになったとき

は，賃料債権の取得者が第三者に対して自己の権利を主張するためには，通知等による対抗要件具備が必要になるから，この場合については，承継の通知によって，対抗要件の具備を認めることになる。

したがって，法定相続分を超えて賃料債権を取得した共同相続人が取得した債権を債務者である賃借人に対抗するには，賃借人への通知を要し，債務者以外の第三者に対抗するには，確定日付のある証書をもって賃借人に通知をすることを要する。

4 遺言執行者が選任された場合

遺言執行者は，遺言の執行として，相続人が法定相続分を超えて債権を承継した場合に，承継の通知をすることができる（新1012条2項，部会資料26-1・19頁参照）。そのため，本設問における賃料債権，預貯金債権についても，遺言執行者が選任された場合は，遺言の執行として承継の通知が可能となる（遺言執行者が選任された場合の相続人の行為の効力については，第5章第1節を参照）。

（吉直　達法）

第3節 義務の承継に関する規律

CASE

Aには実弟DおよびEがいるが、両親はすでに他界しており配偶者および子もいない。

Aは、自己名義の土地建物（遺言作成当時の時価3000万円）のほか、Pに対し3000万円の借入債務を負担していたところ、自身の財産につき、Dの相続分を3分の2、Eの相続分を3分の1と指定する公正証書遺言を作成し、その後、借入金については支払をしないまま死亡した。

設問

1 Pは、A死亡後、自身のAに対する貸金債権につき、D、Eに対してそれぞれいくら請求することができるか（※D及びEは、いずれもAの相続を単純承認したものとする。以下の設問も同様である）。

2 Pは、Aの死亡直後、DからAの遺言内容を伝えられて知っていたが、Eに対して貸金3000万円のうち1500万円の支払を請求した。Eは、遺言による指定を超える額について支払を拒むことができるか。拒むことができない場合、Eは指定を超える額についてどのような対応をとることができるか。

3 Pは、A死亡後、Dに対しAに対する貸金のうち1500万円を請求し、その支払を受けたが、その後に遺言の内容を知り、Dに対しさらに500万円を請求した。Dは、この500万円の支払を拒むことができるか。

4 Pが遺言の内容を知りつつDに対し1500万円の請求をしてDがこれを支払った後、さらに500万円の支払を請求した場合はどうか。

5 Pが遺言による相続分指定を知ってDに2000万円を請求し、同時にEにも遺言に基づくものとして1000万円を請求してEから1000万円を回収した。しかし、その後、Dが相続開始前から多額の負債

を抱えており，Aから承継する不動産を考慮しても2000万円を支払えるだけの資力がないことが判明した。PはEに対し，改めて，法定相続分に従った金額である1500万円と既払である1000万円との差額500万円を請求した。Eは差額500万円の請求を拒むことができるか。

▶ **改正のポイント**

〇相続による義務の承継について，

❶新902条の2本文は，判例（最判平成21年3月24日民集63巻3号427頁）の判示したところを明文化し，相続債務に対する相続分指定は原則として相続債権者を拘束しないものとした。

❷新902条の2ただし書は，相続債権者が指定された相続分に応じた債務承継を承認した場合について同条本文の例外を定めている。

❸新では，共同相続人間の内部的負担割合に関する規律は明文化されなかったものの，上記判例の「相続人間においては，…指定相続分の割合に応じて相続債務を…承継する」との理解を変更するものではない。

解説 》》》

1 設問1について
(1) 共同相続における義務の承継

遺言による相続分の指定があった場合に，被相続人が負担していた債務がどのように承継されるかについて，現行民法の規定を形式的にみるならば，相続債務も指定の割合に応じて承継されるようにもみえる（旧902条・990条）。

しかし，遺言による相続債務の承継割合決定が債権者をも拘束するとするならば，遺言によって資力のない者に債務を集中させ，債権者の回収に支障をきたすなどの弊害をもたらしかねない。

この点につき，判例は，遺留分の侵害額算定にあたって相続債務の額を加算すべきかどうかが争われた事例において，その判示中，相続人間にお

いては指定相続分の割合で相続債務を承継することになると解しつつ，「遺言による相続債務についての相続分の指定は，相続債務の債権者（以下，「相続債権者」という。）の関与なくなされたものであるから，相続債権者に対してはその効力が及ばないものと解するのが相当であり，各相続人は，相続債権者から法定相続分に従った相続債務の履行を求められたときは，これに応じなければならない」としている（最判平成21年3月24日民集63巻3号427頁）。

そこで，新法は，被相続人が相続開始時において負担していた債務の債権者は，相続分の指定がされた場合であっても，各相続人に対し法定相続分にしたがった割合による権利行使が可能である旨明文をもって定めた（新902条の2本文）。

(2) 遺言による承継内容を債権者が承認した場合の取扱い

さらに，当該債権者が各相続人に対し遺言による債務承継割合を前提とした金額を請求した場合の取扱いについて，前掲最判平成21年3月24日が「相続債権者の方から相続債務についての相続分の指定の効力を承認し，各相続人に対し，指定相続分に応じた相続債務の履行を請求することは妨げられないというべきである。」と述べるところを踏まえ，相続債権者が指定相続分にしたがった相続債務の承継を承認している場合には，上記原則的取扱いの例外を定めた（新902条の2ただし書）。

(3) 共同相続人間の内部負担割合

新902条の2は，共同相続人間の内部負担割合に関する規律の明文化まではしていない。この点については，「被相続人は，前二条の規定（法定相続分の規定）にかかわらず，遺言で，共同相続人の相続分を定め…ることができる。」と規定する902条を現行法との連続性の観点からそのまま維持することを前提として相続債権者との関係を規律することとした関係上，共同相続人間の内部的な負担割合に関する規律を新たに設ける必要はないという考え方に基づくものである（部会資料21・38頁参照）。新902条の2は，「相続人間においては，……指定相続分の割合に応じて相続債務を……承継する」という前掲最判の判例法理を否定したわけではない。

このように，新902条の2は，判例の述べる原則を明文化するとともに，併せて，例外についても前掲最判の趣旨に鑑みた定めを設けたものであり，現行法及び前掲最判の取扱いを変更，修正するものではない。

(4) 設問1の場合について

Pは，DとEに対してそれぞれ法定相続分にしたがい1500万円を請求することができるし，遺言による相続分指定を承認してDに対して2000万円を，Eに対して1000万円の請求をすることも可能である。

2　設問2について

上記1(1)のとおり，遺言による相続分指定は，相続債務についてその債権者を拘束するものではない。遺言によればEは3000万円の3分の1である1000万円についてのみ債務を負担すれば足りるはずであるが，そのことを債権者が承認したような例外的場合を除き，法定相続分にしたがった割合による金額の支払を拒むことができない。

このような場合，EのPに対する弁済は有効であり，相続分の指定により本来Aの債務を1000万円のみ承継しているにとどまるはずのEは，Dに対して差額の500万円を求償することができる。Dも，Eとの関係ではAによる相続分指定に従って義務を承継しているところ，Eの支払によって本来負担すべきであった2000万円のうち500万円の支払義務を免れたのであるから，かかる求償に応じなければならない。

3　設問3について

設問1，2と同様，遺言による相続分指定は相続債務についてその債権者を拘束するものではない。また，債権者が遺言の存在及び内容を知らない場合も多いと考えられ，まずは法定相続分に従った請求をすることが十分考えられる。その後に債権者が遺言の内容を知りこれによる相続分指定を承認することが新法によって禁じられているとは解されない。むしろ，遺言による指定に沿うものといえる。

したがって，PはDに対し法定相続分を超える部分についてさらに請求することが可能であり，Dは支払を拒むことができない。

なお，債権者が遺言による相続分指定を承認した場合につき，これを知った相続人が他の法定相続人に通知をする義務を定める規定を置くか否かが検討されたが（部会資料19-1・18頁），そのような規定を置かなくとも実体法上の法律関係は明確になっている，または実務上の必要を余り感じない（部会19回会議議事録45頁［窪田委員発言，増田委員発言］）との意見があり，結果的に明文化は見送られている。

4　設問4について

新902条の2本文は，債務者である遺言者の相続分指定によってなされる相続債務の承継割合変更に関与できない債権者の利害関係を考慮したものであり，かかる利害関係を考慮する必要がないのであれば，相続人間において相続分指定による割合により権利義務が承継されるという遺言内容に沿った取扱いを修正する必要はない。したがって，当該債権者（本設問ではP）が法定相続分にしたがった請求をし，これに対する弁済を受けたとしても，そのことのみをもって直ちに遺言による指定割合に基づいた請求額との不足分を請求できなくなるとみるべきではない。Pが弁済を受けた際に，さらに遺言にしたがった割合による請求はしないと述べていたにもかかわらず後日超過分の請求をするといったような禁反言の原則に抵触するような対応をしていない限り，遺言内容に沿った追加の請求をすることも許容される（部会資料22・32頁）。

したがって，Dは，Pが法定相続分を超える金額をさらに請求することにつき禁反言の原則に反するような場合を除き，超過分500万円の支払を拒むことができない。

5　設問5について

Eが法定相続分との差額を支払う必要があるかどうかは，債権者PがAの指定を「承認」したかどうかに関わる（新902条の2ただし書）。

相続債権者は，遺言による指定により法定相続分を上回って債務を承継することとなる相続人であっても，その相続人に弁済資力があることが明らかである場合や，相続人が多数であり法定相続分による義務承継を前提

にした場合には債務が分散されて回収の手間がかかるようなケースでは，積極的に「承認」をして遺言による指定を前提とした権利行使をすると考えられ，そのような場合であれば，特段の問題は生じない。

問題となるのは，当初，遺言による指定を前提として権利行使を試みたが，何らかの原因で債権者が十分な回収を得ることができなかった場合に，改めて法定相続分に基づく額をもって他の相続人に対する権利行使をすることができるかどうかである。

この点，新902条の2ただし書の「承認」の具体的内容については，部会資料中に明確な定義が述べられているわけではない。また，同条を定める契機となった前掲最判平成21年3月24日にも，どのような場合が「承認」となるかにつき具体的内容が示されているわけではなく，個別事案における具体的事情を考慮して判断することにならざるを得ないが，新902条の2本文が，遺言による相続割合の変更に関与できない債権者の利害を考慮したものであることからすると，原則として，債権者が当該遺言による指定内容を知ったうえでこれを受容する旨を明示しているかどうかで判断することになるように思われる。ただし，遺言による指定内容を受容する旨を必ずしも明示に表示していない場合でも，4において述べたような禁反言の原則に抵触するような場合には，債権者について黙示の「承認」が成立したものとして遺言による指定に拘束されることもやむを得ないと考えられる。

設問5において，債権者Pは，遺言の内容を知った後，遺言による指定に沿った旨示して，その割合により，Dに対して2000万円，Eに対して1000万円の請求をし，結果的にDに対する請求額の回収が困難であったため改めてEに対し法定相続分に従った請求をしているところ，債権者による請求行為が遺言による指定によるものであることが明らかであるような場合には，遺言による指定により法定相続分を下回る内容で債務を承継した相続人においては，その後に改めて法定相続分による債務の履行はなされないものと理解し対応すると考えられる。

そこで，債権者が遺言による指定を知ってこれに沿う旨示して請求行為を開始した場合は，その際，回収状況に応じ法定相続分に応じた請求をす

ることがある旨の留保を付す等の特段の事情がない限り，その後に改めて法定相続分に応じた請求を行うことは禁反言の原則に抵触するものであり，新902条の2ただし書の「承認」があったものとみるべきであろう。Eは差額500万円の請求を拒むことができると考えられる。

（廣畑　牧人）

第6章 遺留分制度に関する見直し

第1節 遺留分侵害額請求権の効力および法的性質（金銭債権化）

I 遺留分侵害額請求権の行使および効力

CASE

被相続人Aは，次の自筆証書遺言を作成して，2020年4月1日に死亡した。Aの相続人は以下のとおりである。被相続人Aは，死亡当時，次の財産を有していた。

本件遺言書を自宅の金庫で保管していたC_1は，Aの死亡後に，戸籍謄本等を揃えて，家庭裁判所に遺言書の検認を申し立てた。遺言書の検認期日に呼び出されたC_2は，検認期日である2020年6月1日にはじめて，本件遺言の内容を見て，遺留分が侵害されていることを知るに至った。そこで，遺留分を侵害された者C_2から，受遺者C_1に対して，同年7月1日到達の配達証明付き内容証明郵便により，金額を特定することなく，遺留分侵害額請求権を行使する旨の意思表示がなされた。法学部の出身であったC_2は，遺留分侵害額請求権を行使さえすれば，遺留分に関する権利は，消滅時効にかかることはないと思い込んでいた。

その後，C_2は，知人の弁護士から勘違いを指摘されて，C_1に対し，2025年6月1日到達の配達証明付き内容証明郵便により，遺留分侵害額に相当する金銭債権として2500万円の支払を催告したうえ，2025年8月1日，裁判所に，遺留分侵害額に相当する金銭として2500万円の支払を求める訴訟（以下「遺留分侵害額請求訴訟」という。）を提起した。

【被相続人】A

【相続人】子 C_1 および子 C_2

【A が相続開始時に有していた財産】

　　不動産甲（居住用不動産）（評価額 3000 万円）

　　不動産乙（事業用財産）（評価額 3000 万円）

　　不動産丙（市街化調整区域内）（評価額 2000 万円）

　　預貯金債権丁（4000 万円）

【生前贈与】

　　なし。

【相続債務】

　　なし。

【遺言の内容】

　　被相続人 A のすべての遺産を C_1 に相続させる旨の遺言

《《《 設問

1 上記事例において，C_2 が C_1 に対し遺留分侵害額請求権（形成権）を行使すると，どのような効力が生じるか。

2 上記事例において，C_2 が不動産甲，不動産乙および不動産丙の評価額を各 4000 万円と主張しているとき，遺留分侵害額請求権（形成権）の行使を受けた C_1 は，遺留分侵害額に相当する金銭債務の支払に代えて，現物返還として，不動産丙を指定することができるか。

3 上記事例において，C_1 には固有の多額の負債があった場合において，遺留分権利者 C_2 には，何らかの優先弁済効が認められるか。

4 上記事例において，C_1 が破産した場合には，遺留分権利者 C_2 はどのような法的地位に立つか。

5 上記事例において，C_2 が C_1 に対し配達証明付き内容証明郵便により，遺留分侵害額請求権（形成権）を行使するのに，遺留分侵害額および受益者または受贈者ごとの遺留分侵害額の負担額の金額を特定する必要があるか。

6 上記事例において，遺留分侵害額請求権（形成権）を行使した後に

生じる遺留分侵害額に相当する金銭債権は，消滅時効の対象となるか。遺留分侵害額に相当する金銭債権について，消滅時効の完成猶予をするのに，遺留分侵害額に相当する金銭債権の金額を特定する必要があるか。

7 上記事例において，C_2 が裁判所に訴状を提出する際に，遺留分侵害額および受益者または受贈者ごとの遺留分侵害額の負担額の金額を特定する必要はあるか。

8 上記事例において，C_2 は不動産丙があることを知らなかったため，C_2 が訴状に記載した遺留分侵害額に相当する金銭債権額 2500 万円は，実際の遺留分侵害額に相当する金銭債権額 3000 万円よりも過小であった。C_2 はそのことを後で知り，2026 年 8 月 1 日，控訴審の段階で，請求の趣旨を 3000 万円まで拡張した。このとき，訴え提起による消滅時効の完成猶予の効果は，請求の拡張後の 3000 万円全額にも及ぶか。

▶ 改正のポイント

❶遺留分減殺請求の効力について物権的効果から金銭債権一本化へ

❷受遺者等による現物給付の指定権は認められない。

❸遺留分権利者には先取特権等は認められない。

❹受遺者が破産した場合には一般破産債権者の地位に立つ。

❺遺留分侵害額請求権（形成権）を行使するのに遺留分侵害額に相当する金銭債権の金額の特定は不要。

❻遺留分侵害額に相当する金銭債権は，消滅時効の対象となり，その消滅時効の完成猶予をするには，遺留分侵害額に相当する金銭債権の金額の特定が必要。

❼裁判所に訴状を提出する際に，遺留分侵害額および受益者または受贈者ごとの遺留分侵害額の負担額の金額を特定する必要がある。

❽遺留分侵害額に相当する金銭債権の消滅時効の完成猶予をするには，概算的な金額を主張すれば，黙示の一部請求として，消滅時効の完成猶予の効果は，請求を拡張した後の残部請求にも及ぶ。

解説 >>>

1 設問1について——遺留分減殺請求権の効力（金銭債権一本化）

(1) 改正前の実務・問題点

（ア）　改正前の法律用語

　旧法では，「遺留分」とは，一定の相続人が，相続について法律上取得することが最低限保障されている相続財産の一定割合を意味していた。「遺留分減殺請求権」とは，遺留分が侵害された場合において，相続開始後，遺留分を侵害する贈与または遺贈の効力の一部を失わせる権利であり，形成権の性質を有し，裁判外での意思表示により行使できるものとされていた。遺留分減殺請求権を行使することには「減殺」という用語が当てられていた。減殺請求権の効果としては原則として物権的効果（共有，準共有）が生じるが，例外的に金銭債権が生じる場合には「価額弁償請求権」という用語が用いられていた。

（イ）　物権的効果

　旧法では，特定遺贈や全部包括遺贈，特定財産やすべての遺産を相続させる旨の遺言に対し，遺留分減殺請求権が行使された場合の効果は，原則として現物返還（物権的効力）となるが，例外的に受遺者または受贈者（以下「受遺者」という。）の選択により価額弁償となる（折衷主義）。これに対し，旧法でも，相続分の指定や割合的包括遺贈に対し遺留分減殺請求権が行使された場合には，遺留分割合を超える相続分を指定された相続人の指定相続分は，その遺留分割合を超える部分の割合に応じて修正されることになり（最決平成24年1月26日集民239号635頁），その修正後の相続分に応じて遺産分割が行われるにとどまる。

（ウ）　遺留分権利者による価額弁償請求権

　旧法では，遺留分権利者が受遺者に対して，現物返還に代えて価額弁償を請求できるのは，あくまで受遺者が価額弁償の意思を表明した場合に限られるとするのが多数説であり裁判実務の大勢であった（名古屋高判平成6年1月27日判タ860号251頁）。上記名古屋高判は，「受遺者が価額弁償の抗弁を選択していないのに，遺留分権利者に価額弁償として金員の請求を認

めるとすれば，遺産が流通性の乏しい換価困難な財産の場合には，遺留分権利者は受遺者以上に有利な地位に立つことになるし，遺産が不動産であって，価額弁償に応じるためには，当該不動産を換価する外ないとすると，換価に伴う譲渡所得税はすべて受遺者の負担となるから，極めて不公平な結果となる」ことを根拠とする。

これに対し，受遺者が価額弁償の抗弁を選択していなくても，遺留分権利者に価額弁償請求権を認める有力説もあった（高木多喜男「遺留分減殺請求と価額弁償」判タ637号（1987）25頁，潮見佳男『相続法（第2版）』〔弘文堂，2005〕293頁）。ただし，このうち，高木説は，受遺者が流通性のない財産を押しつけられることとなる結果を避けるために，遺留分権利者が価額弁償の請求をしてきた場合には，受遺者による現物返還の意思表示だけで，価額弁償義務を免れることができると解していた（現物返還の抗弁）。

（エ）減殺対象の分散と共有物分割

減殺の順序に従い，同順位の遺贈が複数存在する場合には，物権的効果は，複数の遺贈の対象財産に及ぶとされていた。同順位の行為で複数の目的物が処分され，その一部の減殺で足りるときでも，遺留分権利者が減殺対象となる目的物を特定選択することはできないとされた（最判解説平成8年11月26日990頁）。

（オ）居住用不動産や事業用資産

遺留分減殺請求権が行使されると，原則として共有状態が生じる。しかも，現行の計算方法によると，共有持分の割合も，分母と分子が非常に大きな数字になって，当事者もどういった持分割合になるのか，およそ予測がつかないような取扱いになっている。そして，そういった点が，事業承継の障害となると指摘されてきた（部会第4回会議議事録21頁［堂薗幹事］）。

(2) 改正内容

（ア）改正後の法律用語

新法では，「遺留分」という用語は残ったものの，遺留分侵害額請求権の行使により生ずる権利を金銭債権化することに伴い，遺留分の意味は変更されることになる。すなわち，「遺留分」とは，一定の相続人が，相続について価額において法律上取得することが最低限保障されている相続財

産の一定の価値的割合を意味することになる。「遺留分減殺請求権」の行使によって当然に物権的効果が生ずるとされている改正前の規律を見直し，遺留分権利者に遺留分侵害額に相当する金銭債権を付与することにより，遺贈または贈与に対して「減殺」するという概念はなくなるものと考えられた。その結果，条文からは，「減殺」という用語が削除された。遺留分減殺請求権に代わる用語として，「遺留分侵害額請求権」という用語が採用されている。

ここに「遺留分侵害額請求権」とは，本来，遺留分減殺請求権と同様に形成権であることを前提に，その権利の行使により遺留分侵害額に相当する金銭債権が発生すると理解されており，遺留分侵害額請求権の行使を意味する法律用語（たとえば「価額による減殺」）に欠けるほか，その行使の結果生じる金銭債権を意味する端的な法律用語（たとえば「価額償還請求権」）は割り当てられていない。

そこで，以下，「遺留分侵害額請求権」は形成権を指すものとして用い，形成権であることを強調するために適宜「遺留分侵害額請求権（形成権）」という表現を用いることとする。また，遺留分侵害額請求権（形成権）の行使の効果として生じる金銭債権を指すものとして，「遺留分侵害額に相当する金銭債権」または「遺留分侵害額に相当する金銭債務」という用語を当てることとする。なお，遺留分侵害額に相当する金銭債権を訴訟物とする訴訟は，「遺留分侵害額請求訴訟」または「遺留分侵害額請求の訴え」と呼ぶこととする。

(イ)　金銭債権一本化

新法では，遺留分侵害額請求権（形成権）の行使の効果は，完全に金銭債権に一本化された。遺留分減殺請求権の行使によって当然に物権的効果が生ずるとされている改正前の規律を見直し，遺留分権利者が遺留分侵害額請求権（形成権）を行使することによって，受遺者に対し，遺留分侵害額に相当する金銭の支払を請求することができることとするものである（新1046条1項）。相続分の指定や割合的包括遺贈の場合にも，遺産分割手続を経ずに，金銭債権化されることになる（追加試案補足・61頁）。

(3) 事例へのあてはめ

上記事例において，C_2 が C_1 に対し遺留分侵害額請求権（形成権）を行使すると，C_2 の C_1 に対する遺留分侵害額に相当する金銭債権として，3000 万円の金銭債権が発生することになる。

2 設問2について――受遺者等による現物返還の指定権の否定
(1) 改正前の実務・問題点

旧法では，遺留分減殺請求の効果は，原則として現物返還となるが，受遺者には，価額弁償の選択権が与えられており，個別の財産ごとに価額弁償を選択することも認められてきた（最判平成 12 年 7 月 11 日民集 54 巻 6 号 1886 頁）。

(2) 改正内容

新法では，遺留分侵害額請求権（形成権）の行使の効果を金銭債権に一本化したにとどまり，受遺者の選択による現物返還の指定権は認められていない（新 1046 条 1 項参照）。しかし，債権者が同意している場合だけ現物返還（現物給付）が可能ということであれば，特段の手当てをしなくても代物弁済として可能である（部会第 4 回会議事録 16 頁［堂薗幹事］）。新法において，受遺者による現物給付の指定権が採用されなかったのは，以下の理由による。現物給付の指定権により，不要な財産の押しつけにならないよう，遺留分権利者による指定財産の放棄の制度を設けると，放棄がされることを狙って，現物給付の意思表示をするといった濫用がされるおそれがあること。他方，指定財産の放棄の規律のみを削除するのでは，受遺者が遺留分権利者にとって現に不要な財産を指定し，それが権利の濫用とはいえないような場合に，遺留分権利者においてその管理の負担のみが課せられることにもなって不当であることが指摘されている（部会資料 26-2・7 頁）。現物給付の制度は，金銭請求を受けた受遺者が直ちには金銭を準備することができず不利益を被る可能性があるため，これらの者の利益に配慮したものと位置づけられた（部会資料 26-2・8 頁）。これに対し，現物給付の制度を設けなくても，期限の許与の裁判を認めさえすれば，金銭債権一本化によって生じる問題点は基本的に解消されるとの意見が，採

用されたことによる（部会第26回会議議事録・9頁［神吉関係官による潮見委員のメッセージの代読］参照）。

(3) 事例へのあてはめ

上記事例において，C_2 が不動産甲，不動産乙および不動産丙の評価額を各4000万円と主張しているとき，遺留分侵害額請求権（形成権）の行使を受けた C_1 は，遺留分侵害額に相当する金銭債務の支払に代えて，現物給付として，不動産丙を一方的に指定することはできない。しかし，C_2 が同意している場合には，代物弁済として処理することは可能である。その際，C_2 に譲渡所得税，住民税が課税されるおそれがあることにつき，後述Ⅱ9参照。

3 設問3について——遺留分権利者の先取特権の否定

(1) 改正前の実務・問題点

旧法では，遺留分減殺請求権の行使により物権的権利を取得した遺留分権利者と，その行使後の第三者とは対抗関係に立つとされてきた（最判昭和35年7月19日民集14巻9号1779頁）。遺留分権利者が，減殺の対象となる不動産に対して，共有持分につき所有権一部移転登記を経由していれば，受遺者の差押債権者に，共有持分を対抗することができる。受遺者の差押債権者が先に差押登記を具備した場合には，遺留分権利者は共有持分権を買受人に対抗することができない。しかし，遺留分権利者が減殺の対象となった不動産につき処分禁止の仮処分の登記を具備すれば，その後，受遺者の差押債権者の差押登記や，買受人の所有権移転の登記が具備されても，遺留分権利者が所有権一部移転登記請求権の本案で勝訴して所有権の移転登記を受ける場合には，買受人に対する債務名義や同意書なしにその登記を抹消できる（民事保全58条1項）。

(2) 改正内容

新法では，遺留分侵害額請求権（形成権）の行使の効果を金銭債権に一本化したにとどまり，遺留分権利者に法定担保物権（特別の先取特権）を認めるには至らなかった。

(3) 事例へのあてはめ

上記事例において，C_1 に固有の多額の負債があった場合において，遺留分権利者 C_2 には，何らの優先弁済効も認められない。

4　設問4について——受遺者等が破産した場合の遺留分権利者の法的地位（一般破産債権者）

(1) 改正前の実務・問題点

前述のとおり，旧法では，遺留分減殺請求権の行使により物権的権利を取得した遺留分権利者と，その行使後の第三者とは対抗関係に立つとされてきた（前掲最判昭和35年7月19日）。遺留分権利者が，受遺者等に対して，共有持分につき所有権移転登記を経由していれば，その後，受遺者が破産しても遺留分権利者は取戻権者の地位に立つ。遺留分減殺を原因とする対抗要件を備えていない所有権または共有持分権は，差押債権者としての地位と同視される破産管財人に対抗できない（伊藤眞『破産法・民事再生法（第2版）』〔有斐閣，2009〕321頁）。しかし，取戻権となる所有権または共有持分権に基づく執行手続やその保全のための処分禁止の仮処分などは，破産手続開始決定により失効しない（伊藤眞・前掲書315頁）。遺留分減殺請求権の行使により，物権的権利を取得した遺留分権利者が，受遺者に対して，処分禁止の仮処分の登記を具備していれば，その後受遺者に対し，破産手続が開始されても，遺留分権利者は，破産管財人に対して，共有持分権に基づく妨害排除請求権としての共有持分の移転登記を請求することができるとされてきた（山本克己＝小久保孝雄＝中井康之編『新基本法コンメンタール破産法』〔日本評論社，2014〕103頁［垣内秀介］参照）。

(2) 改正内容

新法では，遺留分権利者は，遺留分侵害額請求権（形成権）の行使の効果として物権的権利は取得せず，金銭債権を取得するだけで，特別の先取特権も取得しない。その結果，受益者等が破産した場合には，遺留分権利者は，単なる破産債権者の地位に立つにすぎない。遺留分権利者は，遺留分侵害額請求訴訟を提起して，給付判決を取得しても，期限の許与の裁判がなされれば，期限が到来するまで，強制執行をすることができない。強

制執行をする前に，受遺者等が破産した場合には，強制執行を開始することができず（破産42条1項），すでに破産手続開始前から開始されている執行も破産財団に対する関係ではその効力を失う（破産42条2項本文）。

(3) 事例へのあてはめ

上記事例において，C_1 が破産した場合には，遺留分権利者 C_2 は，3000万円の遺留分侵害額に相当する金銭債権につき，単なる破産債権者の地位に立つにとどまる。

5　設問5について——遺留分侵害額請求権（形成権）の行使の方法

(1) 改正前の実務・問題点

旧法では，遺留分権利者が旧1031条に基づいて行う減殺請求権は形成権であって，その権利の行使は受遺者に対する意思表示によってなせば足り，必ずしも裁判上の請求による必要はなく，また一旦，その意思表示がなされた以上，法律上当然に減殺の効力を生ずる（最判昭和41年7月14日民集20巻6号1183頁）。

また，減殺請求権の行使の期間の制限として，遺留分権利者が相続開始および減殺すべき贈与・遺贈があったことを知った時から1年，または相続開始から10年で時効消滅するとされていた（旧1042条）。

(2) 改正内容

新法では，遺留分侵害額請求権（形成権）の行使により生ずる権利を金銭債権化している（新1046条1項）。遺留分侵害額請求権（形成権）の行使の期間の制限につき，新1048条は，「遺留分侵害額の請求権は，遺留分権利者が，相続の開始及び遺留分を侵害する贈与又は遺贈があったことを知った時から一年間行使しないときは，時効によって消滅する。相続開始の時から十年を経過したときも，同様とする。」と定めている。同条にいう「遺留分侵害額の請求権」とは，形成権としての遺留分侵害額請求権のみを意味するのか，それとも形成権の行使の効果として生じる遺留分侵害額に相当する金銭債権を意味するのかが問題となる。それに関連して，遺留分侵害額請求権（形成権）の意思表示の際に金額を明示して行う必要があるのかが問題となる。

観念的には，①遺留分侵害額請求権（形成権）の行使という意思表示と，②それに基づき生ずる遺留分侵害額に相当する金銭債権に係る履行請求という意思の通知とは別個のものと整理されており，事実上，①の意思表示と②の意思の通知が同一の書面で行われることもできるが，①の意思表示の時点では，必ずしも金額を明示する必要はない（部会資料16・3頁，部会第16回会議議事録・3頁［神吉関係官発言］参照。ただし，部会資料における用語の誤記を訂正して引用）。つまり，新1048条にいう「遺留分侵害額の請求権」とは，①形成権としての遺留分侵害額請求権のみを意味しており，②形成権の行使の効果として生じる遺留分侵害額に相当する金銭債権は，同条の期間の制限を受けないと解される。

（3）事例へのあてはめ

　上記事例において，C_2 が C_1 に対し配達証明付き内容証明郵便により，遺留分侵害額請求権（形成権）を行使するのに，遺留分侵害額および受益者ごとの遺留分侵害額の負担額の金額を特定する必要はない。

6　設問6について——遺留分侵害額に相当する金銭債権と消滅時効
（1）改正前の実務・問題点

　旧法では，遺留分減殺の意思表示をなした以上，意思表示により確定的に減殺の効力を生じ，もはや上記減殺請求権そのものについて旧1042条による消滅時効を考える余地はない（前掲最判昭和41年7月14日）。遺留分減殺請求に関する消滅時効について特別の定めをした旧1042条にいう「減殺の請求権」は，形成権である減殺請求権そのものを指し，上記権利行使の効果として生じた法律関係に基づく目的物の返還請求権等をもこれに含ませて同条所定の特別の消滅時効に服させるものではないとされてきた（最判昭和57年3月4日民集36巻3号241頁）。遺留分権利者が減殺請求権を行使することにより取得した不動産の所有権または共有持分権に基づく登記請求権は，債権法改正後166条2項（債権法改正前167条2項）の消滅時効の対象とならないとされていた（最判平成7年6月9日集民175号549頁）。

(2) 改正内容

新法では，遺留分侵害額請求権（形成権）を行使すると，物権的効果ではなく，客観的に遺留分侵害額に相当する金銭債権が発生することになる。遺留分侵害額請求権（形成権）を行使した後に生じる，遺留分侵害額に相当する金銭債権は，新1048条の時効期間ではなく，一般の金銭債権として，債権法改正後166条1項（債権法改正前167条1項）の消滅時効の対象となる（部会第22回会議議事録・51頁［神吉関係官］）。

(3) 事例へのあてはめ

上記事例において，C_2が2020年7月1日に遺留分侵害額請求権（形成権）を行使した後に生じる，遺留分侵害額に相当する金銭債権は，債権法改正後166条1項（債権法改正前167条1項）の消滅時効の対象となる。遺留分侵害額に相当する金銭債権について，消滅時効の完成猶予をするのに，遺留分侵害額および受益者ごとの遺留分侵害額の負担額を特定する必要がある。

7　設問7について──遺留分侵害額請求権と訴状の記載事項

(1) 改正前の実務・問題点

旧法では，遺留分権利者が遺留分減殺の意思表示をすれば，遺贈または贈与は遺留分を侵害する限度において失効し，受遺者が取得した権利は遺留分を侵害する限度で当然に減殺請求をした遺留分権利者に帰属する（最判昭和51年8月30日民集30巻7号768頁，前掲最判昭和57年3月4日，前掲最判平成7年6月9日等）。

遺留分権利者は，減殺の対象となる個々の財産上に一定割合の共有持分権を取得することになる。遺留分権利者に帰属する共有持分割合は，遺留分侵害額を減殺の対象である全財産の相続開始時の価額の総和で除して得た割合となる（最判解説平成8年11月26日989頁）。

被相続人が相続開始時に債務を有していた場合における遺留分の侵害額は，被相続人が相続開始時に有していた財産の価額にその贈与した財産の価額を加え，その中から債務の全額を控除して遺留分算定の基礎となる財産額を確定し，それに法定の遺留分の割合を乗じるなどして算定した遺留

分の額から，遺留分権利者が相続によって取得した財産の額を控除し，同人が負担すべき相続債務の額を加算して算定する（最判平成8年11月26日民集50巻10号2747頁）。相続人に対する遺贈が遺留分減殺の対象となる場合には，遺贈の目的の価額のうち受遺者の遺留分額を超える部分のみが，民法1034条にいう目的の価額に当たる（最判平成10年2月26日民集52巻1号274頁）。

　遺留分侵害の割合（遺留分権利者に帰属する共有持分割合）は，相続人の1人に対して全部包括遺贈がされた事案につき，遺留分算定の基礎となる贈与財産が他になく，相続債務もなければ，法定の遺留分割合に等しくなる（最判平成8年11月26日の原審の立場）。

　ところが，減殺の対象となる遺贈等が複数の相続人に対してなされている場合，遺留分算定の基礎となる贈与財産がある場合，または相続債務がある場合だけでなく，遺留分権利者に相続によって取得した財産（未分割財産を含む）がある場合にも，遺留分権利者に帰属する共有持分割合は，法定の遺留分割合と異なることになる。

　以上から，物権的効力が生ずる旧法の下でも，遺留分減殺請求の結果，減殺の対象財産に対する共有持分割合を計算する上でも，遺留分侵害額を算定して訴状に記載する必要があるとされていた（最判解説平成8年11月26日989頁参照）。

　旧法でも，遺留分侵害の割合（遺留分権利者に帰属する共有持分割合）は，訴状の段階では法定の遺留分割合（8分の1）と記載されているものが結構あるが，実際に計算してみると，かなり複雑な数字になる。本来は，どうしても原告側がきちんと計算しなければならない。実際に認容できる金額と請求の趣旨を比べるとそごが生じることは，旧法の下でも起きている問題である（部会第4回会議議事録17頁［渡辺関係官］）。

(2) 改正内容

　新法では，遺留分侵害額請求権（形成権）を行使した効果として客観的に遺留分侵害額に相当する金銭債権が発生する（新1046条1項）。遺留分侵害額請求訴訟の訴訟物は，遺留分侵害額請求権（形成権）ではなく，遺留分侵害額に相当する金銭債権となり，訴状の請求の趣旨には，遺留分侵

害額に相当する金銭債権の金額を特定する必要があり，請求の原因には，遺留分侵害額に相当する金銭債権の根拠として，遺留分侵害額および受益者ごとの遺留分侵害額に相当する金銭債務の負担額も記載する必要がある。

(3) 事例へのあてはめ

上記事例において，C_2 が裁判所に訴状を提出する際に，遺留分侵害額および受益者ごとの遺留分侵害額の負担額の金額を特定する必要がある。

8 設問8について——遺留分侵害額に相当する金銭債権の過小請求と消滅時効の完成猶予の範囲

(1) 改正前の実務・問題点

旧法では，遺留分権利者が遺留分減殺の意思表示をすれば，遺贈または贈与は遺留分を侵害する限度において失効し，受遺者が取得した権利は遺留分を侵害する限度で当然に減殺請求をした遺留分権利者に帰属する（前掲最判昭和51年8月30日，前掲最判昭和57年3月4日，前掲最判平成7年6月9日等）。遺留分減殺請求に関する消滅時効について特別の定めをした旧1042条にいう「減殺の請求権」は，形成権である減殺請求権そのものを指し，上記権利行使の効果として生じた法律関係に基づく目的物の返還請求権等をもこれに含ませて同条所定の特別の消滅時効に服させるものではない（前掲最判昭和57年3月4日）。遺留分減殺請求権の行使により取得した不動産の所有権または共有持分権に基づく所有権移転登記請求権は，債権法改正後166条2項（債権法改正前167条2項）の消滅時効によって消滅することはない（前掲最判平成7年6月9日）。

よって，訴状に記載した遺留分侵害の割合（遺留分権利者に帰属する共有持分割合）が過小であっても，時効中断の範囲が問題となることはない。

(2) 改正内容

新法では，遺留分侵害額請求権（形成権）の行使により生ずる権利を金銭債権化している（新1046条1項）。その際，観念的には，①遺留分侵害額請求権（形成権）の行使という意思表示と，②それに基づき生ずる遺留分侵害額に相当する金銭債権に係る履行請求という意思の通知とは別個のものと解される。たとえば，遺留分権利者が，①の意思表示を行った結果，

客観的には1000万円の金銭債権が生じているのにもかかわらず，②の当初の金銭請求の時点においては，500万円の支払しか求めなかったというケースにおいては，いわゆる一部請求の問題として扱うことができ，消滅時効の問題についても，遺留分権利者があえて金銭債権の一部のみを請求する旨を明らかにして訴えを提起しない以上，黙示の一部請求として客観的な遺留分侵害額に相当する金銭債権全体について消滅時効の完成猶予の効力が生じることになる（最判昭和45年7月24日民集24巻7号1177頁）（部会資料16・3頁，部会第16回会議議事録3頁［神吉関係官］）。

　ちなみに，仮に，本設問の事案と異なり，時効期間満了前に裁判外の催告をしたうえ，時効期間満了後，第1の催告から6か月以内に遺留分権利者があえて金銭債権の一部のみを請求する旨を明らかにして訴えを提起しても，第1の催告から6か月以内に残部請求につき訴えの提起や訴えの変更による請求の拡張等の措置を講じなかった以上，その後C_2が明示的一部請求の判決確定後6か月以内である2026年8月1日，別訴により残部請求の訴えを提起しても，消滅時効は完成していることになりかねないので注意を要する（最判平成25年6月6日民集67巻5号1208頁参照。）。

(3) 事例へのあてはめ

　上記事例において，不動産丙があることを知らなかったC_2が訴状に記載した遺留分侵害額に相当する金銭債権額2500万円が実際の遺留分侵害額に相当する金銭債権額3000万円よりも過小であったことから，2026年8月1日，控訴審の段階で，請求の趣旨を3000万円まで拡張したときは，訴状の請求の趣旨や請求の原因において，あえて金銭債権の一部のみを請求する旨を明らかにして訴えを提起したとは言えないので，訴え提起による消滅時効の完成猶予の効果は，黙示の一部請求に関する判例法理により，請求の拡張後の金銭債権3000万円全額にも及ぶ。

Ⅱ 受遺者または受贈者の請求による金銭債務の支払に係る期限の許与

CASE

被相続人 A は，次の遺言を作成して，2019 年 7 月 13 日に死亡した。A の相続人は以下のとおりである。被相続人 A は，死亡当時，次の財産を有していた。

A の C_1 に対する特定財産承継遺言の対象財産には，C_2 の遺留分侵害額に相当する金融資産が乏しく，C_1 の居住する不動産甲や C_1 の生計を支える事業用不動産乙を除くと，市街化調整区域内の土地など，換価が困難なものしかない。

かかる場合において，遺留分を侵害された C_2 から，受遺者 C_1 に対して，2020 年 7 月 1 日到達の配達証明付き内容証明郵便により，遺留分侵害額請求権を行使する旨の意思表示がなされたうえ，2020 年 12 月 28 日，裁判所に 3000 万円の遺留分侵害額に相当する金銭およびその遅延損害金の支払を求める訴訟（以下「遺留分侵害額請求訴訟」という。）が提起された。

【被相続人】A

【相続人】子 C_1 および子 C_2

【A が相続開始時に有していた財産】

　　不動産甲（居住用不動産）（評価額 3000 万円）

　　不動産乙（事業用財産）（評価額 3000 万円）

　　不動産丙（市街化調整区域内）（評価額 2000 万円）

　　不動産丁（市街化調整区域内）（評価額 2000 万円）

　　不動産戊（市街化調整区域内）（評価額 2000 万円）

【生前贈与】

　　なし。

【相続債務】

　　なし。

【遺言の内容】

　　被相続人 A のすべての遺産を C_1 に相続させる旨の遺言

設問

1　上記の事例において，遺留分権利者 C_2 から 3000 万円の遺留分侵害額に相当する金銭債権の請求を受けた受遺者 C_1 が，直ちに 3000 万円を準備できない場合に生ずる不都合に対応するため，C_1 には，どのような救済策があるのか。

2　上記の事例において，受遺者 C_1 が裁判所に，3000 万円の遺留分侵害額に相当する金銭債務の支払につき，期限の許与を求めたときは，期限の許与が認められるか。期限の許与の裁判は，どのような場合に認められるのか。

3　上記の事例において，3000 万円の遺留分侵害額に相当する金銭債務の支払につき，期限を 2022 年 6 月 30 日とする期限の許与の裁判を受けた遺留分権利者 C_2 は，受遺者 C_1 に対して 3000 万円の遺留分侵害額に相当する金銭債務の支払につき，担保提供を求めることができるか。

4　上記の事例において，受遺者 C_1 が裁判所に対し，3000 万円の遺留分侵害額に相当する金銭債務の支払につき期限の許与の裁判を求めるには，どのような手続きによる必要があるのか。

5　上記の事例において，裁判所に遺留分侵害額請求訴訟が係属している場合において，3000 万円の遺留分侵害額に相当する金銭債務の支払につき，期限の許与の裁判が別訴として提起されたとき，期限を許与する形成判決が確定する前に，遺留分侵害額請求訴訟において，期限の許与を前提とする判決をすることができるか。

6　上記の事例において，3000 万円の遺留分侵害額に相当する金銭債務の支払につき，期限の許与の裁判が反訴として提起された場合において，裁判所において期限の許与を相当と判断したときは，期限を許与する形成判決が確定しなくても，本訴において，期限の許与を判決の基礎とすることができるか。その際の判決主文はどのようになるのか。

7　上記の事例において，3000 万円の遺留分侵害額に相当する金銭債務の支払につき，期限を 2022 年 6 月 30 日とする期限の許与の裁判

がなされた場合において，3000万円の遺留分侵害額に相当する金銭債務の支払につき，遅延損害金はいつから発生するのか。

8 上記の事例において，3000万円の遺留分侵害額に相当する金銭債務の支払につき，期限を2022年6月30日とする期限の許与の裁判がなされた場合において，裁判所が付与した期限である2022年6月30日が到来するまでの間に，3000万円の遺留分侵害額に相当する金銭債務の支払につき，法定利息が発生することはあるのか。

9 上記の事例において，受遺者C_1が，先祖伝来の不動産丙および不動産丁を売却して，遺留分権利者C_2に対する3000万円の遺留分侵害額に相当する金銭債務の支払原資を工面した場合において，C_1にはどのような税金が課税されるか。

▶ **改正のポイント**

❶受遺者等は，一定の場合，裁判所に対し，遺留分侵害額に相当する金銭債務の支払につき，期限の許与の裁判を求めることができる。

❷遺留分侵害額に相当する金銭債務の支払に関する期限の許与の裁判について，具体的な要件は明記されておらず，裁判所の裁量に委ねられている。

❸遺留分侵害額に相当する金銭債務の支払につき，期限の許与の裁判を受けた遺留分権利者は，受遺者等に対して遺留分侵害額に相当する金銭債務の支払につき，担保提供を求めることができない。

❹遺留分侵害額に相当する金銭債務の支払に関する期限の許与の裁判は，形成の訴えにより求める必要があり，単なる抗弁では足りない。

❺遺留分侵害額に相当する金銭債務の支払につき，期限の許与の裁判が反訴として提起された場合に，裁判所において期限の許与を相当と判断したときは，本訴と反訴を同時に判決すれば，期限を許与する形成判決が確定しなくても，本訴において，期限の許与を判決の基礎とすることができる。

❻遺留分侵害額に相当する金銭債務の支払につき，期限の許与の裁

判が別訴として提起された場合において，弁論の併合がない限り，期限を許与する形成判決が確定しなければ，遺留分侵害額請求訴訟において，期限の許与を判決の基礎とすることができない。
❼遺留分侵害額に相当する金銭債務の支払につき，期限の許与の裁判がなされた場合には，裁判所が付与した期限が到来した後にはじめて遺留分侵害額に相当する金銭債務の支払につき，遅延損害金が発生する。
❽遺留分侵害額に相当する金銭債務の支払につき，期限の許与の裁判がなされた場合には，裁判所が付与した期限が到来するまでの間に，遺留分侵害額に相当する金銭債務の支払につき，法定利息が発生することはない。
❾受遺者が遺留分権利者に対する遺留分侵害額に相当する金銭債務の支払原資を工面するために，相続財産を任意に売却した場合には，譲渡所得税および住民税が課税されるおそれがある。

解説 》》》

1　設問1について——遺留分侵害額に相当する金銭債権の請求を受けた受遺者等が支払資金を用意できない場合の救済策

(1) 改正前の実務・問題点

　旧法では，遺留分減殺請求権が行使された場合の効果は，原則として現物返還（物権的効力）となるが，例外的に受遺者または受贈者（以下「受遺者」という。）の選択により価額弁償となる（折衷主義）。

　旧法1040条に定める場合（受贈者が贈与の目的を譲渡した場合等）を除き，遺留分減殺請求の効果として例外的に価額弁償が認められるのは，受遺者側が選択した場合に限り，受遺者側の意思に反して価額弁償義務が生じることはない。特定物の遺贈につき履行がされた場合に，旧法1041条の規定により受遺者が遺贈の目的の返還義務を免れるためには，価額の弁償を現実に履行するかまたはその履行の提供をしなければならず，価額の弁償をすべき旨の意思表示をしただけでは足りない（最判昭和54年7月10日民

集 33 巻 5 号 562 頁)。旧法 1040 条に定める場合を除き，価額弁償につき期限の許与が必要となることはない。

(2) 改正内容

新法では，遺留分侵害額請求権の効果は，完全に金銭債権化に一本化された。そして，遺留分権利者が遺留分侵害額請求権の行使をすることによって，受遺者に対し，遺留分侵害額に相当する金銭の支払を請求することができる（新 1046 条 1 項）。つまり，受遺者の意思に反する場合でも，また，受遺者に遺留分侵害額に相当する金銭債務を支払うための金融資産がない場合でも，一律に金銭債権が発生することになる。そのため，遺留分権利者からの遺留分侵害額に相当する金銭債権の請求を受けた受遺者が，直ちに遺留分侵害額に相当する金銭を準備できないという不都合が生じることになる。

そこで，新法では，遺留分侵害額に相当する金銭債務の請求を受けた受遺者の請求により，裁判所が遺留分侵害額に相当する金銭債務の全部または一部の支払につき，期限の許与を付与することができることとされた（新 1047 条 5 項）。つまり，受遺者は，裁判所に対し，相当な期限の許与を求めることができることとなった。

(3) 事例へのあてはめ

上記の事例において，C_2 から，3000 万円の遺留分侵害額に相当する金銭債権の請求を受けた受遺者 C_1 が直ちに 3000 万円を準備できない場合に生ずる不都合に対応するため，C_1 には，裁判所に対し，3000 万円の遺留分侵害額に相当する金銭債務の支払につき，相当な期限の許与を求める救済策がある（新 1047 条 5 項）。

2 設問 2 について——期限の許与の裁判が認められる要件

(1) 改正前の実務・問題点

前述のとおり，旧法では価額弁償債務の支払につき期限の許与の裁判に関する定めは存在しなかった。遺留分侵害額に相当する金銭債務に関する支払猶予の比較法的な制度としては，ドイツ民法やフランス民法の規定がある。なお，部会資料 26-2 では，「金銭請求を原則とするドイツにおいて

は，2009年法改正（ママ）において金銭債務の支払の猶予を可能（ママ）とするなどの法改正が行われている」ことも指摘されている（部会資料26-2・8頁）。

しかし，ドイツ民法2331a条1項における支払の猶予制度は，2009年の改正により可能となったのではなく，1969年の改正により創設されたものである。従来は，支払猶予の要件が厳格であったため，2009年の改正により要件が緩和されたにすぎない。

(2) 改正内容

新法における期限の許与の裁判は，遺留分権利者から遺留分侵害額に相当する金銭債権の請求を受けた受遺者において，直ちに遺留分侵害額に相当する金銭を準備できない場合の不都合を解消する場合の規律であるから，主に受遺者の資力や，遺贈された財産などを考慮して，その請求を受けた受遺者において，直ちに当該金銭請求に対して弁済することができない場合を想定して規律されている（部会第26回会議議事録10から11頁［神吉関係官］参照。）。しかしながら，ドイツ民法と異なり，新法の条文には，裁判所が期限を許与するための具体的な判断基準は明示されていない。この趣旨は，期限を許与するか否かの判断については様々な事例が想定されるため，一義的にその考慮要素を書き尽くすことが困難であるとして，期限の許与の判断は裁判所の裁量に委ねることにある（部会第26回会議議事録10頁［神吉関係官］）。

(3) 事例へのあてはめ

上記の事例において，受遺者 C_1 が裁判所に，3000万円の遺留分侵害額に相当する金銭債務の支払につき，期限の許与を求めたときは，期限の許与が認められるか否かにつき，条文に具体的な基準は明記されておらず，裁判所の裁量に委ねられている。期限の許与の裁判は，どのような場合に認められるのかは，将来の裁判例の集積を待たなければ明らかとはならない。

3 設問3について——期限の許与に対し，担保提供を求めることの可否について

(1) 改正前の実務・問題点

前述のとおり，旧法では価額弁償債務の支払につき期限の許与の裁判に関する定めは存在しなかった。

ドイツ民法2331a条2項2文，同1382条3項では，支払猶予制度に対する反対利益への配慮として，相当な担保の提供制度が整備されている。ところが，部会資料26-2や部会第26回会議ではこのことが看過されているようである。

ドイツ民法の2009年の改正の際には，相当な担保の提供制度は創設されていないが，それは，1969年の改正以降，ドイツ民法2331a条2項2文において，同法1382条3項の準用規定が存在しており，相当な担保の提供制度を認める規定が予め用意されていたからにすぎない。2009年のドイツ民法改正だけを取り上げている論考では，一部の例外を除き，その点が当然の前提として記載されていないことが多いようである。

(2) 改正内容

新法では，ドイツ民法と異なり，遺留分侵害額に相当する金銭債務の支払に関する期限の許与の要件として担保提供は定められておらず，部会資料26や部会第26回会議議事録による限り，期限の許与の要件として担保提供を定めることなどの要否については，一切議論されていない。

(3) 事例へのあてはめ

上記の事例において，3000万円の遺留分侵害額に相当する金銭債務の支払につき，期限を2022年6月30日とする期限の許与の裁判を受けた遺留分権利者C_2は，C_1に対して3000万円の遺留分侵害額に相当する金銭債務の支払につき，担保提供を求めることができないと解さざるを得ない。

4 設問4について——期限の許与の裁判の手続

(1) 改正前の実務・問題点

前述のとおり，旧法では価額弁償債務の支払につき期限の許与の裁判に

関する定めは存在しなかった。しかし，遺留分以外の領域における期限の許与の裁判に関する制度としては，借地借家法13条2項（建物買取請求権），民法196条2項（有益費償還請求権）および建物区分所有法61条13項（共用部分の復旧決議に対する買取請求権）などがある。これらの遺留分以外の領域における期限の許与の裁判に関する制度においては，期限の許与の裁判は，単なる抗弁ではなく，形成の訴えにより求めることが必要であると解されている（建物区分所有61条5項（現61条13項）につき，大阪高判平成14年6月21日判時1812号101頁）。

(2) 改正内容

遺留分権利者と受遺者との間で，遺留分侵害額に相当する金銭債務の額については争いがなく，遺留分権利者が遺留分侵害額請求訴訟を提起しない場合において，受遺者が遺留分侵害額に相当する金銭債務の支払につき，期限の許与のみを求めているときは，受遺者が遺留分権利者を被告とする形成の訴えによって求めることになる。

遺留分権利者が遺留分侵害額請求訴訟を提起している場合において，受遺者が遺留分侵害額に相当する金銭債務の支払につき，期限の許与を求める場合に，抗弁として主張すれば足りるのか，それとも別訴または反訴の提起が必要なのかが問題となる。

この点，現行法上に，類似の制度として，民法196条2項ただし書や借地借家法13条2項などがあるので，これらの制度における解釈を考えれば，おのずから結論が出てくる。期限の許与を独立の訴訟物と考える必要があるのであれば，抗弁としてではなく，別訴または反訴として形成の訴えによって求める必要があると解されている（部会第26回会議議事録12頁［神吉関係官］）。

(3) 事例へのあてはめ

上記の事例において，受遺者C_1が裁判所に対し，3000万円の遺留分侵害額に相当する金銭債務の支払につき期限の許与の裁判を求めるには，別訴または反訴として，遺留分権利者C_2を相手方として形成の訴えによって求める必要があり，単なる抗弁では足りない。

5 設問5について——期限の許与の裁判が別訴として提起された場合について

(1) 改正前の実務・問題点

前述のとおり、旧法では価額弁償債務の支払につき期限の許与の裁判に関する定めは存在しなかった。

(2) 改正内容

前述のとおり、遺留分侵害額に相当する金銭債務の支払につき期限の許与の裁判を求めるには、形成の訴えによって求める必要がある。

この点、形成の訴えの請求認容判決である形成判決は、主文中で法律関係変動の宣言を行い、形成判決が確定してはじめて法律関係を変動させる効力（形成力）が生じる。したがって、形成判決の確定までは法律関係の変動が生じないから、当事者としては、原則としてそれ以前は変動を前提とした法律関係を主張できないはずである。

期限の許与の可否が遺留分侵害に相当する金銭債権（現在の給付請求）の存否に関する判断の先決問題となる場合であっても、遺留分侵害額請求の訴えと期限の許与の訴えとが同一の裁判所において審理され、その結果、期限の許与が相当と判断され、現在の給付請求が否定されるべきことが裁判所に明らかとなったときでも、遺留分侵害請求の訴えと期限の許与の訴えとが別訴として提起され、その弁論も併合されず、それぞれ別個の判決がなされるときは、期限を許与する判決がなされても、期限を許与する判決が確定しないかぎり、遺留分侵害額請求訴訟において、期限の許与を判決の基礎とすることができない。

反訴の要件を満たす限り、遺留分侵害額に相当する金銭債務の支払に関する期限の許与の裁判は、別訴ではなく反訴として提起しないと、弁論の併合が認められない限り、弁護過誤となる余地があるので、注意が必要である。

(3) 事例へのあてはめ

上記の事例において、裁判所に遺留分侵害額請求訴訟が係属している場合において、3000万円の遺留分侵害額に相当する金銭債務の支払につき、期限の許与の裁判が別訴として提起されたとき、弁論の併合がない限り、

期限を許与する形成判決が確定しなければ，遺留分侵害額請求訴訟において，期限の許与を判決の基礎とすることができない。

6　設問6について——期限の許与の裁判が反訴として提起された場合について
(1) 改正前の実務・問題点
　前述のとおり，旧法では価額弁償債務の支払につき期限の許与の裁判に関する定めは存在しなかった。
(2) 改正内容
　前述のとおり，形成判決の確定までは法律関係の変動が生じないから，当事者としては，原則としてそれ以前は変動を前提とした法律関係を主張できないはずである。

　しかしながら，遺留分侵害額請求訴訟（現在の給付請求訴訟）の係属中に，遺留分侵害額に相当する金銭債務の支払につき，期限の許与を求める反訴が提起され，本訴および反訴が同一の裁判所において併合審理され，その結果，口頭弁論終結時の状態において，期限の許与が相当と判断され，現在の給付請求が否定されるべきことが裁判所に明らかなときは，本訴である現在の給付請求としての遺留分侵害額に相当する金銭の支払請求は一部棄却を免れず，将来給付の要件を満たす限度で期限付きの一部認容判決をすべきである。

　遺留分権利者の無条件の給付請求に対して，裁判所が期限付きの判決をすることについては，その期限が受遺者等の資金調達に要するまでの間であり，通常長期間先にはならないことを踏まえると，通常は，将来給付の要件も満たし，期限付きの一部認容判決をするということを許容することになる。

　遺留分権利者の給付請求に対して，期限の許与の反訴において，裁判所が期限の許与を付した場合には，本訴において，一般に期限付きの一部認容判決をすることができる。
(3) 事例へのあてはめ
　上記の事例において，3000万円の遺留分侵害額に相当する金銭債務の

支払につき，期限の許与の裁判が反訴として提起された場合において，裁判所において期限の許与を相当と判断したときは，本訴と反訴を同時に判決すれば，期限を許与する形成判決が確定しなくても，本訴において，期限の許与を判決の基礎とすることができる。その際の判決主文は以下のとおりになると解される（なお，部会第26回会議議事録・12頁［神吉関係官］では期限の許与の裁判は形成の訴えとしつつ，同11頁の判決主文では，形成判決の主文を脱漏している）。

「1　被告（反訴原告）の原告（反訴被告）に対する第2項の3000万円の金銭債務の支払に係る期限を2022年6月30日とする。
2　被告（反訴原告）は，原告（反訴被告）に対し，2022年6月30日が到来したときは，3000万円及びこれに対する2022年7月1日から支払済みまで年3分の割合による金員を支払え。
3　原告（反訴被告）のその余の請求を棄却する。」

7　設問7について——期限の許与の裁判の効果（遅延損害金の不発生）
（1）改正前の実務・問題点
　前述のとおり，旧法では価額弁償債務の支払につき期限の許与の裁判に関する定めは存在しなかった。
（2）改正内容
　遺留分侵害額に相当する金銭債務の支払につき，裁判所が付与した期限が到来した後に遅延損害金が発生する，それまでの間は遅延損害金は発生しないと考えられる（部会第26回会議議事録・11頁［神吉関係官］）。ここにいう「期限の付与」とは，裁判所の判断によって弁済期が変更されるということであり，裁判所の付与した弁済期が到来するまでの間は，遅延損害金は付かないと解されている（部会第26回会議議事録・12頁［神吉関係官］）。
（3）事例へのあてはめ
　上記の事例において，C_2のC_1に対する3000万円の遺留分侵害額に相当する金銭債務の支払につき，期限を2022年6月30日とする期限の許与の裁判がなされた場合には，裁判所が付与した期限が到来した日の翌日である2022年7月1日以降にはじめて遅延損害金が発生する。

8 設問8について——期限の許与の裁判と法定利息の発生の有無
(1) 改正前の実務・問題点
　前述のとおり，旧法では価額弁償債務の支払につき期限の許与の裁判に関する定めは存在しなかった。

　期限の許与の裁判と法定利息の発生の有無について，ドイツ民法では，「支払を猶予された債権には，債務者が利息を付さなければならない。」（ドイツ民法 1382 条 2 項），「利息の額…については，家庭裁判所が公正な裁量により決定する」（ドイツ民法 1382 条 4 項）との規定があり，それらは，1969 年の改正以降，ドイツ民法 2331a 条 2 項 2 文において，遺留分の支払猶予に準用されている（遺産裁判所は家庭裁判所と同一の地位に立つ。）。

(2) 改正内容
　これに対し，新法では，ドイツ民法と異なり，遺留分侵害額に相当する金銭債務の支払につき，期限を許与した場合の法定利息の支払義務に関する定めがない。新法では，裁判所が遺留分侵害額に相当する金銭債務の支払につき期限を許与していながら，その期限が到来するまでの間に法定利息が付くということはない（部会第 26 回会議議事録 11 頁［水野（紀）委員］の質問参照。）。

(3) 事例へのあてはめ
　上記の事例において，3000 万円の遺留分侵害額に相当する金銭債務の支払につき，期限を 2022 年 6 月 30 日とする期限の許与の裁判がなされた場合には，裁判所が付与した期限である 2022 年 6 月 30 日が到来するまでの間に，3000 万円の遺留分侵害額に相当する金銭債務の支払につき，法定利息が発生することはない。

9 設問9について——期限の許与だけでは救済されない不都合
(1) 改正前の実務・問題点
　旧法において受遺者が遺留分権利者に現物返還をした場合には，遺留分権利者が現物返還の対象財産を相続により取得したこととなり，受遺者に対し，譲渡所得税および住民税が課税されることはない。

(2) 改正内容

　前述のとおり，新法では，遺留分侵害額請求権の効果は，完全に金銭債権化に一本化された（新1046条1項）。受遺者の意思に反する場合でも，受遺者に遺留分侵害額に相当する金銭債務を支払うための金融資産がない場合でも，一律に金銭債権が発生することになる。

　受遺者の請求による遺留分侵害額に相当する金銭債務の支払に関する期限の許与は，主に受遺者の資力や，遺贈された財産などを考慮して，その請求を受けた受遺者において，直ちに当該金銭請求に対して弁済することができない場合を想定したものであり，遺贈の目的財産等を売却するなどして資金を調達するのに要する通常の期間が典型的には考慮される事情と考えられている（部会第26回会議議事録10から11頁［神吉関係官］参照。）。

　前述のとおり，期限の許与の裁判は，遺贈や贈与の目的財産等を売却するなどして資金を調達することが念頭に置かれている。このように，受遺者が遺留分権利者に対する遺留分侵害額に相当する金銭債務の支払資金を調達するために，相続財産を任意に売却した場合には，所得税法や租税特別措置法において新たな課税除外規定が新設されないかぎり，譲渡所得税および住民税が課税されるおそれがある（所得税33条1項，地方税32条1項2項・313条1項2項）。

　そもそも，旧法において，遺留分権利者が受遺者に対して，価額弁償を請求できるのは，受遺者が価額弁償の意思を表明した場合に限られるとする名古屋高判平成6年1月27日判タ860号251頁は，「遺産が不動産であって，価額弁償に応じるためには，当該不動産を換価する外ないとすると，換価に伴う譲渡所得税はすべて受遺者の負担となるから，極めて不公平な結果となる」ことを根拠とする。上記名古屋高判は，裁判実務において一般的に支持されている考え方を示したものと理解されており（最判解説平成9年2月25日267頁及び最判解説平成20年1月24日61頁），とりわけ換価に伴う譲渡所得税の負担は，受遺者らに著しい不利益を与えると評価されている（中村哲「遺留分権利者から受遺者に対する価額弁償請求が認められるための要件」〈平成7年度主要民事判例解説〉判タ913号（1996）194頁）。

　しかも，価額弁償金は譲渡所得の計算上，譲渡資産の取得費にあたらな

いと解されている（神戸地判平成 14 年 11 月 7 日税務訴訟資料 252 号順号 9227）。

　以上のとおり，新法においては，現物給付の指定権の制度と異なり，期限の許与の裁判を設けただけでは，遺留分侵害額に相当する金銭債権の請求を受けた受遺者が直ちには金銭を準備することができない不利益を一部は解消できても，受遺者が遺留分権利者に対する遺留分侵害額に相当する金銭債務の支払資金を調達するために，相続財産を任意に売却した場合において，譲渡所得税および住民税が課税される不利益は解消されずに残ることになる。受遺者が遺留分侵害額に相当する金銭債務の支払に代えて，現物給付として，相続財産の一部を一方的に指定することはできないものの，遺留分権利者が同意している場合には，代物弁済として可能である。その際，同様に，代物弁済につき譲渡所得税および住民税が課税される不利益が残る（名古屋高判昭和 47 年 10 月 16 日判時 693 号 35 頁）。後者の問題は，遺言と異なる遺産分割をすることにより，解消される余地があるが，遺留分侵害額請求訴訟が地方裁判所における 2 当事者間の訴訟の対象となるのに対し，遺産分割は遺留分の侵害とは無関係の相続人全員で協議するか家庭裁判所の調停や審判の対象となるため，不利益の解消には限界があると言わざるを得ない。なお，一般論として，相続税の申告をした後，遺言と異なる遺産分割をした場合において，贈与税が課税されるか否かについて争いがある点にも注意を要する。

(3) 事例へのあてはめ

　上記の事例において，受遺者 C_1 が遺留分権利者 C_2 に対する 3000 万円の遺留分侵害額に相当する金銭債務の支払原資を工面するために，不動産丙および不動産丁を売却した場合には，所得税法や租税特別措置法において新たな課税除外規定が新設されないかぎり，C_1 に対し，譲渡所得税と住民税が課税されるおそれがあることに注意を要する。

（神尾　明彦）

第2節　遺留分および遺留分侵害額の算定方法

I　遺留分および遺留分侵害額の算定方法
▶ 改正のポイント
○旧法上明示されていなかった遺留分および遺留分侵害額の算定方法が，明確化された。

解説 ≫≫

1　旧法において

遺留分および遺留分侵害額の算定方法は，最判平成8年11月26日民集50巻10号2747頁および最判平成21年3月24日民集63巻3号427頁により示されていた。

「遺留分の額＝遺留分算定の基礎となる財産額×総体的遺留分の割合×法定相続分の割合−遺留分権利者の特別受益財産の額」

「遺留分侵害額＝遺留分額−遺留分権利者が相続によって得た財産の額＋遺留分権利者が負担すべき相続債務の額」

2　新法において

新1042条および新1046条2項において，旧法上明示されていなかった遺留分および遺留分侵害額の算定方法が以下のように明確化された。

遺留分（新1042条1項）
　＝遺留分を算定するための財産の価額（新1043条1項）×新1042条1項各号（旧1028条各号）に掲げる遺留分の割合×その相続人の法定相続分の割合

遺留分侵害額（新1046条2項）
　＝遺留分−その遺留分権利者が受けた遺贈または特別受益にあたる贈与の価額（同項1号）−遺産分割の対象財産が残っている場合には具体的相続分（ただし，寄与分は考慮しない）に応じてその遺留分権利者

が取得すべき遺産の価額（同項2号）＋899条の規定によりその遺留分権利者が承継する相続債務の額（同項3号）

　判例の算定式においては，遺留分の額の算定において遺留分権利者の特別受益にあたる贈与の価額を控除することとされていたが，新法の規律では，遺留分の額の算定では遺留分権利者の特別受益にあたる贈与の価額を控除せず，遺留分侵害額の算定において，遺留分権利者が受けた特別受益にあたる贈与の価額を控除することとされた。

　また，判例の算定式における「遺留分権利者が相続によって得た財産の額」は，新法では，「遺留分権利者が受けた遺贈の価額」および「遺産分割の対象財産が残っている場合には具体的相続分（ただし，寄与分は考慮しない）に応じてその遺留分権利者が取得すべき遺産の価額」とに分解しつつ明確化された。

　さらに，判例の算定式における「遺留分権利者が負担すべき相続債務の額」は，新法では，「899条の規定により遺留分権利者が承継する債務の額」と明確化された。この「899条の規定により遺留分権利者が承継する債務の額」とは，指定相続分が定められたときは，指定相続分の割合に応じて，遺留分権利者が承継する相続債務の額をいう（最判平成21年3月24日民集63巻3号427頁）。

II　遺留分を算定するための財産の価額に関する規律

CASE 1

　Aは，甲会社の創業者であったが，甲会社の経営を子Cに譲って引退することとし，67歳の時に子Cに①現預金7000万円と②甲株式の全部を贈与した。

　贈与時のAの資産は，①現預金が1億円（子Cへの贈与によって3000万円となった），②甲会社の株式（評価額2億3000万円），③乙土地（評価額5000万円），④丙建物（評価額2000万円）であった。

　子Cは，Aと協議の上，相続時精算課税制度を利用して，贈与税を申告していた。

その後，Aは80歳で死亡した。被相続人Aの相続人は妻Bと子Cである。死亡時にAの負債はなかった。Aが作成していた遺言では，妻Bに現預金全部と乙土地・丙建物を相続させるとされていた。A死亡時の財産の評価額は，①現預金は1000万円へと減少し，②甲株式は3億3000万円へと増額し，③乙土地は5000万円と変化なく，④丙建物は1000万円へと減少していた。妻Bから，子Cに対し，遺留分が侵害されたとして，遺留分侵害額請求権が行使された。

CASE2

CASE1において，Aが子Cに対し甲株式を全て贈与する際，Aは，Aの金融機関に対する借入金債務2億円を子Cが免責的に引き受けることを条件（負担）としており，Cはこれに従い免責的債務引受を行った。

CASE3

CASE1において，Aの相続人に，Aの前妻との子（既に死亡）の孫Dもいたとする。Aは，死亡の数か月前に，孫Dに対し，結婚式の挙式費用として100万円を贈与していた。

⚙ 設問

1 CASE1において，妻Bが子Cに対し遺留分侵害額請求権を行使した場合の帰趨はどうなるか。
2 CASE2の場合の帰趨はどうなるか。
3 CASE3において，孫Dが贈与を受けた100万円は，遺留分の算定の基礎となる財産に含まれることになるか。

▶ 改正のポイント

❶旧法下においては，相続人に対する婚姻もしくは養子縁組のためまたは生計の資本として受けた贈与（特別受益に該当する贈与）については，特段の事情がない限り，時期的な制限なく，遺留分算定の基礎となる財産に含まれるものとされていた（旧1044条・903条）。

新法では，遺留分算定の基礎となる相続人に対する贈与は，原則として，相続開始前10年以内の婚姻もしくは養子縁組のためまたは生計の資本として受けた贈与に限られる（新1044条3項）。

❷相続人に対する1年以内の贈与に関しても，遺留分算定の対象となるものは，特別受益に該当する贈与に限定される（新1044条3項・1047条1項）。

❸負担付贈与がされた場合における遺留分を算定するための財産の価額は，その目的の価額から負担した価額を控除した額とすることが明記された（新1045条1項）。

解説 》》》

1　遺留分算定における生前贈与の取扱い
（1）旧法の規律

　旧法の規律では，贈与については，相続開始前の1年以内にしたものに限り遺留分算定の基礎となる財産の価額に算入されるものとされていたが（旧1030条前段），例外として，当事者双方が遺留分権利者に損害を加えることを知って贈与をしたときは，相続開始から1年前の日より前にしたものについても，遺留分算定の基礎となる財産の価額に算入されるとされていた（旧1030条後段）。

　また，旧1044条により903条が準用されており，相続人に対する婚姻もしくは養子縁組のためまたは生計の資本としての贈与（特別受益に該当する贈与）については，贈与の時期に関係なく，また，遺留分権利者に損害を加えることを知っていたかを問わず，遺留分算定のための対象財産の範囲に含まれると解されていた（通説。新版注釈民法（28）538頁［高木多喜男］）。

　判例も「民法903条1項の定める相続人に対する贈与は，右贈与が相続開始よりも相当以前にされたものであって，その後の時の経過に伴う社会経済事情や相続人など関係人の個人的事情の変化をも考慮するとき，減殺請求を認めることが右相続人に酷であるなどの特段の事情がない限り，民法1030条の定める要件を満たさないものであっても，遺留分減殺の対

象となるものと解するのが相当である。」として，民法903条1項に定める特別受益に該当する贈与については，特段の事情のない限り，相続開始の1年前の日より前にしたものについても旧1030条の定める要件を満たさなくても遺留分算定の基礎となる財産の価額に算入されるとしていた（最判平成10年3月24日民集52巻2号433頁）。

(2) 新法の規律

以上に対し，新法においては，次のとおり，相続人以外の者に対する贈与と相続人に対する贈与とで時期的な制限を区別し，いずれについても加害の認識の有無によってその例外を設けることとしている。また，相続人に対する贈与に関しては，遺留分算定のための財産を特別受益に限定することにしている。

（ア） 相続人以外の者に対する贈与について

相続人以外の者に対する贈与については，旧1030条と同様である。すなわち，原則として，相続開始前の1年間にしたものに限り，遺留分を算定するための財産の価額に算入されることとしている（新1044条1項前段）。また，例外として，当事者双方が遺留分権利者に損害を加えることを知って贈与をしたときは，相続開始1年前の日より前にしたものについても遺留分を算定するための財産の価額に算入されることとしている（同項後段）。

（イ） 相続人に対する贈与について

相続人に対する贈与については，新法では，遺留分算定の対象となる贈与を，原則として，相続開始前の10年間にされたものに限り，遺留分算定のための財産の価額に算入することとし（新1044条3項・1項前段），例外として，当事者双方が遺留分権利者に損害を加えることを知って贈与をしたときは，相続開始の10年前の日より前にしたものについても遺留分を算定するための財産の価額に算入することとしている（新1044条3項・1項後段）。

これは，旧法下の判例においては，特段の事情がない限り，相続人に対する特別受益に該当する贈与について，時期的な制限なく，遺留分算定の基礎となる財産に含むものとしていたため，贈与または遺贈を受けた第三者が，自ら知り得ない何十年も前に行われた特別受益に該当する贈与の存

在のために，遺留分減殺請求を受ける可能性があり，法的安定性に欠ける等の批判があったからである（民法（相続関係）等の改正に関する中間試案の補足説明・62頁）。

また，算入対象となる期間が10年以内とされたのは，中間試案において5年という例示をしていたところ，パブリックコメントにおいて5年では短く，平均寿命の伸長や節税対策の普及とともに10年ほど前から遺産分けをする例があることから10年程度にすべきではないかとの意見があったこと等を踏まえたものである（部会資料16・14頁）。

なお，立法過程においては，死亡前10年超の贈与については，加害の認識の立証も難しいことから，相続人に対する贈与に関しては，加害の認識の有無を問わず，遺留分算定の基礎となる財産の範囲を10年以内の贈与に限るべきである旨の意見も述べられていた。

しかし，第三者に対する贈与に関して加害の認識がある場合は，時期的な制限がないにもかかわらず，相続人に対する贈与に関しては，加害の認識があったとしても10年以内という時期的な制限を維持することの合理的な理由もないこと等から，相続人に対する贈与についても加害の認識がある場合には時期的な制限を設けないこととなった（部会資料20・46〜47頁）。

また，旧法では，相続人に対する1年以内の贈与については特別受益に該当しなくても遺留分算定の対象の範囲に含まれると解されていたが（高木多喜男「口述相続法」〈口述法律学シリーズ〉（成文堂，1988）537頁，西森英司「遺留分減殺の事例における幾つかの論点について」判例タイムズ1042号（2000）62頁），新法では，相続人に対する贈与に関しては，1年以内の贈与に関しても特別受益に該当する贈与に限定することとしている。

これは，「相続人に対する贈与については，日常的な生活費の交付と区別し難いものも多く」また「一般的に人的な関係が強い相続人に対する贈与と第三者に対する贈与については意味内容が異なるといえ，非限定説によると贈与の時期によって計算の対象とするか否かを区別しなければならず，遺留分に関する争点を増やすことになり徒に紛争を複雑化するおそれがある」（部会資料24-2・34頁）という趣旨によるものである。

(3) 旧法と新法による規律の比較

以上の新旧の規律をまとめると，遺留分算定の基礎となる相続財産の範囲に含む贈与は，次表のとおりである（下線部が変更箇所である。）。

※「特別受益に該当する贈与」とは，婚姻もしくは養子縁組のためまたは生計の資本としての贈与（903条1項）を意味する。

〈旧法および判例〉

	死亡前1年以内	死亡前1年超10年以内	死亡前10年超
相続人以外の者に対する贈与	全て	加害の認識があるもの	
相続人に対する贈与	全て	・特別受益に該当する贈与以外の贈与であって，加害の認識があるもの ・特別受益に該当する贈与であって，特段の事情がないもの	

〈新法〉

	死亡前1年以内	死亡前1年超10年以内	死亡前10年超
相続人以外の者に対する贈与	全て	加害の認識があるもの	
相続人に対する贈与	特別受益に該当する贈与		特別受益に該当する贈与であって，加害の認識があるもの

2 遺留分の算定における負担付贈与の扱いについて

(1) 遺留分の計算方法（前提）

新1046条2項および新1042条によれば，「遺留分侵害額」は，下記の算式で求められる（なお，詳細は第6章第2節Ⅰ参照）。

　遺留分侵害額＝①遺留分 ｛(遺留分を算定するための財産の価額)×(総体的遺留分率)×(法定相続分率)｝－②（遺留分権利者の受けた

遺贈または特別受益の額）- ③（遺留分権利者が相続分に応じて取得すべき遺産の額）+ ④（遺留分権利者が相続によって承継する債務の額）

上記のうち①の中の「遺留分を算定するための財産の価額」については，次の算式で求められる（新1043条・新1044条）。

遺留分を算定するための財産の価額＝（相続時における被相続人の積極財産の額）+（相続人に対する特別受益の額（原則10年以内））+（第三者に対する生前贈与の額（原則1年以内））-（相続人の債務の全額）

(2) 負担付贈与について

新法では，負担付贈与について，遺留分を算定するための財産の価額に算入する額は，その目的の価額から負担の価額を控除した額としている（新1045条1項）。

これは，旧1038条が，負担付贈与については，その目的の価額から負担の価額を控除したものについて減殺を請求することができると規定していたところ，遺留分算定の基礎となる財産の価額については，目的物の価額から負担を控除した価額を算入するのか（一部参入説），それとも，遺留分を算定するための財産の価額に目的物の価額の全額を算入した上で減殺の対象を目的物の価額から負担を控除した残額とするのか（全額算入説）について争いがあったところ，全額算入説では，贈与を受けた相続人が贈与を受けていない相続人より最終的な取得額が少ないという逆転現象が生じ得る等の問題があったことから，新法においては一部算入説をとることを明確化したものである（部会資料16・15頁）。

3 本CASEの検討

(1) CASE 1の検討

以上を前提に，CASE 1を検討するに，まず，「遺留分を算定するための財産の価額」は，次の算式によって求められる。

本CASEにおける相続時における被相続人の積極財産の額は，

土地5000万円＋建物1000万円＋現預金1000万円＝7000万円である。

次に，相続人に対する生前贈与の額であるが，Aから子Cに対して贈与した甲株式及び現預金は，特別受益に該当すると考えられるものの，新法では10年以上前の相続人に対する贈与は，算定の対象とならないこととされたため，相続開始時の13年前に行われた子Cに対する甲株式と現預金の贈与は，遺留分の算定の基礎となる財産に含まれないのが原則である。もっとも，Aと子Cが妻Bに損害を加えることの認識を有していたのであれば，子Cに対する甲株式と現預金の贈与もBの遺留分算定のための財産の範囲に含めるべきこととなる（新1044条3項・1項後段）。

　この点，「当事者双方が遺留分権利者に損害を加えることを知って」の意義については，当初判例は「加害の意思」（害意）まで必要であるとしたが（大決大正6年7月18日民録23輯1161頁），その後，「加害の認識」で足りるとするのが確定した判例法理であるとされる（新版注釈民法（28）464頁［中川淳］。大判昭和4年6月22日民集8巻9号618頁，大判昭和5年6月18日民集9巻9号609頁，大判昭和9年9月15日民集13巻20号1792頁）。

　また，「加害の認識」，すなわち，客観的に遺留分権利者に損害を加えるべき事実関係の認識があるといえるためには，遺留分を侵害する事実関係を知っているだけではなく，将来において被相続人の財産が増加することはないとの認識をもっている必要がある（大判昭和11年6月17日民集15巻15号1246頁，大判昭和12年12月21日法学7巻536頁）。そして，高齢または病気などで被相続人の活動力が低下しており，将来財産が増加する見込みがない場合には，損害の認識があったとされており（大判昭和19年7月31日民集23巻15号422頁），損害の認識は贈与当時を基準として判断される（前掲昭和5年大判）。

　CASE 1 では，相続時精算課税制度を利用しており，Aと子Cは，贈与税と相続税との比較のために，贈与時点において遺産の範囲を認識していたと考えられる。また，その時点でAは引退を決めていたことから，将来財産が増加する見込みが低かったこと等を踏まえると，Aと子Cには加害の認識があったといえる可能性がある。他方で，子Cに贈与した時点では，妻Bの遺留分に相当する4分の1の遺産が残っていたことから，相続時にBの遺留分が侵害された原因が主に財産価値の変動であり，

予測し難い事情によるものだったのであれば，加害の認識を否定する要素になり得る。

加害の認識があったといえる場合の遺産の範囲は，次のとおりである。なお，生前贈与については，相続開始時の評価で算定されるとするのが通説であるところ，子Cが生前贈与を受けた現預金の価値については，相続開始時においても7000万円であったと仮定する。

　妻Bの遺留分＝（相続による財産（乙土地5000万円＋丙建物1000万円＋現預金1000万円）＋子Cの特別受益（甲株式3億3000万円＋現預金7000万円））×1/2×1/2＝1億1750万円

　妻Bの遺留分侵害額＝1億1750万円－7000万円＝4750万円

Aと子Cに加害の認識があったといえる場合には，妻Bは子Cに対し4750万円について遺留分侵害額請求を行うことができるが，加害の認識の立証ができない場合には，遺留分侵害額請求を行うことはできないことになる。

（2）CASE 2 の検討

CASE 2 は，負担付贈与がなされた場合である。前記のとおり，負担付贈与の場合は，贈与された額から負担を控除した価額を算入することになる（新1045条1項）。

したがって，仮に子Cに対する甲株式と現預金の生前贈与を遺留分の算定となる財産の範囲に入れたとしても，

　株式3億3000万円＋現預金7000万円－借入金債務2億円＝2億円

を算入するに過ぎないことになる。

この場合，妻Bの遺留分は，2億7000万円×1/2×1/2＝6750万円となり，妻Bが相続する遺産総額7000万円を超えないことから，妻Bは遺留分を侵害されていないことになる。

（3）CASE 3 の検討

CASE 3 では，相続人である孫Dに対して，相続開始前1年以内に結婚式の挙式費用の贈与がなされている。挙式費用については，婚姻，養子縁組のための贈与に含まれるとする説もあるが，通常の挙式費用はこれに含まれないとする説が有力である（新版注釈民法（27）202頁［有地亨・床谷

文雄〕，長秀之「特別受益の意義と範囲」野田愛子＝若林昌子＝梶村太市＝松原正明編『家事関係裁判例と実務245題』判例タイムズ1100号（2002）373頁），島津一郎＝松川正毅編「別冊法学セミナーNo193 基本法コンメンタール（第5版）/相続」〔株式会社日本評論社，2007〕61頁［松原正明］)。

　前記のとおり，旧法では，相続開始前1年以内の相続人に対する贈与は，特別受益に該当しなくても遺留分を算定するための財産の範囲に含まれていたが，新法では，相続開始前1年以内の相続人に対する贈与についても，特別受益に該当する贈与に限られることになる。この点，Dに対する挙式費用の贈与が特別受益に該当しないと考える立場からは，相続財産に加算する必要はないことになる。

III　遺産分割の対象となる財産がある場合に関する規律

CASE

　被相続人Aの相続人は，配偶者Bならびに子C_1およびC_2である。

　Aは，1500万円の土地甲をC_1に遺贈した。この遺贈は特別受益にあたる。

　また，Aは，1億2000万円の土地乙をPに遺贈した。

　相続開始時においてAが有していた財産は，C_1に遺贈した土地甲およびPに遺贈した土地乙を除いて，銀行預金1500万円であり，債務はなかった。

　現時点において遺産分割はなされていない。

《 設問

1　このCASEにおいて，誰が誰に対していくらの遺留分侵害額請求権を行使することができるか。また，B，C_1，C_2，Pの最終的な取得額はいくらになるか。

2　遺産分割審判で，Aの介護を献身的に行ったBの寄与分600万円が認められ，その余の遺産については，Bが600万円，C_2が300万円を取得することとされた。この場合において，誰が誰に対してい

くらの遺留分侵害額請求権を行使することができるか。また，B，C_1，C_2，Pの最終的な取得額はいくらになるか。

▶ 改正のポイント

○相続開始時において遺産分割の対象となる財産が残っている場合（たとえば，遺言によって帰属が指定されていない財産が一部存在する場合など）には，遺留分侵害額の算定をするに当たり，遺留分から具体的相続分に応じて遺留分権利者が取得すべき遺産の価額を控除することが定められた。

解説 》》》

1　具体的相続分に応じて取得すべき遺産の価額の控除
(1) 新1046条2項の規律の意味

（ア）　新1046条2項は，遺産分割の対象財産がある場合の遺留分侵害額の算定に当たっては，その時点で既に遺産分割が終了しているか否かにかかわらず，遺留分侵害額の算定において控除される「遺留分権利者が相続分に応じて取得すべき遺産の価額」（新1046条2項2号）を，いわゆる具体的相続分（ただし，寄与分による修正は考慮しない。）を前提に算定することを明文化したと言える。

というのも，新1046条2項2号の「第900条から第902条まで，第903条及び第904条の規定により算定した相続分」に応じて遺留分権利者が取得すべき遺産の価額」とは，端的に言えば，遺留分権利者のいわゆる具体的相続分（ただし，同号の文言に新904条の2（寄与分）が含まれていないことからも分かるように，寄与分による修正は考慮しない。）と言えるからである。

具体的相続分とは，一般には，みなし相続財産（第三者に対する遺贈の対象財産を除き，被相続人が相続開始の時において有した財産の価額に，相続人に対してなされた贈与の価額を加えたもの。）に法定相続分率を乗じた法定相続分（額）から，特別受益（遺贈または贈与）を控除し，寄与分を加えて算出した，各人が遺産分割において取得すべき金額を指して使われることが多い。しかし，ここでは，みなし相続財産に法定相続分率を乗じた法定相続分

（額）から特別受益の額を控除した金額のみを意味し，寄与分は考慮されていない。新1046条2項2号の「第900条から第902条まで，第903条及び第904条の規定により算定した相続分」という文言が，具体的相続分に対応している。

　（イ）　これまでの学説および実務では，未分割の遺産がある場合について，その未分割の遺産の額をどう分配すべきかの方法として，いわゆる法定相続分を前提に算定すべきという見解（以下「法定相続分説」という。）と，具体的相続分を前提に算定すべきという見解（以下「具体的相続分説」という。）に分かれていた。また，遺留分侵害額の算定をする時点で既に遺産分割が終了している場合の算定方法についても，実際に行われた遺産分割の結果を前提として算定すべきという考え方と，未分割の遺産がある場合と同様の算定方法によるべきという考え方に分かれていた。

　今次の改正は，遺留分侵害額の算定方法を明確化する観点から，実務上見解が分かれている論点について立法的に解決する方向で検討がなされ，基本的に具体的相続分説に立つことを明確化するものである。

　このような考え方がとられた理由として，中間試案補足説明・71〜72頁は，①「相続によって得た積極財産の額」を算定する際に特別受益の存在を考慮しない考え方（法定相続分説）を採用すると，その後に行われる遺産分割の結果との齟齬が大きくなり，事案によっては，遺贈を受けている相続人が，遺贈を受けていない相続人に比して最終的な取得額が少ないという逆転現象が生ずる場合があること，②特別受益の有無は，相続開始時までに生じた事実であり，その価額を考慮して算出された具体的相続分は相続開始時にも観念しうるものであること，③遺留分減殺請求の効果は，減殺請求によって当然に生じ，かつ，その内容は相続開始時に存在する諸要因（相続開始時の積極・消極財産の額，特別受益の有無及び額等）により定まるというべきであり，遺産分割手続の進行状況如何によって遺留分侵害額が変動し，これによって遺留分権利者に帰属した権利の内容が変動するというのは理論的に説明が困難であること，④寄与分は，寄与分権者が遺産に対する自己の実質的な持分を取得したものと評価することが可能であり，被相続人の処分によって生じた特別受益とはその性質が異なること，⑤遺

留分減殺請求権は当事者間に争いがあれば，通常の訴訟によって行使される権利であるのに対し，寄与分は家庭裁判所の審判によりはじめてその有無及び額が決定されるものであり，権利の性質及びそれを実現するための手続が異なることを挙げている。

パブリックコメントでは，中間試案の考え方に賛成する意見が大勢を占め（部会資料14・22頁），中間試案の考え方に沿って改正がなされることとなった。

(2) 超過特別受益が存在する場合

また，新1046条2項2号の「相続分に応じて遺留分権利者が取得すべき遺産の価額」とは何を指しているかが問題となる。多額の特別受益がある相続人については，計算上具体的相続分がマイナスとなる場合があり，このような特別受益は「超過特別受益」と呼ばれるが，超過特別受益を受けた者は，遺産分割において具体的相続分のマイナス分を返還する必要はなく，遺産分割手続の中で何らの財産も取得することができないだけである。

そして，超過特別受益が存在するケースでは，具体的相続分がプラスとなっている相続人の具体的相続分の額に応じて遺産分割の割合（具体的相続分率）を算出し，具体的相続分率を遺産分割の対象財産の価額に乗じることで，各相続人が遺産分割において取得すべき金額が定まる（具体的相続分がゼロ以下の相続人は遺産分割において何らの財産も取得しない。）。新1046条2項2号の「相続分に応じて遺留分権利者が取得すべき遺産の価額」が言っているのは，この金額のことである。

2 設問について

(1) 設問1の検討

　（ア）　新法の場合

① B，C_1，C_2 の具体的相続分は以下のとおりである。

　　Bの具体的相続分
　　　　＝（1500万円＋1500万円）×1/2
　　　　＝1500万円

C_1 の具体的相続分

　　　　＝(1500万円＋1500万円)×1/4－1500万円

　　　　＝－750万円（超過特別受益）

　　C_2 の具体的相続分

　　　　＝(1500万円＋1500万円)×1/4

　　　　＝750万円

② 超過特別受益を考慮した後のB，C_1，C_2 の具体的相続分「に応じて遺留分権利者が取得すべき遺産の価額」は以下のようになる。

　　Bの取得額

　　　　＝1500万円×1500万円／(1500万円＋750万円)（Bの具体的相続分率）

　　　　＝1000万円

　　C_1 の取得額

　　　　＝0円

　　C_2 の取得額

　　　　＝1500万円×750万円／(1500万円＋750万円)（C_2 の具体的相続分率）

　　　　＝500万円

③ B，C_1，C_2 の個別的遺留分侵害額は，それぞれ以下のようになる。

　　Bの個別的遺留分侵害額

　　　　＝(1500万円＋1500万円＋1億2000万円)×1/2×1/2－1000万円（遺産分割の対象残余財産のうちBの具体的相続分に応じた取得額）

　　　　＝2750万円

　　C_1 の個別的遺留分侵害額

　　　　＝(1500万円＋1500万円＋1億2000万円)×1/2×1/4－1500万円（特別受益）－0（遺産分割の対象残余財産のうち C_1 の具体的相続分に応じた取得額）

　　　　＝375万円

　　C_2 の個別的遺留分侵害額

　　　　＝(1500万円＋1500万円＋1億2000万円)×1/2×1/4－500万円

（遺産分割の対象残余財産のうち C_2 の具体的相続分に応じた取得額）
　　＝1375 万円
　したがって，B は P に対して 2750 万円，C_1 は P に対して 375 万円，C_2 は P に対して 1375 万円の遺留分侵害額請求権をそれぞれ行使することができる（C_1 が遺贈を受けた 1500 万円の土地甲については，価額が C_1 の遺留分額 1875 万円を下回っているため，C_1 は，遺留分侵害額を負担しない。）。

　また，未分割の預金 1500 万円の遺産分割は，具体的相続分に応じて（②）行われることになると予想される。

④その結果，最終的な取得額は以下のようになる。

　　B の最終的な取得額
　　＝1000 万円（②）＋2750 万円（③）
　　＝3750 万円

　　C_1 の最終的な取得額
　　＝1500 万円（遺贈）＋375 万円（③）
　　＝1875 万円

　　C_2 の最終的な取得額
　　＝500 万円（②）＋1375 万円（③）
　　＝1875 万円

　　P の最終的な取得額
　　＝1 億 2000 万円（遺贈）－2750 万円－375 万円－1375 万円（③）
　　＝7500 万円

（イ）　法定相続分説に立って算定した場合（参考）

　なお，法定相続分説に立った場合には，①B，C_1 および C_2 の具体的相続分ならびに②超過特別受益を考慮した場合の B および C_2 の取得額は上記と同様であるが，遺留分侵害額の算定が以下のようになる。

③B の遺留分侵害額
　　＝(1500 万円＋1500 万円＋1 億 2000 万円)×1/2×1/2－1500 万円
　　　×1/2（遺産分割の対象残余財産のうち B の法定相続分）
　　＝3000 万円

　　C_1 の個別的遺留分侵害額

$\qquad$ = (1500 万円 + 1500 万円 + 1 億 2000 万円) × 1/2 × 1/4 − 1500 万円（特別受益）− 1500 万円 × 1/4（遺産分割の対象残余財産のうち C_1 の法定相続分）

$\qquad$ = 0 円

$\quad$ C_2 の個別的遺留分侵害額

$\qquad$ = (1500 万円 + 1500 万円 + 1 億 2000 万円) × 1/2 × 1/4 − 1500 万円 × 1/4（遺産分割の対象残余財産のうち C_2 の法定相続分）

$\qquad$ = 1500 万円

　そうすると，B は P に対して 3000 万円，C_2 は P に対して 1500 万円の遺留分侵害額請求権をそれぞれ行使することができる（C_1 が遺贈を受けた 1500 万円の土地甲については，価額が C_1 の遺留分額 1875 万円を下回っているため，C_1 は遺留分侵害額を負担しない。）。

　また，未分割の預金 1500 万円の遺産分割は，具体的相続分に応じて（②）行われることになると予想される。

④この場合の最終的な取得額は以下のようになる。

$\quad$ B の最終的な取得額

$\qquad$ = 1000 万円（②）+ 3000 万円（③）

$\qquad$ = 4000 万円

$\quad$ C_1 の最終的な取得額

$\qquad$ = 1500 万円（遺贈）+ 0 円（③）

$\qquad$ = 1500 万円

$\quad$ C_2 の最終的な取得額

$\qquad$ = 500 万円（②）+ 1500 万円（③）

$\qquad$ = 2000 万円

$\quad$ P の最終的な取得額

$\qquad$ = 1 億 2000 万円（遺贈）− 3000 万円 − 0 円 − 1500 万円（③）

$\qquad$ = 7500 万円

　このように，法定相続分説をとった場合には，事案によっては，被相続人の生前意思によって遺贈を受けている相続人（C_1）が，遺贈を受けていない相続人（C_2）に比して最終的な取得額が少ないという逆転現象が生じ

る場合がある。

(2) 設問2の検討

1 (1)で述べたとおり、遺留分侵害額から控除すべき「具体的相続分に応じて取得すべき遺産の価額」を算定する上では、寄与分による修正は考慮しないこととされているので、①B, C_1 および C_2 の具体的相続分、②超過特別受益を考慮した後のBおよび C_2 の取得額、ならびに③B, C_1 および C_2 の個別的遺留分侵害額は、(1)で述べたとおりとなる。
④その結果、寄与分による修正を考慮した遺産分割による実際の取得額に遺留分侵害額請求権の行使による取得額を加算すると、最終的な取得額は以下のようになる。

 Bの最終的な取得額
  = 600万円（寄与分）+ 600万円（遺産分割審判）+ 2750万円（③）
  = 3950万円
 C_1 の最終的な取得額
  = 1500万円（遺贈）+ 375万円（③）
  = 1875万円
 C_2 の最終的な取得額
  = 300万円（遺産分割審判）+ 1375万円（③）
  = 1675万円
 Pの最終的な取得額
  = 1億2000万円（遺贈）− 2750万円 − 375万円 − 1375万円（③）
  = 7500万円

I・III（棚橋　桂介）
II（櫻庭　広樹）

第3節 受遺者・受贈者の遺留分侵害額の負担の順序および額

I 受遺者・受贈者が相続人以外の場合

CASE 1

被相続人Aの相続人は，子C_1およびC_2である。

Aは，死亡する3年前に2000万円の土地甲をPに死因贈与し，死亡する8か月前に2000万円の土地乙をQに生前贈与し，さらに死亡する4か月前に4200万円の土地丙をRに，2800万円の土地丁をSに生前贈与し，死亡する1か月前に1000万円の土地戊をTに遺贈した。

相続開始時において，Aは，Pに死因贈与した2000万円の土地甲およびTに遺贈した1000万円の土地戊以外の財産を有しておらず，債務もなかった。

《 設問

1 C_1のみが遺留分侵害額請求権を行使する場合（C_2は家庭裁判所の許可を受けて遺留分を放棄したものとする。），C_1は誰に対していくらの遺留分侵害額請求権を行使することができるか。また，C_1，C_2，P，Q，R，S，Tの最終的な取得額はいくらになるか。

2 C_1とC_2が同時に遺留分侵害額請求権を行使する場合，C_1およびC_2は誰に対していくらの遺留分侵害額請求権を行使することができるか。また，C_1，C_2，P，Q，R，S，Tの最終的な取得額はいくらになるか。

▶ 改正のポイント

○受遺者等が複数いる場合の負担の順序および割合については，新1047条1項において旧1033条から1035条の規律が基本的に維持され，端的に金銭債務の負担の順序および割合を定めるものとされた。

解説 》》

1 受遺者・受贈者が複数存在する場合の負担の順序・割合（新1047条1項）

　新1047条1項は，受遺者または受贈者が複数存在する場合に，遺留分侵害額を誰がどのような順序および割合で負担するかという点について，次の4つのルールを定めている。なお，同条から新1049条においては，「遺贈」は特定財産承継遺言による財産の承継または相続分の指定による遺産の取得を含み，また，「贈与」は遺留分を算定するための財産の価額に算入されるもの（第2節**(1)**参照）に限られる（新1047条1項柱書）。

　① 受遺者と受贈者とがあるときは，受遺者が先に負担する（同条1項1号）。

　② 受遺者が複数あるとき，または受贈者が複数ある場合においてその贈与が同時にされたものであるときは，受遺者または受贈者がその目的の価額の割合に応じて負担する。ただし，遺言者がその遺言に別段の意思を表示したときは，その意思に従う（同条1項2号）。

　③ 受贈者が複数あるとき（②に規定する場合を除く。）は，後の贈与に係る受贈者から順次前の贈与に係る受贈者が負担する（同条1項3号）。

　④ 各受遺者または受贈者が負担する遺留分侵害額は，その者が受けた遺贈または贈与の目的の価額を限度とする（同条1項柱書）。

　上記の新法の規律のうち，①は旧1033条に，②は旧1034条に，③は旧1035条に対応している。今次の改正は，遺留分減殺請求権の行使によって当然に物権的効力が生じるとしている旧法の規律を改め，遺留分侵害額請求権の行使によって遺留分侵害額に相当する金銭債権が生じることとするものであるが，他の相続人の遺留分を侵害している者が複数いる場合の負担割合を変更することは意図されておらず，減殺の順序を定める旧1033条ないし1035条については，負担割合を定める規律としてその実質は維持される（部会資料20・44頁，部会資料22-2・25頁，追加試案補足61頁参

照)。

2 死因贈与の扱い

　死因贈与がされた場合における負担およびその順序に関する規律については，今次の改正では明文化されなかった。最高裁の判例が存在せず，学説上の争いもあることが，見送られた理由であるとされている（部会資料 25-2・16 頁）。

　もっとも，この点について，死因贈与の減殺の順序に関するリーディングケースとしてしばしば取り上げられる東京高判平成 12 年 3 月 8 日高民集 53 巻 1 号 93 頁は，遺贈，死因贈与および生前贈与が同時に存在する場合の遺留分減殺の順序は，まず最初に遺贈，次いで死因贈与，最後に生前贈与の順に行われるべきであるとしている。同判決は，その理由を「死因贈与も，生前贈与と同じく契約締結によって成立するものであるという点では，贈与としての性質を有していることは否定すべくもないのであるから，死因贈与は，遺贈と同様に取り扱うよりはむしろ贈与として取り扱うのが相当であり，ただ民法 1033 条及び 1035 条の趣旨にかんがみ，通常の生前贈与よりも遺贈に近い贈与として，遺贈に次いで，生前贈与より先に減殺の対象とすべきものと解する」と述べている。

　学説も，かつては死因贈与を遺贈と同じ順位で減殺されるべきとする説が有力であったものの，近時の多数説は，死因贈与を贈与相互間では最も新しいものと解し，遺贈→死因贈与→生前贈与の順で減殺されるべきだとしている。その根拠として，新版注釈民法（28）492 頁ないし 493 頁〔宮井忠夫＝千藤洋三〕は，①死因贈与は契約によって成立し，すでに権利義務関係が確定し拘束力を生じており，自由に撤回できないことから，生前贈与と同様に扱うべきである，②旧民法では，死因贈与規定が財産取得編第 14 章贈与及ヒ遺贈第 4 節遺贈の箇所に位置していたのに比して，明治民法では債権編第 2 章契約第 2 節贈与の箇所に存在することも，意味をもつものといえる，③贈与者が死因贈与による所有権移転の仮登記を認めている場合などを考慮すれば，遺贈とは異なる取扱いが必要と解される，④生前贈与については行為時を基準とするのに，死因贈与についてだけ効力

発生時を基準とするのは，筋が通らないという点を挙げている（上記①の理由は，死因贈与について，遺贈の取消しに関する規定の準用を否定する見解からのものであるが，②から④までの理由は，遺贈の取消しに関する規定の準用を肯定する立場にも妥当すると考えられる。）。

こうした考え方を前提とすれば，今次の改正には盛り込まれなかったものの，死因贈与がされた場合における負担の順序については，実務上は，遺贈→死因贈与→生前贈与の順序でなされることになると考えられる。

3 設問について
(1) 設問1の検討
（ア）　まず，C_2 は家庭裁判所の許可を受けて遺留分を放棄しているが，この放棄は，他の共同相続人（本件では C_1）の遺留分に影響を及ぼさない（旧1043条2項，新1049条2項）。

よって，C_1 の遺留分侵害額は，

(2000万円 + 2000万円 + 4200万円 + 2800万円 + 1000万円) × 1/2 × 1/2

= 3000万円

である。

（イ）　新1047条1項の規律および(2)で述べたところにより，まず，1000万円の土地戊の遺贈を受けたTが同額の遺留分侵害額を負担し，次に，2000万円の土地甲の死因贈与を受けたPが同額の遺留分侵害額を負担する。

したがって，C_1 は，Tに対し1000万円，Pに対し2000万円の遺留分侵害額請求権を行使することになる。

（ウ）　その結果，最終的な取得額は以下のようになる。

C_1 の最終的な取得額 = 3000万円

C_2 の最終的な取得額 = 0円

Pの最終的な取得額 = 2000万円 − 2000万円 = 0円

Qの最終的な取得額 = 2000万円

Rの最終的な取得額 = 4200万円

Sの最終的な取得額＝2800万円
　Tの最終的な取得額＝1000万円－1000万円＝0円
　(エ)　なお，旧法下では，C_1は，TおよびPに対し遺留分減殺請求権を行使することにより，Tが遺贈を受けた土地戊の所有権およびPが死因贈与を受けた土地甲の所有権を取得することになる。

(2) 設問2の検討

　(ア)　新1046条1項により，遺留分権利者は，受遺者または受贈者に対し，遺留分侵害額に相当する金銭の支払いを請求することができるが，遺留分権利者が複数あるときは，結局，遺留分侵害額の割合に応じて遺留分侵害額に相当する金銭の請求（遺留分侵害額請求）を行うことになると考えられる（第2節(2)参照）。

　C_2の遺留分侵害額はC_1と同じく3000万円であり，C_1およびC_2の遺留分侵害額の合計は6000万円であるので，C_1およびC_2は，6000万円の遺留分侵害額請求権を2分の1ずつ行使していくことになる。

　(イ)　新1047条1項の規律および上記2で述べたところにより，まず，1000万円の土地戊の遺贈を受けたTが同額の遺留分侵害額を負担し，次に，2000万円の土地甲の死因贈与を受けたPが同額の遺留分侵害額を負担する。そうすると，まだ3000万円の負担が残っていることになるが，この次に負担すべき地位にあるのは，Aが死亡する4か月前に同時に土地丙および土地丁の生前贈与を受けたRおよびSである。RおよびSの負担割合は，贈与の目的（ここではRおよびSがそれぞれ生前贈与された土地丙および土地丁。）の価額の割合に応じて決まる。本問では，Rが生前贈与を受けた土地丙の価額は4200万円，Sが生前贈与を受けた土地丁の価額は2800万円であるから，RとSの負担額は以下のようになる。

　　Rの負担額
　　　＝3000万円×4200万円／（4200万円＋2800万円）
　　　＝1800万円
　　Sの負担額
　　　＝3000万円×2800万円／（4200万円＋2800万円）
　　　＝1200万円

したがって，C_1 および C_2 は，それぞれ，T に対し 500 万円，P に対し 1000 万円，R に対し 900 万円，S に対し 600 万円の遺留分侵害額請求権を行使することになる。

（ウ）　その結果，最終的な取得額は以下のようになる。

C_1 の最終的な取得額＝3000 万円

C_2 の最終的な取得額＝3000 万円

P の最終的な取得額＝2000 万円－2000 万円＝0 円

Q の最終的な取得額＝2000 万円

R の最終的な取得額＝4200 万円－1800 万円＝2400 万円

S の最終的な取得額＝2800 万円－1200 万円＝1600 万円

T の最終的な取得額＝1000 万円－1000 万円＝0 円

（エ）　なお，旧法では，C_1 および C_2 は，T, P, R および S に対し遺留分減殺請求権を行使することにより，それぞれ，T が遺贈を受けた土地戊の 2 分の 1 の共有持分，P が死因贈与を受けた土地甲の 2 分の 1 の共有持分，R が生前贈与を受けた土地丙の 3/14 の共有持分，S が生前贈与を受けた土地丁の 3/14 の共有持分を取得することになる。

II　受遺者・受贈者が相続人の場合

CASE2

被相続人 A の相続人は，子 C_1 ないし C_3 である。

A は，死亡する 3 年前に 1000 万円の土地甲を C_1 に遺贈し，死亡する 1 年前に 2000 万円の土地乙を C_2 に生前贈与した。これらの遺贈および生前贈与は，特別受益にあたるものとする。

相続開始時において，A は，C_1 に遺贈した 1000 万円の土地甲以外の財産を有しておらず，債務もなかった。

設問

1　C_3 が遺留分侵害額請求権を行使する場合，C_3 は誰に対していくらの遺留分侵害額請求権を行使することができるか。また，C_1 ないし

C_3 の最終的な取得額はいくらになるか。

2 C_2 に対してなされた土地乙の生前贈与が，生前贈与ではなく遺贈であったとする。この場合において，C_3 は誰に対していくらの遺留分侵害額請求権を行使することができるか。また，C_1 ないし C_3 の最終的な取得額はいくらになるか。

▶ 改正のポイント

○受遺者または受贈者が相続人である場合の遺留分侵害額の負担については，新1047条1項柱書括弧書において，当該相続人の遺留分額を超過した額を，遺留分侵害額の算定の際の遺贈または贈与の目的の価額とすることが明文化された。

解説 》》》

1 受遺者または受贈者が相続人である場合の遺留分侵害額の負担（新1047条1項柱書括弧書）

新1047条1項柱書括弧書は，受遺者または受贈者が相続人である場合にあっては，当該相続人の遺留分額を超過した額を，遺留分侵害額の算定の際の遺贈または贈与の目的の価額とするものとしている。

これは，最判平成10年2月26日民集52巻1号274頁（以下「平成10年最判」という。）の考え方を明文化するものである。平成10年最判は，「相続人に対する遺贈が遺留分減殺の対象となる場合においては，右遺贈の目的の価額のうち受遺者の遺留分額を超える部分のみが，民法1034条にいう目的の価額に当たるものというべきである」と述べ，その理由として，「右の場合には受遺者も遺留分を有するものであるところ，遺贈の全額が減殺の対象となるものとすると減殺を受けた受遺者の遺留分が侵害されることが起こり得るが，このような結果は遺留分制度の趣旨に反する」ということを挙げている。なお，平成10年最判の事案は，相続させる旨の遺言による相続が遺留分減殺の対象となったというものであったが，同最判は，相続人に対する遺贈が遺留分減殺の対象となる場合について述べた上で，「特定の遺産を特定の相続人に相続させる趣旨の遺言による当該

遺産の相続が遺留分減殺の対象となる場合においても，以上と同様に解すべきである」と述べている。

学説の圧倒的多数も，遺留分権を持つ相続人の遺留分権を確保するため，遺留分を超えた遺贈を受けた相続人のみが遺留分減殺請求の相手方になるとした上で，複数の遺贈が減殺対象となるときには，遺留分額を超過する部分が旧1034条にいう「遺贈の目的の価額」だとしていた（松川正毅＝窪田充見編『新基本法コンメンタール相続』〔日本評論社，2016年〕259頁［潮見佳男］）。この考え方に立てば，どのような場合においても，減殺請求を受けた者の減殺後の取得額がその者の遺留分額を下回ることはない。平成10年最判は，この多数説と同一の立場をとったものといえる。

なお，学説には，受遺者の遺留分額ではなく，受遺者の法定相続分を超過する部分を減殺の対象とする少数説があり，今次の改正においても，中間試案の段階では，この少数説に立脚した規律を設けることが検討されていたが（中間試案14頁，中間試案補足66頁），中間試案に対するパブリックコメントで消極的な意見が多数寄せられ，さらに，合理的な制度設計をするためには各種の調整規定が必要になり，遺留分に関する計算がより複雑化するおそれがある等として，少数説に立脚した改正は行われなかった（部会資料14・22頁）。

2 設問について
(1) 設問1の検討

（ア）　C_3の遺留分侵害額は，

(1000万円＋2000万円)×1/2×1/3

　　＝500万円

である。

また，C_1およびC_2の遺留分額は，同様の計算により，それぞれ500万円である。

（イ）　新1047条1項の規律により，まず，1000万円の土地甲の遺贈を受けたC_1が，遺留分額を超過する限りでC_3の遺留分侵害額を負担する。C_1の遺留分額は500万円であり，C_1が遺贈を受けた土地甲の価額は

1000万円であるから，C_1 の遺留分額を超過する額は500万円であり，C_1 は，500万円の遺留分侵害額を負担することになる。

そして，これで C_3 の遺留分侵害額は塡補されるから，C_3 は，C_2 に対しては遺留分侵害額請求権を行使することはできない。

結局，C_3 は，C_1 に対して500万円の遺留分侵害額請求権を行使することになる。

(ウ) その結果，最終的な取得額は以下のようになる。

C_1 の最終的な取得額＝1000万円－500万円＝500万円

C_2 の最終的な取得額＝2000万円

C_3 の最終的な取得額＝500万円

C_1 が遺贈を受けたのは法定相続分の範囲であったが，それでも C_1 は遺留分侵害額を（自己の遺留分額が侵害されない限りで）負担しなければならないことに注意が必要である。

(エ) なお，旧法では，C_3 は，C_1 に対し遺留分減殺請求権を行使することにより，C_1 が遺贈を受けた土地甲の2分の1の共有持分を取得することになる。

(2) 設問 2 の検討

(ア) 上記 (1) で見たとおり，C_3 の遺留分侵害額は500万円，C_1 および C_2 の遺留分額はそれぞれ500万円である。

(イ) 新1047条1項の規律により，C_1 と C_2 は，C_3 の遺留分侵害額500万円について，負担の順位としては同順位となり，目的の価額の割合に応じた額を負担することになる。「目的の価額」は，それぞれの遺留分額を超過する額であるから，

C_1 についての「目的の価額」

＝1000万円－500万円

＝500万円

C_2 についての「目的の価額」

＝2000万円－500万円

＝1500万円

となる。

すると，C_1 と C_2 の負担額は以下のようになる。
C_1 の負担額
 ＝500万円×500万円／(500万円＋1500万円)
 ＝125万円
C_2 の負担額
 ＝500万円×1500万円／(500万円＋1500万円)
 ＝375万円

したがって，C_3 は，C_1 に対し125万円，C_2 に対し375万円の遺留分侵害額請求権を行使することになる。

（ウ）　その結果，最終的な取得額は以下のようになる。
C_1 の最終的な取得額＝1000万円－125万円＝875万円
C_2 の最終的な取得額＝2000万円－375万円＝1625万円
C_3 の最終的な取得額＝500万円

（エ）　なお，旧法では，C_3 は，C_1 が遺贈を受けた土地甲の8分の1の共有持分および C_2 が遺贈を受けた土地乙の3/16の共有持分を取得することになる。

(棚橋　桂介)

第4節　遺留分侵害額に相当する金銭債務の消滅請求

CASE

　被相続人Aは，配偶者Bとともに，Pから事務所を借りて印刷業を営んでいる。事務所は，Aが賃借人となっており，その賃料は，月額18万円，当月分を前月末日に払うとされていたが，2020年4月分以降，賃料は支払われていない。AB夫妻の間には子Cがおり，すでに家を出ている。

　Aは，2021年1月1日に死亡したところ，「自己の不動産甲，不動産乙および預金債権丙を配偶者Bに遺贈する」旨の遺言を作成していた。Aが相続開始時に有していた財産は，自宅用不動産甲（評価額300万円），不動産乙（評価額600万円），預金債権丙（900万円）であった。また，Aには死亡時点において，Q銀行から住宅ローンが420万円残っており，毎月25日に12万円ずつ返済することとされていた。

◁◁◁ 設問

1　上記CASEにおいて，Cが，Bに対し，2021年2月1日に遺留分侵害額の請求をした場合において，BがPに対し，同年3月1日に，未払賃料180万円（2020年4月分から2021年1月分までの10か月分）を弁済したとき，BのCに対する遺留分侵害額に相当する金銭債務は当然に影響を受けるか。

2　上記CASEにおいて，Cが，Bに対し，2021年2月1日に遺留分侵害額の請求をした場合において，Bが，Q銀行に対し，同年3月1日に全額を一括弁済したうえ，遺留分侵害額に相当する金銭債務の消滅を主張したとき，BがCに支払うべき遺留分侵害額に相当する金銭債務は影響を受けるか（なお，未払賃料についてはすでに弁済済みであることとし，また，繰上げ返済による利息相当の軽減や手数料等によるローン負

債額の変動はここでは考慮しないこととする。以下，設問 **3** において同じ）。

3 上記 CASE において，C が，B に対し，2021 年 2 月 1 日に遺留分侵害額の請求をした場合において，B が，Q 銀行との間で，2021 年 3 月 1 日に，住宅ローンについて，C が承継した債務 210 万円につき，B が免責的債務引受をなす旨の合意をしたうえ，遺留分侵害額に相当する金銭債務の消滅を主張したとき，C に支払うべき遺留分侵害額に相当する金銭債務は影響を受けるか（なお，未払賃料についてはすでに弁済済みであることとする。）。

4 上記設問 **1** において，C が遺留分侵害額に相当する金銭債権の請求訴訟につき勝訴し，判決が確定した後，B が未払い賃料 180 万円の弁済をなした場合，B は，C に対し，遺留分侵害額に相当する金銭債務の消滅請求権を行使することはできるか。

5 B は，C から遺留分侵害額の請求を受けた場合において，代物弁済として不動産乙の所有権を C に移転して移転登記も経た後に，B が，Q 銀行との間で，住宅ローンについて，C が承継した債務 210 万円につき，B が免責的債務引受をなす旨の合意をしたときは，B は C に対し，遺留分侵害額に相当する金銭債務の消滅を主張することはできるか。

6 上記設問 **1** において，C が 2021 年 2 月 1 日時点で支払不能に陥っていた場合，同年 4 月 1 日，C が破産手続開始決定を受け，C の破産管財人から遺留分侵害額に相当する金銭債権の請求を受けたときに，B は，遺留分侵害額に相当する金銭債務の消滅を請求することはできるか。

▶ 改正のポイント

○新法では，遺留分権利者が承継した相続債務につき，受遺者または受贈者が弁済等の債務を消滅させる行為をした場合には，一方的に遺留分権利者が利することがないよう，遺留分侵害額の請求を受けたときに，遺留分侵害額に相当する金銭債務を，当該相続債務が消滅した範囲で消滅させることができるという相殺類似の効果が認められるようになった（新 1047 条 3 項前段）。すなわち，

❶遺留分侵害額に相当する金銭債務の消滅のためには消滅させる意思表示を要し，意思表示により初めて効果を生ずる。
❷受遺者または受贈者において，遺留分権利者が承継した相続債務を弁済により消滅させたとき，相続債務の弁済期が未到来でも消滅請求権を行使できる。ただし，相続債務を消滅させる行為をしたことにより求償権が生じた場合は，消滅請求が行われると，受遺者または受贈者が二重に利益を得ることがないよう，求償権もその限度で消滅する（新1047条3項後段）。
❸当該相続債務につき免責的債務引受をした場合には，求償権は生じないが，その場合でも消滅請求権は行使できる。
❹遺留分侵害額に相当する金銭債務が，代物弁済等によりすでに消滅し存在していない場合には，消滅請求権は行使できない。

解説 》》》

1 遺留分侵害額に相当する金銭債務の消滅請求権
（1）改正前における問題点

これまで，遺留分侵害額の算定において，遺留分権利者が共同相続人間の内部負担の割合として承継する相続債務の額を加算することとされている（最判平成8年11月26日民集50巻10号2747頁）。なお，この点は新法でも同様である（新1046条2項3号）。

そのため，遺留分侵害額請求がなされた場合，受遺者または受贈者は，遺留分権利者に対し，いわば，遺留分権利者が承継する相続債務に相当する弁済資金に相当する金額を渡す義務を負うことになるところ，受遺者または受贈者にとっては，遺留分権利者が承継する相続債務に相当する弁済資金を遺留分権利者に渡し，同人から相続債権者に弁済させるという迂遠な方法を採るよりも，自ら相続債権者に，弁済期の到来を問わず弁済することを希望する場合が多いと考えられる。しかし，旧法下では，そのようにした場合に，次の（ア）（イ）の通り，受遺者または受贈者の負担で遺留分権利者が一方的に利されることになるという問題点が存していた。

（ア）　事後的な弁済では，遺留分侵害額の算定における考慮ができないこと

　旧法下では，遺留分の計算においては，相続開始時に存在した積極財産および相続債務が基準とされ，相続開始後になされた相続債務の弁済は遺留分の計算に影響を及ぼさないとされている（前掲最判平成 8 年 11 月 26 日）（実務においては，交渉材料として用いられることもある）。

　また，新法においても，遺留分侵害額請求権（形成権）の行使がされた後，受遺者または受贈者が遺留分権利者の承継した相続債務を弁済等しても，すでに遺留分侵害額に相当する金銭債権が生じており，受遺者または受贈者の弁済等によって相続債務が事後的に消滅しても，当該金銭債権の額が弁済等を考慮して再計算されるわけではないため，遺留分侵害額の算定においては解決を図ることができない。

　　（イ）　相殺による回収ができないこと

　上記（ア）の方法では事後的な弁済等を考慮できなくても，遺留分権利者から権利行使をされた場合に，弁済等により生じた求償権を自働債権とする相殺によって回収を図ることが考えられる。

　しかし，①旧法においては，遺留分減殺請求権（旧 1031 条）の行使によりただちに金銭債権が生じるわけではなかった。すなわち，受遺者または受贈者から価額弁償をする旨の意思表示がされただけでなく，遺留分権利者が価額弁償を請求する権利を行使する旨の意思表示をするか，受遺者または受贈者が遺留分権利者に現実に価額弁償の履行を提供しないかぎり，遺留分権利者は，価額弁償請求権を確定的に取得することはない（最判平成 20 年 1 月 24 日民集 62 巻 1 号 63 頁，最判昭和 54 年 7 月 10 日民集 33 巻 5 号 562 頁）。そのため，同種の「債権の対立」が存在せず（設問 1），相殺による処理には難点があった（東京地判平成 9 年 6 月 30 日判タ 967 号 213 頁，大阪高判平成 12 年 9 月 13 日判タ 1071 号 239 頁，さいたま地判平成 21 年 5 月 15 日裁判所ウェブサイト参照）。

　また，②弁済期が未到来の相続債務につき第三者弁済をした場合，求償権の弁済期は原債権の弁済期と同一になることから，原債権の弁済期が到来するまでの間は，求償権は「弁済期に」ない（505 条 1 項本文）ため，受贈者または受益者から相殺することができない（設問 **2**）。さらには，③受

贈者または受遺者が免責的債務引受をすることによって遺留分権利者の相続債務を消滅させた場合には、免責的債務引受を行っても求償権を取得しないことから（債権法改正後472条の3）、相殺ができない（設問**3**）。このように、上記の不公平を、必ずしも相殺によって解決することができるわけではない。

(2) 改正内容

(ア) 遺留分侵害額に相当する金銭債務の消滅請求――相殺類似の効果（新1047条3項）

今回の改正により、遺留分侵害額請求権（形成権）の行使により金銭債権が生じることとなった（新1046条1項）ため、相殺による解決において障害となっていた、①「債権の対立」の不存在の問題は解決している（詳細については、第6章第1節「遺留分侵害額請求権の効力および法的性質（金銭債権化）」を参照のこと）。

そして、新法では、残る②弁済期未到来と③自働債権（求償権）の不存在という障害については、相殺とは異なる制度を新設することで、解決を図った。すなわち、遺留分侵害額の請求を受けた受贈者または受遺者が、遺留分権利者が相続分に応じて承継する債務（新1046条2項3号・899条）を消滅させる行為をした場合には、消滅した債務の額の限度において、遺留分侵害額に相当する金銭債務を消滅させる意思表示を行えるという制度である（新1047条3項前段。以下本稿では「遺留分侵害額に相当する金銭債務の消滅請求」または「消滅請求」とよぶ。）。

この消滅請求権は、相殺と異なり、②消滅させた相続債務（求償権）の弁済期が到来していることを要求せず、また、③受遺者または受贈者の行為によって遺留分権利者の承継する相続債務が消滅していれば足り、対立する自働債権の存在（求償権の発生）を必要としないこととしていたため、上記②③の問題も解決されることとなった（部会資料16・19頁）。

この消滅請求権は、相殺と異なるものの、相殺類似の効果と評されている。その理由は、相殺（505条）が、弁済期にある、自己が相手方に有する債権と、相手方が自己に有する債権とを、相殺の意思表示により、相殺適状が生じたときに遡って対当額の範囲で消滅させ、両当事者ともに債務

を免れることができるようになることをいうところ，遺留分侵害額に相当する金銭債務の消滅請求は，法的性質が形成権であり行使の意思表示を必要とする点，また，遺留分権利者は受遺者または受贈者の弁済等によって承継した相続債務を免れ，弁済等の行為をした受遺者または受贈者は遺留分侵害額に相当する金銭債務について，消滅させた相続債務の範囲で債務を免れ，両当事者とも自己の負担により債務を免れる点で，相殺と共通するからである。

〈相殺と遺留分侵害額に相当する金銭債務の消滅請求との異同表〉

	債権の対立	自働債権の弁済期の到来	意思表示	効果
相殺	必要（※）	必要	必要	対当額で消滅（債務を免れる）
消滅請求権	必ずしも必要ではない	必ずしも必要ではない	必要	対当額で消滅（債務を免れる）

（※注：改正債権法の施行前（2020年3月31日以前）に，免責的債務引受をした場合であっても，出捐によって引受債務の履行を完了したときには，事案によっては事後の求償関係が生じる余地がある。しかし，少なくとも原債務者からの委託がない限り，事前の求償権が発生することはないため，引受債務を履行する前の段階では，債権の対立が認められず相殺はできないことになる（西村信雄編『注釈民法(11)』〔有斐閣，1965〕462頁）。そして，改正債権法の施行後（2020年4月1日以降）に，免責的債務引受をした場合には，引受債務の弁済をしても求償権を取得しないので相殺できない（債権法改正後472条の3）ことに，注意を要する。ただ，同条は任意規定であるため，原債権者からの委託がある場合や，原債務者と引受人との間で特段の合意をした場合は，引受債務の弁済をしたときに，求償権を取得するものと考えられる。以下では，改正債権法を前提に説明する）

（イ）　求償権の消滅（新1047条3項後段）

　債務を消滅させる行為をしたことにより求償権が生じた場合に，遺留分侵害額に相当する金銭債務の消滅請求をしたときは，求償権もその限度で，遺留分侵害額の消滅請求の意思表示をした時に消滅することになった（新1047条3項後段）。

　仮に，求償権の帰趨につき規律が設けられていなかった場合，受遺者または受贈者は，消滅した遺留分侵害額に相当する金銭債務の額と求償権の行使によって得られる額との，二重の利益を得ることができるとの解釈も可能となるため，そのような不相当な事態が生ずることのないよう，新法

では，相殺類似の効果を認める一方，求償権が存する場合には，遺留分侵害額に相当する金銭債務の消滅請求の意思表示をした時に，求償権もその限度で消滅することを明確にするための規律が設けられた（部会資料22-2・28～29頁）。

〈権利関係図〉

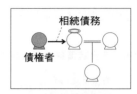

※ 子が遺留分権利者

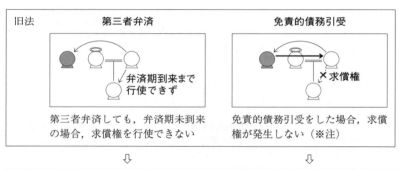

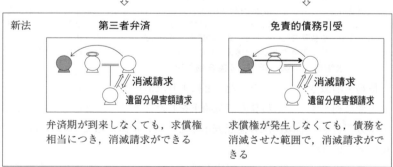

（※注：免責的債務引受をした場合の求償権については，前記「相殺と遺留分侵害額に相当する金銭債権の消滅請求との異同表」に係る注を参照）

(3) 行使方法

(ア) 意思表示

　遺留分侵害額に相当する金銭債務の消滅請求は，遺留分権利者に対する意思表示によりその効果を生ずる。

　このように意思表示を必要としたのは，次のような理由による。すなわち，中間試案においては，フランス民法1290条における当然の相殺制度と類似する，受遺者または受贈者が遺留分権者の承継する相続債務を消滅させる行為をしたときには，当然に，遺留分侵害額に相当する金銭債権につき，消滅させた相続債務の相当額で消滅するという当然の消滅制度が提案されていた。しかし，遺留分権利者の権利（遺留分侵害額の請求権（形成権））について，権利を行使するか否かは，遺留分権利者の意思に委ねられるべき一身専属的権利であるにもかかわらず，遺留分権利者の意思を介在させることなく（遺留分権利者が遺留分侵害額請求権を行使するつもりがなかった場合であっても），遺留分侵害額に相当する金銭債務債権が減縮されることとなるのは相当でないとされた。また，それだけでなく，上記の当然の消滅制度をとった場合，弁済等を行った受遺者または受贈者以外の受遺者または受贈者に対する遺留分侵害額に相当する金銭債権も減縮されることとなり，求償関係に複雑な問題が生ずることから，かかる当然の消滅制度は相当でないとされた。

　その結果，最終的には，今回の改正のとおり，遺留分侵害額に相当する金銭債務の消滅請求は，受遺者または受贈者の意思表示によってその効果が生ずるものとされ，また，その範囲についても，実際に弁済等をなした受遺者または受贈者に対する遺留分侵害額に相当する金銭債務が減縮されることとなった（部会第16回会議議事録・29頁〔神吉関係官発言〕，部会資料16・20〜21頁）。

　なお，遺留分侵害額に相当する金銭債務の消滅請求は，遺留分権利者が，受遺者または受贈者に対して遺留分侵害額に相当する金銭債権を有している場合に限り，行使することができると考えられる（部会資料22-2・28頁参照）。

　たとえば，受遺者または受贈者が，遺留分侵害額に相当する金銭債権の

請求を受けた後，当該遺留分侵害額に相当する金銭債権の額を上回る価値の不動産を現物給付することによる代物弁済を行った場合，当該遺留分侵害額に相当する金銭債権は消滅することとなる。このように，遺留分侵害額に相当する金銭債権が消滅している場合に，受遺者または受贈者が消滅請求を行えるとすると代物弁済の効果が覆されて権利関係が輻輳することになりかねず，相当ではない。そのため，受遺者または受贈者が遺留分侵害額に相当する金銭債務の消滅請求権を行使した時点において，すでに遺留分侵害額に相当する金銭債権が消滅している場合には，受遺者または受贈者は，遺留分侵害額に相当する金銭債務の消滅請求権を，行使することができないと考えられる（部会資料 22-2・28 頁参照）。

(イ) 行使主体

遺留分侵害額の請求を受けた受遺者または受贈者のうち，弁済等，遺留分権利者が承継する相続債務を消滅させる行為をした者である。現に弁済等の消滅行為をしていない受遺者または受贈者については，遺留分侵害額に相当する金銭債務の消滅請求権の行使を認めると，求償債権の処理につき困難な問題が生じるため，認められていない（部会第 16 回会議議事録・29 頁［神吉関係官発言］，部会資料 16・19 頁）。

2 設問の検討

前提：本件の遺言は，Bに対し財産を個別に指定して遺贈する旨の文言なので，特定遺贈に当たると解される。そのため，遺言に記載されていないAの債務については遺言の対象外であると解され，相続債務は相続分に応じて承継される（899 条）。

まず，Cの遺留分の額を計算すると，今回の **CASE** では，相続人は，配偶者Bとその子Cの複数であるから，「直系尊属のみが相続人である場合」（新 1042 条 1 項 1 号）「以外の場合」（同項 2 号）に該当し，2 分の 1 を乗じ，かつ，相続人が複数いるため，遺留分権利者Cの法定相続分（900 条）である 2 分の 1 を更に乗ずることとなるから，以下の計算式のとおり，Cの遺留分の額は，300 万円となる。

遺留分を算定するための財産の価額				総体的遺留分の割合		法定相続分		遺留分の額
(相続開始時現有財産の価額)	+ 贈与財産額	− 債務の額)	×		×		=	
(1800	+ 0	− 600)	×	1/2	×	1/2	=	300

　そして，遺留分侵害額の額を計算すると，遺留分権利者Cが承継する債務の額は，相続債務600万円に法定相続分割合（900条）である2分の1を乗じた300万円となるから（※注），以下の計算式のとおり，Cの遺留分侵害額は，600万円となる。

遺留分の額	− 遺留分権利者が受けた遺贈または特別受益の価額	− 具体的相続分（寄与分を除く）に応じて遺留分権利者が取得すべき遺産の価額	+ 899条の規定により遺留分権利者が承継する相続債務の額（注）	= 遺留分侵害額
300	− 0	− 0	+ 300	= 600

（※注：ここにいう「899条の規定により遺留分権利者が承継する相続債務の額」は，指定相続分が定められた場合，指定相続分の割合に応じて遺留分権利者が承継する相続債務の額となる。本件事案と異なり，相続人のうちの1人に対して全ての財産について，相続させる旨の遺言あるいは包括遺贈がなされた場合，特段の事情のない限り，相続人間においては，指定相続分を承継する相続人も指定相続分の割合に応じて相続債務をすべて承継することになる（最判平成21年3月24日民集63巻3号427頁）。そのため，899条の規定により遺留分権利者が承継する相続債務の額はゼロとなり，法定相続分に応じた相続債務の額は加算できない点に注意を要する。）

（算定方法の詳細については，第6章第2節Ⅰ「遺留分および遺留分侵害額の算定方法」を参照のこと。）

（1）設問1

　設問1は，遺留分侵害額に相当する金銭債権の請求をした後に，弁済期が到来している相続債務を第三者弁済した場合の設例である。

　（ア）　問題点——「債権の対立」の不存在

　旧法下においては，遺留分減殺請求権の行使により物権的効果が生じる

のであって，遺留分侵害額に相当する金銭債権が生ずるものではない。受遺者または受贈者から価額弁償をする旨の意思表示がされただけでなく，遺留分権利者が価額弁償を請求する権利を行使する旨の意思表示をするか，受遺者または受贈者が遺留分権利者に現実に価額弁償の履行を提供しないかぎり，遺留分権利者は，価額弁償請求権を確定的に取得することはない（最判平成20年1月24日民集62巻1号63頁，最判昭和54年7月10日民集33巻5号562頁）。そのため，求償権と同種の「債権の対立」がなく，求償権との相殺をすることには難点があったが（東京地判平成9年6月30日判タ967号213頁，大阪高判平成12年9月13日判タ1071号239頁，さいたま地判平成21年5月15日裁判所ウェブサイト参照），今回の改正により，遺留分侵害額請求権（形成権）の行使により遺留分侵害額に相当する金銭債権が生ずることとなった（新1046条1項）ため，かかる問題は解決されることとなった。

　（イ）あてはめ

　Bは，未払賃料をPに全て弁済した結果，Cの承継した相続債務のうち90万円についても弁済したことになり，Cの当該相続債務を消滅させると同時に，Cに対し90万円相当の求償権を取得したことになる。しかし，前記1(3)のとおり，遺留分侵害額に相当する金銭債権を消滅させるためには，意思表示を必要とするところ，設問1では，Bは，Cに対して遺留分侵害額に相当する金銭債務を消滅させる意思表示をしていない。そのため，CのBに対する遺留分侵害額に相当する金銭債権については，当然には影響を受けるものではない。

　仮に，Bが遺留分侵害額に相当する金銭債務を消滅させる意思表示をしていた場合には，90万円の範囲で，CのBに対する遺留分侵害額に相当する金銭債務は消滅するため（新1047条3項前段），CがBに請求できる額は，600万円から90万円を控除した510万円となる。また，それと同時に，BのCに対する90万円の求償権は消滅する（新1047条3項後段）。

　なお，設問1は，未払賃料について，Bが弁済した時点ですでに弁済期が到来しているため，新たに規律を設けなくとも，求償権を自働債権，遺留分侵害額に相当する金銭債権を受動債権とする相殺（505条1項）によっても解決ができるものである。

(2) 設問2

設問2は，遺留分侵害額に相当する金銭債権の請求をした後，弁済期が未到来の相続債務につき，第三者弁済をした場合の設例である。

(ア) 問題点——弁済期未到来

今回の改正により，遺留分侵害額請求権（形成権）の行使により遺留分侵害額に相当する金銭債権が生ずることとなったが（新1046条1項），相続債務の弁済期が未到来であったときには，求償権（自働債権）についても弁済期が未到来なので「弁済期にあるとき」(505条1項本文) の要件を満たさず，Bは弁済期の到来まで相殺することができない。

今回の改正により，「弁済期に」ないときであっても，消滅請求権により相殺類似の効果が認められることとなった（新1047条3項）ため，問題は解決されることとなった。

(イ) あてはめ

CのBに対する遺留分侵害額に相当する金銭債権の額は，600万円から，Cが承継した相続債務のうち，Bの行為によって消滅した未払賃料90万円と住宅ローン210万円を控除した300万円となり，BのCに対する求償権300万円は，Bが遺留分侵害額に相当する金銭債務の消滅請求権を行使した時点で消滅する。

(3) 設問3

設問3は，CがBに対し遺留分侵害額に相当する金銭債権の請求をした後，Bが弁済期が未到来のCの相続債務について免責的債務引受をした場合の設例である。

(ア) 問題点——求償権の不存在

旧法の規律では，遺留分権利者が承継する相続債務について，受遺者が免責的債務引受をした場合，原則として引受債務の弁済をしても求償権が生じない（債権法改正後472条の3）ため，相殺をすることができない。それにもかかわらず，当該相続債務は，遺留分侵害額の算定において加算されることとなっており，遺留分権利者は，承継した相続債務につき負担を免れるという利益を一方的に得るという不相当な結論になりかねない。今回の改正で消滅請求権が新設されたことにより，引受けた債務の履行をし

ていない場合であっても，受遺者または受贈者が遺留分権利者の承継した相続債務を消滅させる行為さえすれば，求償権の発生を必要とせず，遺留分侵害額に相当する金銭債務の消滅請求をすることができるようになったことで，かかる問題は解決されることとなった。

　（イ）　あてはめ

　BがCが承継した相続債務210万円につき免責的債務引受をしたことで，Cは承継した相続債務から免れることとなる。そして，BがCに対する遺留分侵害額に相当する金銭債務の消滅請求の意思表示をしているため，CのBに対する遺留分侵害額に相当する金銭債務は，Cが相続債務を免れた210万円の限度で消滅した。また，Bによる未払賃料の弁済によって，Cの承継した相続債務90万円も消滅しているので，CがBに請求できる遺留分侵害額に相当する金銭債権の額は，600万円－210万円－90万円＝300万円となる。

　Bが，実際に住宅ローンの弁済をしていなくても，遺留分侵害額に相当する金銭債務の消滅請求をすることができる点に，注意を要する。

(4)　設問4

　設問4は，遺留分侵害額に相当する金銭債権の請求訴訟の確定後，遺留分侵害額に相当する金銭債務の消滅請求権を行使した場合の設例である。

　（ア）　形成権行使の時的限界（消極）

　遺留分侵害額に相当する金銭債務の消滅請求権は，遺留分侵害額に相当する金銭債権の請求がなされた場合に，その金銭債権を消滅させる形成権として，抗弁となると考えられるため，遺留分侵害額に相当する金銭債権の請求訴訟の事実審の口頭弁論の終結時までに行使しなければならないとも考えられる。しかし，前述のとおり相殺類似の効果が認められているところ，相殺については前訴の既判力によっては遮断されないとされており（最判昭和40年4月2日民集19巻3号539頁），消滅請求権についても同じ趣旨が当てはまると思われること，また，金銭請求訴訟で一定の金銭の支払が命じられた後，受遺者等または受贈者が相続債務を弁済した場合において，消滅請求を否定する必要性も認められないことから，時的限界を定める規律は設けられていない（部会資料22-2・28頁）。

(イ) あてはめ

Cは，確定判決が得られた後であっても，遺留分侵害額に相当する金銭債務の消滅請求権を行使することができる。

(5) 設問5

設問5は，遺留分侵害額に相当する金銭債権が，代物弁済により消滅していた場合のCASEである。

この場合，前述1(3)で述べたとおり，遺留分侵害額に相当する金銭債務の消滅請求は，遺留分権利者が，受遺者または受贈者に対して遺留分侵害額に相当する金銭債権を有していることが前提であり，当該金銭債権が代物弁済の履行により消滅している場合には，行使することができないと考えられる。

本設問において，Bが代物弁済として乙（評価額600万円）をBに譲渡し，登記も移転されているため，CのBに対する遺留分侵害額に相当する金銭債権（600万円）は消滅している（債権法改正後482条）。そのため，Bは，Cに対し，遺留分侵害額に相当する金銭債務の消滅請求権を行使することはできない。

また，免責的債務引受の場合には，求償権を取得しない（債権法改正後472条の3）（ただし，原債務者からの委託があるか，原債務者と引受人との間において特段の合意がある場合は，この限りではないと考えられる）。したがって，Bは，引き受けた住宅ローン相当（210万円）についてその後弁済をしても，Cに対し求償権を取得することもできない。この点，Bとしては注意が必要である。

(6) 設例6

設例6は，遺留分権利者が支払不能となった後，受遺者が遺留分権利者の承継した相続債務を消滅させる行為をしていた場合の設例である。

(ア) 問題点

破産法は，一部で相殺を許容しつつ，債権者間の公平を確保するため，一定の範囲における相殺を制限している（破産71条・72条）。

遺留分権利者が遺留分侵害額請求権（形成権）を行使した当時，支払不能等の危機に陥っており，その後，遺留分権利者の債務を消滅させる行為

をした場合において，遺留分権利者が破産手続開始決定を受けたとき，破産管財人による遺留分侵害額に相当する金銭債権の請求に対し，一律に破産法による相殺禁止規定が適用されずに，請求を受けた受遺者または受贈者による遺留分侵害額に相当する金銭債務の消滅請求権の行使を認めると，破産財団から財産が流出すると同時に，受遺者側が優先的に債権の満足を受ける結果，破産債権者間の公平を害し，前記の破産法が相殺を禁じた趣旨を没却することとなりうるとの問題点がある。

なお，本設例とは異なり，遺留分権利者が遺留分侵害額請求権（形成権）を行使していなかった場合には，遺留分侵害額請求権（形成権）が遺留分権利者の行使上の一身専属的権利であることから，破産手続において破産管財人にその管理および処分をする権利が専属するもの（破産2条14項）とは認められないため，遺留分権利者がこれを第三者に譲渡するなど権利行使の確定的意思を有することを外部に表明したと認められる特段の事情がある場合を除き，破産財団に含まれず，破産管財人は，遺留分侵害額請求権（形成権）を行使することはできないと考えられる（最判平成13年11月22日民集55巻6号1033頁参照）。

（イ）対処

相殺禁止規定の適用または類推適用が認められるかについては，解釈に委ねられるとされているが，遺留分侵害額に相当する金銭債務の一部について消滅請求を認めると，破産財団に属すべき財産が減少する，という相殺を認めるのとほぼ同様の効果が生ずることから，弁済の場合であっても，免責的債務引受けであっても，適用または類推適用の可能性があると説明されている（部会資料25-2・17頁，部会第25回会議議事録17頁［神吉関係官発言］）。

（ウ）あてはめ

設例の場合において，前述で述べたとおり，破産法72条の適用または類推適用により，遺留分侵害額に相当する金銭債務の消滅請求が制限される余地があると考えられる。

（全　未来）

第7章 相続人以外の親族が特別の寄与をした場合

第1節……「親族」に含まれる場合

I 被相続人の長男の妻

CASE

被相続人Aは，60年前に妻Bと結婚し，長男C_1と次男C_2いる。Dは，C_1と30年前に結婚し，結婚当初から，ABと同居していた。Bは10年前に死亡しているが，Bが死亡する直前まで，Bを療養看護していたのはDであった。

Bが死亡した後，すぐにC_1も死亡した。Aは5年前から療養看護が必要な状態になったため，DがBのときと同じように，Aの療養看護を行っていた。

C_2は，遠方に住んでいることから，Aの療養看護を手伝うこともできず，全てDに任せている状態であった。

Aは，Dに大変感謝していたが，Dとは養子縁組はしておらず，また何ら遺言をすることなく亡くなった。

設問

1　Dは，法定相続人ではないが，Aの療養看護をしていたことを理由に，相続人C_2に対して，金銭の支払請求をすることはできないか。
2　Dは，Aの療養看護中に，子供の小学校入学式のお祝いとして50万円を受け取っていた場合であっても，Dは金銭の支払請求をすることができるのか。DがAから療養介護のお礼として，毎月3万円ずつ受領していた場合はどうか。
3　Dの請求に対し，C_2が拒否して，協議が整わなかった場合であっ

ても，Dは金銭の支払請求をすることができるか。

▶ **改正のポイント**
❶新1050条1項は，相続人ではない「被相続人の親族」のうち一定の者に対して，相続人に対する特別寄与料支払請求権を認めている。
❷特別寄与料請求権が認められるのは，被相続人の親族が，無償で，被相続人の療養看護その他の労務の提供をしたことにより被相続人の財産の維持又は増加について特別の寄与をした場合である。
❸特別寄与料請求について，当事者間で協議が調わないとき，または協議をすることができないときは，家庭裁判所の裁量で判断されることになる（新1050条2項・3項）。

解説 》》》

1　設問1について
（1）相続人以外の親族が特別の寄与をした場合の金銭支払請求について
　新法では，新設制度として，特別寄与者について，相続人に対する特別寄与料の支払請求権を認めた。
（2）新法が制定された趣旨について
　旧法では，寄与分は相続人にのみ認められているため，本 CASE のように相続人でない者（D）が，被相続人（A）の療養看護に努め，被相続人の財産の維持又は増加に寄与した場合であっても，遺産分割手続において，寄与分を主張したり，あるいは何らかの財産の分配を請求したりすることはできない。
　この点については，被相続人の生前に，親族として，愛情や義務感に基づき無償で自発的に療養看護等の寄与行為をしていた者が被相続人の死亡後に何ら遺産の分配を得られないのに対し，療養看護等を全く行わなかった相続人が遺産の分配を受けることになるのは，不公平感が否めない（中間試案補足80頁参照）。
　旧法でも，相続人ではない者が寄与した点について，不当利得や事務管

理という法的な根拠に基づき，金銭請求をすることも考えられる。しかしながら，事務管理はそもそも，義務なく他人のために事務の管理を始めた者の費用請求を認める制度である。療養看護についてみれば，双方に合意があることも多く，事務管理が成立しないことも多い。不当利得制度についても，療養看護について双方に合意があれば，準委任契約の性質を有するとも考えられ，不当利得の要件を満たさないことが多い。

また，相続人である夫の寄与分の中で相続人ではない妻の寄与を考慮することを認める裁判例も存在する（東京家審平成12年3月8日家月52巻8号35頁等）。しかしながら，本件のように既に相続人である夫が被相続人よりも先に死亡した場合，夫が相続人として遺産分割に関与することはできないため，妻の寄与行為を考慮することができない。

このように，財産法や現行の相続法を前提とする構成では，相続人以外の者の寄与について考慮されない場合が多い。

そこで，新法では，実質的な公平を図る観点から，相続人ではない「被相続人の親族」について，特別寄与料支払請求権が認められた。

(3)「特別寄与者」となりうる者の範囲

新法で特別寄与料支払請求権が認められる特別寄与者は，「親族」である。ただし，「相続人，相続の放棄をした者，及び第891条の規定に該当し又は廃除によってその相続権を失った者」は，そこから除くこととされている。

ここで，「親族」とは，6親等内の血族，配偶者，3親等内の姻族をいう（725条）。そして，血族とはその者と血縁関係がある者をいい，姻族とは，その者の配偶者の血族をいう。なお，親等は，親族間の世代数を数えてこれを定めるものとされ，傍系親族の親等を定めるには，その1人又はその配偶者から同一祖先にさかのぼり，その祖先から他の1人に下るまでの世代数により計算される（726条）。

また，特別寄与者から相続人が除かれているのは，相続人には寄与分を認める制度があるため，新法を適用する必要がないからである。また，相続放棄をした者や相続人として欠格事由がある者，廃除された者に新法の適用を認めてしまうと，相続人として遺産を相続できないとされた趣旨に

反するため，特別寄与者から除かれている。

(4)「特別の寄与」の意味

新法では，特別寄与料請求権について，寄与分と同様に「特別の寄与」という文言が用いられている。寄与分においては，相続人に認められる「『特別の寄与』は，一般的に，寄与の程度が被相続人と相続人の身分関係に基づいて通常期待される程度の貢献を超える高度なものであることを意味する」(部会資料23-2・23頁)と解釈されている。これは，相続人である直系血族及び兄弟姉妹は，互いに扶養する義務 (877条) を負うため，通常期待される程度の貢献を超える高度なものとされるからである。

しかしながら，特別寄与料請求権が認められる特別寄与者は，相続人以外の者であり，扶養義務を負うとは限らないので，通常期待される程度の貢献という概念を想定することが困難である。つまり，通常の寄与と対比して要件を定めることができないのである。

そのため，「特別の寄与」とは，法定相続人に期待される通常の寄与と対比するものではなく，「貢献の程度が一定程度を越えることを要求する趣旨のものとして理解」(部会資料23-2・23頁)すべきとされている。

(5) 本問へのあてはめ

本問ではAを療養看護していたDは，Aの相続人ではない。しかしながら，C_1の配偶者でありAの姻族にあたるため，「被相続人の親族」にあたる。そのため，Dの療養看護が，Aの財産の維持又は増加に対する一定程度を越える貢献であると認められる場合には，Dは，相続人C_2に対し，特別寄与料請求権に基づき，金銭の支払請求をすることができる。

2 設問2について

(1)「無償」の意味

「無償」とは，被相続人から対価を得ていないことを意味する。特別寄与料請求権が相続人以外の親族に認められたのは，実質的公平を図るためであるから，その者が無償で療養看護等の事実行為をした場合のみ認められるものである。

そのため，被相続人との間に金銭の授受があっても，療養看護等との対

価性がなければ「無償」にあたる。

なお，審議段階では「特別寄与者が対価を得ていないこと」という要件をただし書に加えていたが，新法では本文において「無償」という文言が加えられることになった。本文において請求権発生の要件として示した方が国民にとってよりわかりやすく，特段の弊害もないことから修正されたものである（部会第26回議事録・15頁，[秋田関係官発言]参照）。

本問では，前段は，子供のお祝いとしてDがAから金銭を受領している。子供のお祝いであって，療養看護の対価ではない。よって，Dには特別寄与料請求権が認められる。

他方，後段は，療養看護のお礼であり，療養看護との対価性が認められることからDの療養看護は「無償」で行われたものではない。よって，Dには特別寄与料請求権は認められない。

なお，この点について，たとえば，療養看護を外部の者に有償で依頼した場合と比して低額であったような場合に，その差額分の対価性については今後問題になる可能性はある。

3　設問3について

(1) 当事者間に協議が調わないとき，又は協議をすることができないときについて

相続人以外の者が行った療養看護等については，長期間に及んだり，他の者の行為と並存的に行われるものが多く，その金額の算定も，労務の提供に対する報酬として算定される場合，相続財産のうち一定割合として算定される場合などがあり，必ずしも財産法における金額の算定になじむものではない。むしろ，相続人の貢献との比較の視点も含め，家庭裁判所の合理的な裁量によって適切な金額の算定がされることも期待されることから，相続法の枠内での解決が相当である。

そこで，新1050条3項において，当事者間に協議が調わないとき，又は協議をすることができないときは，特別寄与者は，家庭裁判所に対して協議に代わる処分（審判）を請求することができるものと規定された。

そして，遺産分割に関する紛争とは分離されるものではあるが，相手方

が遺産分割事件の当事者に含まれるから，家庭裁判所の裁量的判断により遺産分割事件と併合することは当然に可能であり，これによって，遺産分割事件との一括的な解決も可能となる。

(2) 請求権の行使期間

相続人にとっても，相続人以外の親族からの特別寄与料の請求があるかどうかによって遺産分割協議の内容も変わってくるものと考えられることから，紛争の長期化を回避するためには権利行使が可能な期間を限定する必要がある。これについては，被相続人の財産維持・形成に特別の寄与をした者であれば，比較的容易に被相続人の死亡を知ることができる場合が多いことを考えると，権利行使の機会の保障は比較的短い期間で足りるといえる（中間試案・補足説明84頁参照）。

そこで，新1050条3項ただし書において，特別寄与料の請求権を行使することができる期間を特別寄与者が相続の開始及び相続人を知った時から6か月を経過したとき，又は相続開始の時から1年を経過したときと規定された。

事案によっては，特別寄与者において，被相続人の相続が開始したことや誰が相続人であるか覚知できない場合もあり得るため「知った」ときのみを起算点とすると，時効期間が進行しないという事態が発生しうる。そのため，早期解決の観点から「相続の開始及び相続人を知った時から6か月」に加え，「相続開始の時から1年」という期間制限が合わせて規定された。比較的短い期間ではあるが，これは，通常，本制度で真に保護されるべき貢献の認められる特別寄与者であれば短期間内に権利行使をすることはそれほど困難ではないと考えられたためである（部会資料19-1・3～4頁）。

(3) 本件へのあてはめ

本問では，Dは，C_2との協議が調わない場合には，Aの死亡とAの相続人がCらであることを知ったときから6か月を経過するまでの間，家庭裁判所に対して協議に代わる処分を請求することができる。

II　被相続人の配偶者の連れ子

CASE

被相続人Aは，Bと結婚した。AもBも再婚の夫婦であり，Aには長男Cが，Bには長女Dがいたが，それぞれ，子らについて養子縁組はしていない。

Aが養子縁組をしなかったのは，Aが傲慢な性格であったこともあり，Bの連れ子であるDとは仲が良いとはいえなかったし，自分の長男であるCだけに財産を残したいと思っていたからである。

そのようなAであったが，3年前頃から，体調を崩し，寝たきりの生活を強いられてしまった。Bは高齢であり，Cは遠方に住んでいることから，BもCもAの療養看護を行うことができない状態であった。そこで，やむを得ず，Aの療養看護は，Dが1人で全て行っていた。

3年後にAは3000万円相当のマンションと預貯金5000万円を残して死亡した。Aは，遺産のうち，1000万円をお世話になった病院に寄付することを内容とする遺言書を作成していた。

設問

1　DはAの相続人に対し，Aが行っていた療養看護について，金銭の支払請求をすることができるか。

2　遺産のうち，1000万円を病院に寄付するというAの遺言は，Dの相続人に対する金銭支払請求に影響を及ぼすか。

3　Aの相続財産について，BとCが遺産分割調停を申し立てていた場合に，Dの請求はどのような手続となるか。

▶ 改正のポイント

❶特別寄与者の範囲が広く「被相続人の親族」とされた（新1050条1項）。

❷特別寄与料の額は，被相続人が相続開始の時に有した財産の額から遺贈の価格を控除した残額を超えることができない（新1050条4項）。

❸特別の寄与に関する処分の審判事件は遺産分割とは別個の手続であることから、管轄についても規定された（家事事件手続216条の2）。

解説 》》》

1 設問1について
(1) 被相続人の親族の意味

特別寄与者については、新法では広く「被相続人の親族」と規定された。なお、相続人らを除くという点についてはIで述べたとおりである。

当初、法案作成過程においては、相続をめぐる紛争の複雑化、長期化を防止するためには、請求権者の範囲について議論があった。

これらの議論について、「二親等内の親族に限る」という案は、旧法において、二親等内の親族という要件が付されている規定が他に存在しないことから採用されなかった。また、「三親等内の親族に限る」という案は、扶養義務の範囲と重なるため、不相当なメッセージ性を持つ懸念があるとの指摘もあり採用されなかった。その他「被相続人の直系血族、兄弟姉妹、兄弟姉妹の子及びそれらの配偶者」とする案もあったが、長年生活を共にして実親子と同様な関係を築くような、いわゆる配偶者の連れ子などを排除する理由がないのではないかという指摘があり採用されなかった。

そこで、新法では、上記議論を踏まえ、「被相続人の親族」を請求権者とした。「被相続人の親族」であれば配偶者の連れ子（事実上の養子）を救済して請求権者に含められる一方で、扶養の範囲とは完全に異なる範囲の者が請求権者となるので、好ましくないメッセージ性もほぼ排除できるからである（部会資料25-2・20頁）。

(2) 被相続人の推定的意思に反する場合の特別寄与料請求の可否

部会資料25までの議論では、特別寄与料請求のただし書として、「被相続人が遺言に反対の意思を表示していたときは、この限りではない」（部会資料25-1・21頁）と規定されており、被相続人の推定的意思に反しない場合のみ、特別寄与者に特別寄与料の請求を認めるとされていた。

しかしながら、特別寄与者の範囲について、「被相続人の親族」とし、

配偶者の連れ子（事実上の養子）等も広く含めることになったことで，特別寄与料請求権の制度趣旨としては，被相続人の推定的意思よりも実質的公平を図るという色彩が強くなった。そのため，実質的公平の観点から，前回までの議論におけるただし書部分は削除されることとなった。

結果的に，旧法下における寄与分制度と同様の規律の結論となる。なお，後記2のとおり，旧法下においても遺贈は寄与分により制約を受けないとされているところ（904条の2第3項），新法においても，この点については同様の整理となる（新1050条4項，部会資料26-2・12頁）。

（3）本件へのあてはめ

本件では，Dは，配偶者Bの連れ子であり，Aの相続人ではないが，Aの親族にあたる。Aの相続人はBとCであるから，Dは，特別の寄与料について，相続人BとCに対し，特別寄与料の額に各相続人の相続分を乗じた額（新1050条5項）の金銭の支払請求をすることができる。なお，本問において，Dに特別寄与料を支払いたくないとする意思がAにあった場合であっても，寄与分は遺言事項ではない以上，寄与分に関する遺言そのものには拘束力がないと考えられており（新版注釈民法(27) 280～281頁），特別寄与料についても同様に考えられるため，Dの特別寄与料請求について影響はない。

2　設問2について

（1）遺贈との関係

現行の寄与分は，被相続人が相続開始の時において有した財産の価額から遺贈の価額を控除した残額を超えることができないこととされ（904条の2第3項），遺贈された財産について寄与分を認めることはできないこととされている。

特別寄与料の制度は，現行の寄与分と同様の要件の下，相続人以外の者にも金銭支払請求が認められる制度であるから，相続人の寄与分以上に有利な地位を認めるべきではない（部会資料7・18～19頁）。

そこで，寄与分と同様に，特別寄与料の額は，被相続人が相続開始の時に有した財産の額から遺贈の価格を控除した残額を超えることができない

ことが規定された（1050条4項）。

(2) 本件へのあてはめ

本件では，1000万円が病院に遺贈されていることから，遺産の中からこの1000万円を控除した範囲において特別寄与料の金額が算定されることになる。

3 設問3について

(1) 特別の寄与に関する処分の審判事件の管轄

特別の寄与に関する処分の審判事件は，相続が開始した地を管轄する家庭裁判所の管轄に属することになる（家事事件手続216条の2）。

特別寄与料請求権については，遺産分割の審判事件の当事者ではない相続人以外の親族が申立人となっており，特別の寄与の有無など遺産分割の審判においては争点とならない事項が審理判断の対象となることも踏まえると，併合審理を可能にする必要性が相当程度認められる場合であっても，それを理由に別途管轄を認めるということまでは必要なく，合意管轄，自庁処理又は移送によって対応することで足りるとされたものである（部会資料24-2・42頁）。

この点は，遺産分割審判事件との併合を強制する相続人の寄与分を定める処分の審判事件（家事事件手続191条2項）とは異なるので注意が必要である。

(2) 本件へのあてはめ

本件では，BとCが遺産分割調停とは分離されるものであるため，別途，相続が開始した地を管轄する家庭裁判所に申立をすることになる。もっとも，併合審理を行った方が一回的解決の観点から望ましいと考えられるため，合意管轄，自庁処理又は移送により併合審理できるような対応をとることが望ましい。

（角田　智美）

第2節 内縁の配偶者が特別の寄与をした場合

I 被相続人の内縁の妻

CASE

被相続人Aは，内縁の妻Bと20年前から同居していた。同居していた土地建物はAの所有である。同居を始めたころに友人らを集めて披露宴をしたこともあり，実質的に夫婦として生活してきた。婚姻届出をしなかったのは，夫婦別姓の法改正がされるのを待っていたためである。

Aは，10年ほど前に，Bに対して，「自分には身寄りがいない。自分に何かあったときに困らないように遺言書を作成しておいた」と言ったことがある。その頃からAの体調が悪化し，入退院を繰り返すようになったが，Aが死亡するまでの間，Bは献身的に療養介護をした。葬儀も，Bが喪主となって行われた。

Aの死亡後に確認したところ，自宅の評価額は5000万円であり，預金1000万円も残されていた。Aに住宅ローン等の債務はない。Aの自筆による遺言書に「すべての財産をBに贈与する」と記載されていたが，日付がなく，法的には効力がなかった。

《 設問

1 被相続人Aに相続人がいなかった場合，内縁の妻Bはどのように保護されるか。
2 被相続人Aに兄Cがいた場合，Aと内縁の妻Bとの療養看護に関する契約に基づいてBが保護されることはあるか。
3 被相続人Aに兄Cがいた場合，Aと内縁の妻Bとの療養看護に関する契約が存在しないときであっても，Bが保護される可能性はあるか。

▶ 改正のポイント

❶新1050条は，相続人ではない者に対して特別寄与料支払請求権を

認めたが，その主体は「被相続人の親族」に限られている。
❷「被相続人の親族」に該当しない者の保護は解釈に委ねられているが，法改正されたことが影響する可能性はある。

解説 》》》

1 設問1について
(1) 内縁における法律関係

内縁とは，婚姻の実態があるにもかかわらず，婚姻の届出がされていない男女の関係である。

その法律関係は，法定相続の場面であるか，それ以外の場面であるかによって異なる。

（ア） 法定相続の場面

内縁の配偶者には，相続権は認められていない。890条にいう「配偶者」については，「法律上有効な婚姻，すなわち739条所定の婚姻届出をすませた配偶者である」，「内縁関係を準婚関係と把握し，これにできるかぎり法律上の婚姻に準ずる法的効果を与えようとする近時の判例・学説の傾向からいえば，内縁寡婦にも，事情によっては，内縁の夫の遺産について相続権を認めてよさそうにみえる」。「しかし今日では，準婚離婚がかなり浸透しているにもかかわらず，消極説が定説をなしており，反対説は見あたらない」（新版注釈民法（26）277頁〔中川義延〕）。もっとも，「通説の立場は，結局，『法律婚主義の現行民法の下では，私法上の解釈としては消極説』をとらざるをえないということであろうか（鈴木7〔筆者注：鈴木禄弥『相続法講義改訂版』〔創文社・1996〕7頁〕は，立法論として，内縁配偶者に相続権を認める可能性を示唆する）」とあり，今後の議論によっては解釈が変わる可能性もあると思われる。

（イ） 法定相続以外の場面

まず，内縁配偶者に対しても遺贈をすることは認められる。

また，内縁配偶者は，法定相続以外の場面においては，婚姻に準じて保護されることが多い。たとえば，最決平成12年3月10日民集54巻3号

1040頁は，内縁の夫婦の一方の死亡により内縁関係が解消した場合に，財産分与に関する民768条の類推適用することは否定したが，その理由は「相続の開始した遺産につき財産分与の法理による遺産清算の道を開くことは，相続による財産承継の構造の中に異質の契機を持ち込むもので，法の予定しないところである」という点にある。傍論ではあるが，「内縁の夫婦について，離別による内縁解消の場合に民法の財産分与の規定を類推適用することは，準婚的法律関係の保護に適するものとしてその合理性を承認し得る」と判示されており，ここでも内縁を「準婚的法律関係」として評価し，法定相続以外の場面においては法律上の婚姻に準じて保護することが示唆されている。

(2) 特別縁故者制度

被相続人の相続人が存在しない場合には，一定の要件の下で，被相続人の療養看護に努めた者など被相続人と特別な縁故があった者に対して，被相続人の財産の全部又は一部を家庭裁判所の審判により分与することが認められている（958条の3）。

(ア)「特別縁故者」の意義

958条の3については，「内縁配偶者の保護がかなり強く意識されていたように伝えられており，このような形で内縁配偶者に対して実質的には相続権にも似た救済を与えていることは注目すべきであり（もちろん，債務弁済後の残余財産のみが分与対象となる点で相続とは明確に異なる），また，そののちに新設された旧借家法7条の2（借地借家36条1項。事実上夫婦または養親子と同様の関係にあった同居者による賃借権承継）などとあわせて，制定法による内縁保護の強化は見逃されるべきではない」「内縁配偶者は特別縁故者の具体例の典型とみられるものである」という指摘もある（新版注釈民法（27）731頁［久貴忠彦・犬伏由子］）。

Aは，内縁の妻として，10年にわたり入退院を繰り返すAを献身的に療養介護してきたのであり，Aに相続人が存在しない場合には，特別縁故者として，Aの財産の全部又は一部を家庭裁判所の審判により分与される可能性が高いと思われる。

(イ)　分与される財産の範囲

　Bが「特別縁故者」であるとしても，当然に請求権が認められるわけではなく，分与の内容は「相当」であるか否かを具体的事実関係に応じて家庭裁判所が判断する。Aの自筆による遺言書に「すべての財産をBに贈与する」と記載されていたことは，日付がなく法的には効力がなかったとしても判断要素とはなり得るが，これだけで裁判所の裁量が否定されるわけではない。

　この点，「いかなる場合には遺産の全部分与が認められ，またいかなる場合には一部分与にとどまるか，が問題となるが，これも『相当性』に含まれる点であって，すべては裁判所の裁量にかかり，明確な基準を見出すことはできない」「ほとんどにおいては全部分与が認められている」「一部分与の事例にあっては，多くは，申立人が被相続人と親族関係にない知人とかあるいは親族ではあっても6親等というような遠縁の者である」（新版注釈民法（27）749頁［久貴忠彦・犬伏由子］）と指摘されている。

　たとえば，大阪高決平成4年3月19日家月45巻2号162頁は，高齢の被相続人に対し8年以上にわたり住居の世話はもとより炊事・洗濯・食事等の身辺の世話，病気の看護に当たり，被相続人の信頼を受けてその精神的な支えになったほか，喪主として葬儀等を執り行うなどした者に対して「4000万円を分与するのが相当」と判断したが，その理由は「遺産の額が預金・現金だけでも8178万円以上あること，特別縁故の程度が高いこと，店員勤務中は月給が比較的安く，廃業の際に退職金を貰っていないこと，しかし低額ながらも被相続人から家政婦代を得ていたこと，その他本件に表れた一切の事情を考慮」したものである。

2　設問2について

(1)　相続人の存在

　被相続人Aに兄Cがいた場合，Cは「被相続人の兄弟姉妹」として相続人になる（889条）。Aが内縁の妻Bに対して「自分には身寄りがない」と言ったことがあるとしても，法律的に兄弟であれば相続人となる。仮に20年にわたりAとCが音信不通であったとしても，そのような事

情だけで相続が否定されることはない。

　相続人の欠格事由（891条）に該当するか，家庭裁判所によって推定相続人の廃除（892条）が認められない限り，CはAの相続人である。

　そのため，相続人の不存在という要件を満たさず，特別縁故者制度によってBに財産が分与されることはない（958条の3）。

(2) 準委任契約に基づく請求

　(ア)　準委任契約が成立する場合

　現在では，役務の提供を内容とする様々な契約が多く存在し，その重要性が高まっている。雇用契約・請負契約・寄託契約のいずれにも該当しないものについては，無名契約として処理されることもあるが，準委任契約として処理されることが多い。しかし，準委任契約については委任契約の規定が準用されるところ，委任契約は当事者間の信頼関係を基礎とするため任意解除権（651条）があるなどの特色があり，一般化することには疑問があり得る。そのため，民法（債権関係）部会においても法改正が検討され，中間試案では準委任に関する規律も提案されていたが（第41・6），改正はされなかった。

　Aと内縁の妻Bとの療養看護に関する契約があると認められる場合，これは療養看護等という役務の提供に関するものであるから，準委任契約が成立する（656条・643条）。

　(イ)　準委任契約の効果

　準委任契約が成立した場合，その効果として，療養看護等を行った者は，委任者に対し，事務を処理するに当たって支出した費用の償還を請求することができる（650条1項）。しかし，準委任契約は無償が原則であるため（648条1項），療養看護等を行った者が委任者に対して報酬の支払を求めるためには，それを認める特約が必要である。

　中間試案補足説明81頁では「親族間などの親しい間柄における自発的な行為については，当事者間では費用を含め金銭的な清算をする意思がなく，その点について黙示の合意や費用償還請求権の放棄の意思表示が認められる場合も多いように思われる。このような場合には，当事者間において準委任契約が成立するとしても，費用の償還を請求することはできない

ものと考えられる」と指摘されている。

本問では，AがBに対して「自分に何かあったときに困らないように遺言書を作成しておいた」と言ったことがあり，Aの自筆による遺言書に「すべての財産をBに贈与する」と記載されていた（日付がなく，法的には効力がない）という事情があり，Aの意思としては，Bの貢献に報いるために遺言により財産を与えようとしていたことが認められる。報酬の支払を認める特約は，明示的なものに限らず，黙示的でも良いから，具体的な事情によっては療養看護等を行った者Bが委任者Aに対して報酬を請求できることもあると考えられる。

3 設問3について
(1) 事務管理

中間試案補足説明81頁は，「療養看護等の役務の提供について契約関係が認められない場合であっても，事務管理（697条）が成立するのではないかとも考えられる。その場合に，管理者（相続人以外の者）は本人（被相続人）のために有益な費用を支出したときは，本人（被相続人）に対しその費用の償還を請求することができ（702条），また，費用償還請求権に係る債務を承継した相続人に対し，その支払いを求めることができることとなる」としつつ，「事務管理が成立する場合でも，償還することができるのは，管理者が支出した有益な費用に限られ，原則として労務に対する対価である報酬の請求権は生じないものとされている」と指摘する。

Cが提供したのは療養介護等という労務であるから，有益費の請求権として保護される可能性は低いと思われる。

(2) 不当利得返還請求権
（ア）不当利得の成立要件

Aと内縁の妻Bとの療養看護に関する準委任契約（656条・643条）が成立するときは，報酬請求の可否は，特約の有無によって決められる。この場合には，Bが行った療養看護等には「法律上の原因」（703条）があるから，不当利得による処理は認められない。

しかし，内縁の夫婦等においては曖昧な合意しかない場合も多いと思わ

れる。この点，中間試案補足説明 81 頁でも「親族間などの親しい間柄においては，療養看護等の寄与行為に関し，契約書等の証拠が欠けていたり，合意の内容が不明確であったりする場合も多く，実体的には準委任契約の成立が認められる事案でありながら，それを証明することができない場合もあるように思われる」と指摘されている。

療養看護に関する準委任契約が認められないときは，「法律上の原因」はない。他人（内縁の妻 B）の労務によって A が利益を受け，そのために B に損失を及ぼしたという評価は可能であり，A の利益の存する限度において B が不当利得返還請求権（703 条）を有する可能性がある。その場合，B は，A の相続人 C に対して権利を行使できる。中間試案補足説明 82 頁にも「相続人以外の者が，被相続人を療養看護等することにより，被相続人の財産の維持又は増加について特別の寄与をしているといえる場合には，被相続人又はその相続人に対し，不当利得返還請求（703 条等）をするということも考えられる」と指摘されている。

不当利得法の理解については多様な学説が展開されているが，実務的には，「わが国の学説が受け入れ，普及したのは，同じく一元説の中でも，いわゆる『衡平説』とネーミングされている学説である。つまり，『形式的・一般的には正当視される財産的価値の異同が，実質的・相対的には正当視されない場合に，公平の理念に従ってその矛盾の調整を試みようとすることが不当利得の本質である』という不当利得法制度の理解である」「わが国の判例も，基本的には以上の衡平説の要件・効果に依拠しているといえる」という評価が穏当と思われる（新注釈民法 (15) 78～80 頁［藤原正則］）。そして，「衡平説は，利得者が自己の財産からの出費を免れた場合は，利得債務者の財産の消極的増加があると説明している。具体例として，他人の物または労務の使用もしくは消費が例としてあげられている」（同書 91～92 頁）。

被相続人 A は，内縁の妻 B と 20 年前から同居しており，10 年ほど前からは入退院を繰り返すようになったのであり，A が死亡するまでの間に，B が献身的に療養介護をしたことによって，A が自己の財産からの出費を免れたものとして不当利得返還請求を認めることに合理性がある。

ただし，療養看護というBの労務によってAがどのような利益を受けたかなどの要件事実を立証することは必ずしも容易ではない。この点，部会資料7・14頁では「要扶養状態にある被相続人に対して療養看護等の事実行為をした者が扶養義務者に対して償還を求めることができるかどうかについては，学説上も争いがあり，実務上も，療養看護等の労務を金銭的に評価して扶養料の求償を認めた裁判例は見当たらない」と指摘されていた。

　また，部会資料19-1・8頁では「現行法の解釈論として，財産法の枠内における解決を志向する解釈努力も否定されるべきではないが，これを立法的に解決する場合には，被相続人の死後の相続の場面において，相続人でない者の相続人に対する請求権と構成して解決を志向することにも相応の合理性があるものと考えられる」「参考資料においては，相続人以外の者の寄与に関する比較的近時の公刊裁判例を挙げているが，これらの裁判例を見ると，その貢献は，一般に長期間にわたる上，他の者の行為と並存的に行われることも多く，その金額の算定も，労務の提供に対する報酬として算定される場合や相続財産のうち一定割合として算定される場合などがあり，必ずしも財産法における金額の算定になじむものではないように思われる。むしろ，相続人の貢献との比較の視点も含め，家庭裁判所の合理的な裁量によって適切な金額の算定がされることも期待されることから，相続法の枠内での解決が相当であるようにも思われる」とも指摘されていた。

（イ）　相続法改正の与える影響

　不当利得の成立要件の解釈については，今回の法改正が解釈に影響する可能性がある。

　すなわち，新1050条は請求権者の範囲は「被相続人の親族」として定められたところ，このことによって「実質的公平を図るという色彩がより色濃くなった」と指摘されている（部会資料26-2・12頁）。このような立法判断が示されたことからすれば，被相続人Aが兄Cと20年にわたり音信不通であり，Aが内縁の妻Bに対して「自分には身寄りがいない」と言っていたという事案において，現行法の解釈よりも実質的公平を図るた

めに不当利得返還請求の成立をよりひろく認めることは，部会資料19-1・8頁にいう「現行法の解釈論として，財産法の枠内における解決を志向する解釈努力」を具体化するものとして，十分にあり得るところである。

　この点，部会資料3・12頁は制度趣旨及び法的性質について「事務管理又は不当利得類似の権利と捉える考え方」を提示し，「被相続人との身分関係に照らし，同人との間で契約等を締結するのが事実上困難であると考えられる場合について，事務管理や不当利得のような法定の債権の発生要件を欠くことに伴う実質的不公平を解消する観点から，事務管理又は不当利得の特則ないしこれに類する制度を設け，家事審判の手続の中でその権利の実現を認めることとしたという説明をする」可能性を指摘していた。また，国会において「現代社会において家族の在り方が多様に変化してきていることに鑑み，多様な家族の在り方を尊重する観点から，特別の寄与の制度その他の本法の施行状況を踏まえつつ，その保護の在り方について検討すること」という付帯決議がされており，今後も検討が続けられることが期待されている。

　このような視点を詰めていくことは，内縁の配偶者について新1050条を類推適用することの可否に関する検討にもつながる。この点については，大村敦志教授が国会審議の参考人として「我々の社会がこの親族というのを緩やかにするべきだというふうに考えていくということであれば，仮に立法の際に親族は親族であってその外の者は含まないというふうに考えていたとしても，そうでない方向での法形成がなされる可能性というのはあるかもしれない」と発言したことが参考になる（平成30年7月3日参議院法務委員会会議録11頁）。新1050条によって相続人以外の者が合理的な範囲で権利取得できることが明確化され，また，同条は権利行使の期間制限など相続人の利益にも配慮していることからすれば，内縁の配偶者について同条を類推適用することは議論する価値が高い問題といえよう。

II 相続人（長男B）の内縁の妻

CASE

被相続人Aは妻と離婚しており，長男B及びその内縁の妻Cと同居していた。BとCは婚姻届出をしていないが，実質的には夫婦であることは，AもAの親族も認めていた。

被相続人Aは，Cが同居して間もなく脳梗塞で倒れて入院した。付き添いに頼んだ家政婦がAの過大な要望に耐えられなかったため，Cは，少なくとも3か月間はAの入浴中の世話をし，その退院後は右半身不随となったAの通院の付き添い，入浴の介助など日常的な介護に当たった。その後についてもCによる入浴の世話や食事及び日常の細々とした介護が13年余りにわたる長期間にわたって継続して行われた。そして，Aが死亡するまでの半年の間は，Aが毎日失禁する状態となったことから，その処理をするなどAの介護に多くの労力と時間を費やした。Aが入院した期間のうち約2か月は家政婦にAの看護を依頼し，Aは，在宅期間中は入浴や食事を作ることを除けば，概ね独力で生活する機能を有していたことが認められるが，CによるAの入院期間中の看護，その死亡前約半年間の介護は，本来家政婦などを雇ってAの看護や介護に当たらせることを相当とする事情の下で行われたものである。

Aの次男Dは，長年にわたり海外で生活しており，長男Bと次男Dの話合いによって，被相続人Aの世話は長男Bがすることとされていた。Bの内縁の妻Cの貢献について格別の合意はないが，Cは，長男Bの立場を考えて献身的にAの療養看護をしてきた。

設問

1. 長男Bが生存している場合，その内縁の妻Cの貢献は，遺産分割において評価されるか。
2. 長男Bが被相続人Aより早く死亡したときは，Bの内縁の妻Cの行った貢献が保護される可能性はあるか。

▶ **改正のポイント**
❶法改正の趣旨が実質的公平を図ることにあることからすると，履行補助者構成による裁判例を変更する趣旨はない。
❷相続人が先に死亡した場合の解釈に，改正法の趣旨が影響する可能性がある。

解説 》》

1 設問1について
（1）類似事案に関する裁判例

本事例は，東京高決平成22年9月13日家月63巻6号82頁の事案を基礎としつつ，長男の妻を，内縁関係であったことに変更したものである。この決定は，CによるAの被相続人Aの介護は「同居の親族の扶養義務の範囲を超え，相続財産の維持に貢献した側面があると評価することが相当である」とし，CによるAの介護は，長男Bの「履行補助者として相続財産の維持に貢献したものと評価でき，その貢献の程度を金銭に換算すると，200万円を下ることはない」とした。

また，東京家審平成12年3月8日家月52巻8号35頁は，被相続人の介助には，主として妻が当たっていたが，長男の妻及び長男夫婦の子どもたちによる介助もされていた事案において，これらの介助行為は，長男の「履行補助者的立場にある者の無償の寄与行為として，特別の寄与に当たる」として，長男の寄与分を170万円と定めた。

そして，神戸家豊岡支審平成4年12月28日家月46巻7号57頁も，寝たきりの状態となった被相続人が入院を嫌ったため自宅療養し，長男の妻が専らその付添看護を行っていた事案において，「献身的看護は，親族間の通常の扶助の範囲を超えるものがあり，そのため，Aは，療養費の負担を免れ，遺産を維持する ことができたと考えられるから，遺産の維持に特別の寄与貢献があったものと評価するのが相当であるところ，上記看護は，Bの妻として，Bと協力し合い，Bの補助者または代行者としてなされたものであるから，遺産分割に当たっては，Bの寄与分として考慮

すべきである」として寄与分の価格を 120 万円と評価している。
(2)「履行補助者」構成による保護
　上記（1）の各裁判例は，いずれも相続人ではない者による貢献を寄与分で考慮するために，実際に貢献した者を，相続人である長男 B の「履行補助者」と位置づけている。履行補助者については「債務者が債務の履行のために使用する者。履行補助者には，イ債務者が自ら履行する際に事故の手足として使用する者（狭義の履行補助者）と，ロ債務者に代わって債務の全部又は一部を履行する者（履行代行者・履行代用者）がある」と説明されている（高橋和之 = 伊藤眞 = 小早川光郎 = 能見善久 = 山口厚他編『法律学小辞典第 5 版』〔有斐閣・2016〕1321 頁）。
　「履行補助者」の概念は上記のとおりであり，これに該当するか否かは，身分関係によって左右されるものではない。したがって，長男 B が生存していれば，長男の内縁の妻 C の貢献は，相続人である B の寄与分として認められる可能性が高い。

2　設問 2 について
(1)「履行補助者」構成によることの限界
　部会資料 3・10 頁は，「夫の寄与分の中で妻の寄与を考慮することを認める裁判例も存在する」としつつ，「相続人となるべき者であった配偶者が既に死亡している場合には，配偶者の貢献を相続人の寄与分の際に考慮することもできず，配偶者が遺産分割において自己の貢献に見合った財産の分配を受けることはできないが，このような考え方によっても，妻の寄与行為を考慮することができないことになるが，このような結論は実質的公平に反するとの指摘もされている」とする。また，中間試案補足説明 80 頁にも同趣旨の記載がある。
　この点は，Ⅰ（被相続人の内縁の妻）設問 3 と類似する場面であり，事務管理による費用請求のほか，不当利得返還請求による保護，さらには新 1050 条類推適用の可能性についての検討も考えられる。
(2) 相続人の配偶者を保護する必要性
　上記 1（1）の裁判例との結論の違いについて「実質的公平に反する」

と評価するときは，相続人の内縁の妻に対する不当利得返還請求による保護は，Ⅰ（被相続人の内縁の妻）よりも強く認められて良い。

　この点，部会資料3・12頁は制度趣旨及び法的性質について「夫婦間の協力・扶助義務に根拠を求める考え方」を提示し，「相続人が婚姻しているときは，その夫婦が分担して療養看護を行うこととなる場合が多いものと考えられる。法律上も，夫婦には協力・扶助義務があり，実際にも相互に補完し合う関係にあること等に照らすと，前記のような場合には，当該夫婦の貢献を考慮して寄与分の額を定めるのが実質的公平に資するとも考えられるが，現行制度の下でこのような解釈をとるのは難しい面があり，特に，相続人となるはずであった者（たとえば，被相続人の子）が被相続人よりも先に死亡した場合には，被相続人の遺産分割において，先に死亡した者の配偶者の貢献を考慮することはできないことになる。そこで，このような実質的不公平を解消する観点から，相続人の配偶者が行った貢献について特別に寄与分を認めることとしたという説明をする」可能性が指摘されていた。この説明からは，相続人の内縁の妻について不当利得返還請求を認めることが素直な帰結と思われる。

（中込　一洋）

あとがき

　本書は，東京弁護士会の法制委員会に所属する委員を中心に執筆された相続改正法の解説書である。法制委員会は，司法制度の改善および法令の調査研究，意見提言を行う委員会であり，重要法令の改正にあたっては，在野の法律家として，国民の社会生活を大切にする観点からの様々の提言を行なっている。今回の相続法改正にあたっても，平成27年2月に法制審議会に民法（相続関係）部会が設置されたことを受けて，委員会内に民法（相続法）勉強会を組織し，以後，継続的に改正の議論をフォローし，その都度，必要な意見提言などを行なってきた。本書は，このような法制委員会内の地道な調査研究活動の蓄積のもとに刊行されたものである。配偶者居住権の創設，遺産分割前の預貯金の払戻しを認める方策の明文化，自筆証書遺言の方式緩和，遺留分減殺請求権の金銭債権化など，いずれの改正内容も，改正法の各条項を見ただけで理解できるようなものではない。いかなる趣旨のもとに各条項の改正がなされたのか，どのような点に留意して新たな条項を解釈する必要があるのかについて，改正作業の経緯を知る者の解説が必要不可欠である。法制委員会委員として，多年にわたる改正作業をフォローしてきたメンバーに，法制審議会民法（相続関係）部会幹事を務めた金澄道子会員と，当会の会報LIBRAの編集長である小峯健介会員を執筆者に加えた本書は，この点において格好の解説書となっている。

　故星野英一博士が，「第3の立法改革期」と表現した平成の大改正は，平成の時代が終わろうとしている今もなお進行中である。多くの法律が改正され，改正されようとしているが，なかでも，民法，とりわけ相続法の改正は，国民生活に大きく関わるものであり，法律家にとっても注視の立法となっている。債権法改正に続く重要法令の改正に，改めて時代の変革期にあることを実感させられる。法律家の使命が社会生活の安寧の維持と国民ひとり一人の幸福の実現にある以上，このような時代の変革に対して，我々，法律家は積極的に対応して行かなければならない。本書刊行も，そ

の一環であり，第二次世界大戦直後の家族法の大改正から約70年ぶりになされた今回の相続法改正の内容が，ケースを通じて具体的に理解できるように編集されている。昭和22年の前記改正は，それまでの家督相続制度を廃止するなど，戦後の民主主義社会の構築に整合しない制度を整理し，必要なものを残すことに主眼があった。これに対し，今回の改正は高齢化社会の到来を迎え，家族のあり方も変化しつつあるなかで，相続に関する新たな制度を設けることが試みられている。新たな制度の内容をいち早く，そして，正確に理解するために，本書を役立てていただきたい。多くの皆さんにご愛読いただければ幸いである。

　最後になるが，相続法改正審議が本格化した平成27年以降の歴代の法制委員会委員長，担当副委員長および担当部会長，そして，原稿を執筆していただいた多くの委員の方々，これらの方々の努力なくしては，本書は完成することがなかった。さらには，執筆担当者以外の委員の方々からも，原稿の内容や表現について貴重な助言を頂戴した。現職委員長として感謝申し上げる。また，本書刊行に尽力いただいた弘文堂編集部の高岡俊英氏には，手間のかかる作業をお引き受けいただき，また，原稿完成に辛抱強くお付合いいただいた。篤く御礼する次第である。

　　2019（平成31）年2月

　　　　　　　　　　　　　　　　東京弁護士会　法制委員会

　　　　　　　　　　　　　　　　　　委員長　高須　順一

事 項 索 引

い

遺言……………………4, 8, 55, 243
　――の撤回……………………10
遺言執行者…………9, 58, 198, 209, 213, 240
遺言書……………………………181
遺言書保管所……………………183
遺言書保管法……………………26
遺産確認訴訟……………………140
遺産分割………5, 39, 51, 82, 102, 226, 288
　――の対象……………………129
　――前の遺産に属する財産の処分……128
遺産分割取得（分）額………107, 108, 118, 133
遺産分割審判の主文……………138
遺贈………………192, 201, 329, 332
一部算入説………………………285
一部請求…………………………263
一部分割………………5, 119, 135
　――の申立て…………………123
　――の理論……………………135
遺留分……………………249, 278
　――減殺請求権………………252
　――侵害額……………278, 284
　――侵害額請求権……249, 254, 258, 259, 267, 317
　――侵害額請求訴訟…………271
　――侵害額に相当する金銭債権（金銭債務）……………251, 254～, 259, 267
　――侵害額に相当する金銭債務の消滅請求……………………304, 309
　――侵害額の算定方法………276
　――制度………………………4
　――算定方法…………………276

え

閲覧請求…………………………188
LGBT……………………………18

か

改正債権法………………………8
加害の意思（害意）……………286

加害の認識…………283, 284, 286
価額弁償請求権…………………252
家裁実務…………………………235
家事事件手続法の保全処分……111
加除訂正…………………………156
仮登記……………………………59
仮払い……………………106, 114, 115
　――制度………………………104
仮分割の仮処分…………112, 113
関係遺言書………………………188
関係相続人等……………………188

き

期間の満了………………………37, 77
期限の許与………………264, 268
偽造………………………………149
義務違反…………………………37, 77
義務の承継………………………241
求償権……………………………311
共同相続…………………………242
　――と登記……………………224
共同相続人の一部による被相続人名義の預金の払戻し…………………128
共同相続人の一部による不動産の共有持分の処分………………………141
共有………………………46, 47, 78
共有持分を超えた遺産の処分……136
居住建物
　――取得者……………34, 35, 37
　――の修繕及び費用負担……35, 71
　――の使用権・収益権………67
　――の全部滅失等……………37, 78
　――の返還……………………37, 79
居住用不動産……………………98
寄与分……………………………329
銀行実務…………………………235
金銭債権一本化…………252, 254
金銭債権化………………………249

く

具体的相続分…………108, 109, 110, 115,

事項索引　*347*

　　　　　　　　　　　　　116,123,129,289
具体的相続分率･････････････････････････133

け

形成権･･････････････････････258,317,318
形成の訴え･･････････････････････････271
欠格事由･････････････････････････31,323
原状回復･････････････････････････37,79
原則施行日･･･････････････････････････21
検認･･･････････････････････････････187
権利の承継･･････････････････････････220

こ

公益財団法人日本不動産鑑定士協会連合会
　･･････････････････････････････････84
行使期間→特別寄与料
公布･･････････････････････････････････20
高齢化社会･････････････････････････1,90
高齢配偶者･･････････････････････39,41,90
婚姻期間･･･････････････････････････100
婚外子････････････････････････････････1

さ

債権の承継･････････････････････････231
再婚･･･････････････････････････････37
財産目録･･･････････････････････････147
先取特権･･･････････････････････････256
錯誤････････････････････････････････11
参議院････････････････････････････････17
参考人･･･････････････････････････････15
残余の遺産の分割･･･････････････････125

し

死因贈与･････････････････････55,57,58,298
施行･･････････････････････････････20,21
施行期日･････････････････････････････13
事実婚･･･････････････････････････････2
　――パートナー･･･････････････････18
事実上の養子･････････････････････････3
自書･･･････････････････････････････147
使途不明金･････････････････････････131
自筆証書遺言･･････････････････････4,147,181
死亡･････････････････････････････37,77
事務管理･･･････････････････････････336

持戻し免除･･････････････････････････58,89
　――の意思表示･･････････････89,91,94,95,96,
　　　　　　　　　　　　97,98,99,100,101
　――の意思表示の推定･････････････89
受遺者･････････････････････････257,296
収益･････････････････････････35,64,66,74
衆議院･･････････････････････････････16
修繕････････････････････････････････64
　――をする権利････････････････････67
修繕その他にかかる通知････････････71
受贈者･････････････････････････････296
準委任契約･････････････････････････335
準共有･････････････････････････135,136
(準)共有持分を超えた遺産の処分･･･････138
使用･････････････････････････35,64,66,74
使用貸借･･･････････････････････････41
譲渡禁止･････････････････････････35,70
消滅時効･･･････････････････････259,262
所有者･････････････････････････････50
親族･････････････････････････････3,321
審判事件の管轄････････････････････330

す

推定････････････････････････････････89
　持戻し免除の意思表示の――･･･････89

せ

生前贈与･･･････････････････････････281
全額算入説･････････････････････････285
善管注意義務･･････････････35,37,69,77,78,80

そ

増改築禁止義務･････････････････････70
葬儀費用････････････････102,106,115,116,118
相殺･･････････････････････････････307,311
相続債権者･････････････････････････223
「相続させる」(旨)の遺言････････････6,57,95,
　　　　　　　　　　　　　　200,228
相続人
　――の行為･･･････････････････････213
　――の債権者･････････････････218,223
相続放棄･･･････････････････････230,323
損害賠償及び費用償還の期間制限･･････80
存続期間････････････････････････32,34,86

た

対抗問題……………………………………6
対抗要件…………………………………216
　　──主義……………………………221,232
第三者の使用禁止…………………………35
第三者弁済………………………………312
代償財産……………………………142,144
タイプ印字………………………………147
代物弁済……………………………277,319
代理人……………………………………184
建物所有権…………………………………40
他人物遺贈………………………………196
他の共同相続人の利益を害するおそれ
　………………………………………123,126
短期居住権→配偶者短期居住権
担保責任…………………………………8,192

ち

遅延損害金………………………………274
中間利息額…………………………………86
超過特別受益……………………………291
長期居住権…………………………………66
賃借権……………………40,41,49,50,53,54,57
賃借人………………………………………50
賃料債権…………………………………237
賃料相当額…………………………………86

つ

通知義務…………………………………201

て

抵当権………………………………………54
抵当権者……………………………………50
適用…………………………………20,23

と

同意………………………………………132
同一の印…………………………………151
投下資本……………………………………87
登記………………40,43,48,49,50,51,52,54,56,58
登記事項証明書…………………………153
動産………………………………………205
同性婚………………………………………2

同性パートナー……………………………18
特定財産承継遺言……………………6,57,203
特定物……………………………………194
特別縁故者制度…………………………333
特別寄与者………………………………323
特別寄与料……………………………18,322
　　──の請求権の行使期間………………326
特別受益………………………89,90,91,92,94,96,
　　　　　　　　　　　　133,282,289,301
特別の寄与…………………3,18,321,323,331

な

内縁の配偶者…………………………3,331
内部負担割合……………………………243

は

配偶者居住権………………………2,11,39,40,41,
　　　　　　　　　　　　42,64,66,76,81
　　──と所有権の違い……………………83
　　──の遺贈の放棄………………………62
　　──の買取り……………………………60
　　──の簡易な評価方法…………………84
　　──の終了・消滅事由…………………77
　　──の消滅の意思表示………………75,77
　　──の譲渡禁止…………………………70
　　──の成立範囲…………………………46
　　──の成立要件…………………………44
　　──の存続期間…………………………43
　　──の対第三者対抗要件………………49
　　──の賃貸………………………………61
配偶者短期居住権………………………12,29
　　──行使の妨害の禁止…………………32
　　──における権利義務…………………35
　　──の終了・消滅事由…………………36
　　──の譲渡禁止…………………………35
　　──の消滅………………………………36
　　──の消滅の意思表示………………35,37
　　──の内容および成立要件……………31
　　──の物理的範囲………………………32
廃除…………………………………31,323
破産………………………………257,319
払戻請求権の譲渡・差押え……………109
反訴………………………………………273
　　──における権利義務…………………35

事項索引　349

――の譲渡禁止………………………………35
　――の消滅……………………………………36
　――の内容及び成立要件…………………31

ひ

引渡義務……………………………………195
被相続人の債権者…………………………217
日付…………………………………………159
費用……………………………………………79
評価方法………………………………………81
費用負担………………………………36,64,72

ふ

復任権…………………………………………9,209
附属物の収去義務・収去権………………37,79
付帯決議………………………………………3
負担…………………………………………296
負担付贈与…………………………………285
物権的効果…………………………………252
不動産…………………………………204,220
不動産賃貸借………………………………238
不当利得……………………………………336
不特定物……………………………………194
不法行為……………………………………137

へ

平均余命……………………………………53,54
別訴…………………………………………272
変造…………………………………………149

ほ

妨害排除請求…………………………………51
方式の緩和…………………………………147,156
法定相続……………………………………332

法定相続分率………………………………289
法定相続分を基準とする上限……………105
法定利息……………………………………275
法務省令……………………………………185
　――で定める上限…………………………106
法律婚配偶者…………………………………18
法律婚配偶者保護……………………………1
保管申請の撤回……………………………189
保管制度……………………………………181
本案係属要件………………………………113
本人…………………………………………184

み

みなし遺産制度……………………………130
みなし相続財産……………………………289

む

無償……………………………………31,40,324
無封…………………………………………185

め

免責的債務引受……………………………312

よ

要式行為……………………………………148
用法遵守義務…………………35,37,68,69,77,78,80
余事記載……………………………………154
預貯金債権………………5,102,103,104,105,106,
　　　　　　　107,109,110,112,113,114,
　　　　　　　116,117,133,135,136,207

り

履行補助者…………………………………342
療養看護……………………………………322

判例索引

大正

大決大正 5 年 6 月 1 日民録 22 輯 1127 頁···187
大決大正 6 年 7 月 18 日民録 23 輯 1161 頁··286

昭和 2〜29 年

大決昭和 2 年 9 月 17 日民集 6 巻 501 頁···210
大判昭和 4 年 6 月 22 日民集 8 巻 9 号 618 頁···286
大判昭和 5 年 6 月 16 日民集 9 巻 550 頁···215
大判昭和 5 年 6 月 18 日民集 9 巻 9 号 609 頁···286
大判昭和 5 年 7 月 9 日民集 9 巻 11 号 839 頁··50
大判昭和 9 年 9 月 15 日民集 13 巻 20 号 1792 頁··286
大判昭和 11 年 6 月 17 日民集 15 巻 15 号 1246 頁······································286
大判昭和 12 年 12 月 21 日法学 7 巻 536 頁··286
大判昭和 19 年 7 月 31 日民集 23 巻 15 号 422 頁··286
最判昭和 29 年 4 月 8 日民集 8 巻 4 号 819 頁·······························5, 103, 134, 232

昭和 30〜39 年

最判昭和 30 年 5 月 10 日民集 9 巻 6 号 657 頁··199
最判昭和 31 年 9 月 18 日民集 10 巻 9 号 1160 頁··199
東京高判昭和 32 年 11 月 15 日下民 8 巻 11 号 2102 頁································187
最判昭和 33 年 9 月 18 日民集 12 巻 13 号 2040 頁······································238
最判昭和 35 年 7 月 19 日民集 14 巻 9 号 1779 頁··································256, 257
東京地判昭和 36 年 12 月 25 日民集 20 巻 4 号 726 頁···································71
最判昭和 37 年 9 月 18 日民集 16 巻 9 号 1977 頁··50
最判昭和 38 年 2 月 22 日民集 17 巻 1 号 235 頁··························139, 142, 224
最判昭和 39 年 3 月 6 日民集 18 巻 3 号 437 頁···215

昭和 40〜49 年

最判昭和 40 年 4 月 2 日民集 19 巻 3 号 539 頁··318
最判昭和 41 年 4 月 21 日民集 20 巻 4 号 720 頁··71
最判昭和 41 年 7 月 14 日民集 20 巻 6 号 1183 頁·································258, 259
最判昭和 42 年 1 月 20 日民集 21 巻 1 号 16 頁··230
最判昭和 43 年 5 月 31 日民集 22 巻 5 号 1137 頁·································201, 202
最判昭和 44 年 10 月 30 日民集 23 巻 10 号 1881 頁·····································206
最判昭和 45 年 7 月 24 日民集 24 巻 7 号 1177 頁··263
最判昭和 46 年 1 月 26 日民集 25 巻 1 号 90 頁··227
最判昭和 46 年 4 月 23 日民集 25 巻 3 号 388 頁··238
名古屋高判昭和 47 年 10 月 16 日判時 693 号 35 頁······································277
東京家審昭和 47 年 11 月 15 日家月 25 巻 9 号 107 頁···································120
最判昭和 49 年 3 月 19 日民集 28 巻 2 号 325 頁··238

昭和 50〜62 年

最判昭和 50 年 11 月 7 日民集 29 巻 10 号 1525 頁··142
最判昭和 51 年 8 月 30 日民集 30 巻 7 号 768 頁··260,262
大阪家審昭和 51 年 11 月 25 日家月 29 巻 6 号 27 頁··120
最判昭和 54 年 2 月 22 日集民 126 号 129 頁··131,137,142
最判昭和 54 年 4 月 17 日民集 33 巻 3 号 366 頁··117
最判昭和 54 年 7 月 10 日民集 33 巻 5 号 562 頁······································267,309,316
最判昭和 57 年 3 月 4 日民集 36 巻 3 号 241 頁··259,260,262
東京高判昭和 59 年 3 月 22 日判時 1115 号 103 頁··149
最判昭和 61 年 3 月 13 日民集 40 巻 2 号 389 頁··140
最判昭和 62 年 10 月 8 日民集 41 巻 7 号 1471 頁··148

平成元〜9 年

最判平成 3 年 4 月 19 日民集 45 巻 4 号 477 頁····································58,95,203,228
大阪高決平成 4 年 3 月 19 日家月 45 巻 2 号 162 頁··334
神戸家豊岡支審平成 4 年 12 月 28 日家月 46 巻 7 号 57 頁··341
最判平成 5 年 7 月 19 日集民 169 号 243 頁··6,224
名古屋高判平成 6 年 1 月 27 日判タ 860 号 251 頁··252,276
最判平成 7 年 1 月 24 日集民 174 号 67 頁··228
最判平成 7 年 6 月 9 日集民 175 号 549 頁··259,260,262
東京高決平成 8 年 8 月 26 日家月 49 巻 4 号 52 頁··94
最判平成 8 年 11 月 26 日民集 50 巻 10 号 2747 頁····························260,261,278,308,309
最判平成 8 年 12 月 17 日民集 50 巻 10 号 2778 頁··························12,29,30,31,33,34
東京地判平成 9 年 6 月 30 日判タ 967 号 213 頁··309,316

平成 10〜19 年

最判平成 10 年 2 月 26 日民集 52 巻 1 号 274 頁··261,302
最判平成 10 年 3 月 24 日民集 52 巻 2 号 433 頁··4,282
最判平成 11 年 12 月 16 日民集 53 巻 9 号 1989 頁··204
東京家審平成 12 年 3 月 8 日家月 52 巻 8 号 35 頁··94,323,341
東京高判平成 12 年 3 月 8 日高民集 53 巻 1 号 93 頁··298
最決平成 12 年 3 月 10 日民集 54 巻 3 号 1040 頁··332
最判平成 12 年 7 月 11 日民集 54 巻 6 号 1886 頁··255
大阪高判平成 12 年 9 月 13 日判タ 1071 号 239 頁··309,316
最判平成 13 年 11 月 22 日民集 55 巻 6 号 1033 頁··320
最判平成 14 年 6 月 10 日家月 55 巻 1 号 77 頁··6,228
大阪高判平成 14 年 6 月 21 日判時 1812 号 101 頁··271
神戸地判平成 14 年 11 月 7 日税務訴訟資料 252 号順号 9227··277
最判平成 16 年 4 月 20 日集民 214 号 13 頁··103,134,233
最判平成 17 年 9 月 8 日民集 59 巻 7 号 1931 頁··237,238

平成 20〜29 年

最判平成 20 年 1 月 24 日民集 62 巻 1 号 63 頁··309,316
最判平成 21 年 3 月 24 日民集 63 巻 3 号 427 頁··242,243

| さいたま地判平成 21 年 5 月 15 日裁判所ウェブサイト……………………………………309,316
| 東京高決平成 22 年 9 月 13 日家月 63 巻 6 号 82 頁…………………………………………41,341
| 最決平成 24 年 1 月 26 日集民 239 号 635 頁……………………………………………………252
| 最判平成 25 年 6 月 6 日民集 67 巻 5 号 1208 頁…………………………………………………263
| 大阪高決平成 25 年 7 月 26 日判時 2208 号 60 頁…………………………………………………96
| 最大決平成 25 年 9 月 4 日民集 67 巻 6 号 1320 頁…………………………………………………1
| 最大決平成 28 年 12 月 19 日民集 70 巻 8 号 2121 頁……………5,104,105,121,130,207,233
| 最判平成 29 年 4 月 6 日集民 255 号 129 頁……………………………………………………234

執筆者・担当箇所一覧

編集責任者（修習期順）
中込　一洋（なかごみ・かずひろ）　序章第4節・第2章第4節（共著）・第7章第2節
稲村　晃伸（いなむら・てるのぶ）　第3章第4節
木村　真理子（きむら・まりこ）　第2章第1節

執筆者（修習期順）
高須　順一（たかす・じゅんいち）　序章第2節
金澄　道子（かなずみ・みちこ）　序章第1節
荒木　理江（あらき・まさえ）　第4章第3節
神尾　明彦（かみお・あきひこ）　第6章第1節
五島　丈裕（ごしま・たけひろ）　第4章第4節
岩田　真由美（いわた・まゆみ）　第2章第2節・第3節
櫻庭　広樹（さくらば・ひろき）　第6章第2節II
廣畑　牧人（ひろはた・まきと）　第5章第1節・第3節
岩田　修一（いわた・しゅういち）　第1章第1節
小峯　健介（こみね・けんすけ）　序章第3節
横山　宗祐（よこやま・しゅうすけ）　第4章第2節
上田　翔（うえだ・しょう）　第2章第4節（共著）
淺井　健人（あさい・けんと）　第3章第3節
角田　智美（かくた・ともみ）　第7章第1節
山崎　岳人（やまざき・たけひと）　第4章第1節
棚橋　桂介（たなはし・けいすけ）　第6章第2節I・III・第3節
吉直　達法（よしなお・たつのり）　第5章第2節
全　未来（ぜん・みらい）　第6章第4節
前田　昌代（まえだ・まさよ）　第3章第1節・第2節

ケースでわかる改正相続法

2019（平成31）年3月30日　初版1刷発行

編　者　東京弁護士会
発行者　鯉渕　友南
発行所　株式会社　弘文堂　　101-0062 東京都千代田区神田駿河台1の7
　　　　　　　　　　　　　　TEL 03(3294)4801　振替 00120-6-53909
　　　　　　　　　　　　　　　　http://www.koubundou.co.jp
装　幀　青山　修作
印　刷　三陽社
製　本　井上製本所

Ⓒ 2019 Printed in Japan
JCOPY 〈(社)出版者著作権管理機構　委託出版物〉
本書の無断複写は著作権法上での例外を除き禁じられています。複写される場合は、そのつど事前に、(社)出版者著作権管理機構（電話 03-5244-5088、FAX 03-5244-5089、e-mail: info@jcopy.or.jp）の許諾を得てください。
また本書を代行業者等の第三者に依頼してスキャンやデジタル化することは、たとえ個人や家庭内での利用であっても一切認められておりません。

ISBN 978-4-335-35788-6